龚自珍传

王振羽 著

团结出版社
UNITY PRESS

图书在版编目（ＣＩＰ）数据

龚自珍传 / 王振羽著. -- 北京 ： 团结出版社，
2021.3
ISBN 978-7-5126-8486-7

Ⅰ．①龚… Ⅱ．①王… Ⅲ．①龚自珍（1792-1841）
—人物研究 Ⅳ．①B251.5

中国版本图书馆 CIP 数据核字(2020)第 235082 号

出　版：团结出版社
　　　　　（北京市东城区东皇城根南街 84 号　邮编：100006）
电　话：（010）65228880　65244790　（出版社）
　　　　　（010）65238766　85113874　65133603（发行部）
　　　　　（010）65133603（邮购）
网　址：http://www.tjpress.com
E-mail：zb65244790@vip.163.com
　　　　　fx65133603@163.com（发行部邮购）
经　销：全国新华书店
印　装：三河市东方印刷有限公司

开　本：163mm×240mm　　16 开
印　张：19.25
字　数：282 千字
版　次：2021 年 3 月　第 1 版
印　次：2021 年 3 月　第 1 次印刷

书　号：978-7-5126-8486-7
定　价：58.00 元

目　录

龚自珍传

楔子

乾隆五十三年（1788）秋，一个暮色苍茫的黄昏，风景秀丽的镇江焦山之上，一场惨烈的搏斗正在进行。白莲教的大护法飘高道人藏身焦山瘞鹤观的消息被官府侦知，黄昏前一队官兵已经把瘞鹤观围了个水泄不通。这瘞鹤观正在江边，相传华阳真人陶弘景曾在这里隐居。飘高道人在几个弟子的保护下，几次拼命突围都没有成功。师徒十人已经杀得伤痕累累、筋疲力尽。但他们不肯束手被擒、坐以待毙。稍事休息后，决定趁着暮色的掩护，分头化装突围。

他们利用人们对白莲教的种种传闻和恐惧迷信心理，进行了一番精心打扮：人人头戴一顶莲花形花冠，长发披肩，浓施脂粉，穿上白色纱裙，化装成传说中的白莲圣母，手中托着一个香烟缭绕的香炉，剑上抹上硫磺、红磷一类的易燃物品，从不同方向冉冉出庙。宝剑从香炉上挥过，洒起满天火星。不知是谁惊呼一声："白莲圣母下凡了！"官兵们立刻自相惊扰起来。一传十，十传百，弄得一山惊呼"白莲圣母来了！"官兵们狼奔豕突，各自逃命。等他们惊魂稍定，飘高师徒已经突围而出，不见影踪。

官兵们发觉上当，前去追赶，但十人装束一模一样，暮色里很难认出哪个是飘高本人，只好分头去追。一时鸟铳齐响，箭如飞蝗，火光满山。飘高道人师徒十人之中，已有几个中箭着炮，飘高也身受重伤，倒在地上。紧紧跟随着他的小徒弟杨湛卢，连忙回身来救师父。飘高道人自知难以脱身，低声说道："为师已经伤重难治，不要管我了。这个小姑娘也是个苦命孩子，是我下山传道时收的义女，你快带她逃命去吧！"说着把身边一个小女孩推到湛卢身边，忽然回手一剑刺入自己胸膛。杨湛卢一声惊呼，待要阻止时，已经来不及了。他只好眼含悲泪，拉起这个小女孩，向江边狂奔。只听身后一声鸟铳暴响，杨湛卢肩头剧震。他暗道一声："不好！"便一头栽倒在地。那小女孩立刻大声哭叫起来。后面官兵已到跟前，前面悬崖下便是滚滚长江。官兵们看到面前的猎物已经插翅难逃，脚步不由放慢。正在这时，昏倒在地的杨湛卢，竟然一跃而起，抱起这个小女孩纵身跳入江中。身后的官兵们恍然若梦，都惊呆了。

也是杨湛卢二人命不当绝。这时焦山下游，正停着一只大官船，船上是一位辞官归乡的道台，姓龚，名敬身，字屺怀，号称芺伯先生。这位老先生是乾隆己丑年进士，由内阁中书迁礼部员外郎，记名御史。后来外放云南，先任楚雄知府，接着升任迤南兵备道。老先生为官清廉，颇受当地老百姓爱戴，因年老多病而辞官还乡。他本来是要到焦山投宿，以便明天带着眷属到焦山、金山游玩，顺便到寺中进香礼佛。但是船快到焦山时，听到山上一片呼喝打斗之声，便把船停了下来。杨湛卢抱着那小姑娘跃入长江之后，便昏迷过去，随着滔滔东去的江水，时沉时浮，一会儿便漂到了芺伯先生的官船边上。焦山上的火光，照得江面通红，水手们借着水光，看见上游冲下来一团黑乎乎的东西，便打捞上来。灯光下一看，原来是两具尸体，一青年男子，怀里紧紧抱着一个小姑娘。水手们正要把他们重新抛入江中，却听见杨湛卢微弱的呻吟之声。再伸手探那小姑娘的鼻息，尚有游丝般的呼吸。水手们不敢擅自做主，慌忙报给芺伯先生和夫人陈氏。

芺伯先生闻报，忙命人把他们抬到船舱里。陈夫人立刻找了干净衣服为他们换上，并命下人熬了两碗姜汤，灌入二人腹中。匏伯先生颇通医道，为杨湛卢敷上了上好的金创药，把伤口替他包扎起来。一切料理完毕，匏伯先生命人立刻拔锚开船，往江阴方向驶去。

三更时候，那小姑娘悠悠醒来。当她看到灯下的陈夫人时，恍如身在梦中。听陈夫人讲了她们得救的情形，才知道自己还活在世上，不禁伤心地哭了起来。她的哭声惊醒了仍在昏迷中的杨湛卢。只听他梦呓般说道："师妹别怕，我来救你！"说着猛然从床上直起身来。伤口一阵剧疼，便又一阵晕眩，颓然倒了下去。

这匏伯先生，祖籍仁和。老两口膝下无子，继子丽正，字阆斋，原是他弟弟龚褆身的次子，自幼由陈夫人抚养长大。当年匏伯先生和弟弟一起在京中做官，上朝同行，下朝同宿。风雨之夜，兄弟二人对床联句吟诗，通宵达旦，乐不知倦，被京中士林传为美谈，号称"仁和二龚"。哥哥谨慎忠厚，弟弟风流倜傥，相得益彰，举朝称美。后来弟弟、弟媳接连病故，撇下侄儿、侄女五人，匏伯先生全部抚养起来。及至外放云南，孩子们也都随其去往任所。这次告老还乡，一条大官船上挤得满满的，全是弟弟的遗孤。其实孩子们也早把伯父、伯母当作了生身父母。

三天后，杨湛卢伤势基本痊愈。他十分感谢匏伯先生的大恩大德，简略把自己的身世告诉了匏伯先生。

他说，自己祖籍山东，曾祖一代才迁到镇江北边的杨家庄。相邻五里之遥有个村子，名叫郎家村。两个村子，村头树木相连，鸡犬之声相闻，不少人家沾亲带故，世世代代和睦相处，关系十分融洽。想不到有一年瘟疫流行，杨家庄一天死了十几口人。村里人难免恐慌不安。这时不知从何处传来一股谣言，说"狼"是"羊"的天敌，狼要吃羊了。原来这"郎""狼"谐音，"杨""羊"谐音。这些话原本荒诞不经，但偏偏那些愚夫愚妇深信不疑。后来又有人出主意说，要消灾解难也并不难，只要每月初一十五用一百只鸟铳对着郎家村连放三枪，狼就不敢来吃羊了。杨家庄第一次放鸟铳，郎家庄的人不明缘故，也不在意；后来听说了原因，当然很不满意。当杨家庄第二次放鸟铳时，郎家村的人就冲出村子，双方发生了一次规模不小的械斗，结果互有伤亡。自此两村成了仇敌。如今杨家庄的人，儿女取名字，多是枪、刀、剑、戟、斧、钺、勾、叉之类。杨湛卢弟兄三人，哥哥叫"干将"，弟弟叫"镆铘"，全是古代宝剑的名字。

郎家村地势平坦，土地肥沃，富户较多。而杨家庄，地处丘陵，土地贫瘠，多为穷人。以往两个村子关系融洽，灾荒年穷富相互借贷质典，帮衬救助，是经常的事。可是自从结仇之后，即使儿女亲家也断了来往，相互救助当然更不可能了。这几年天灾人祸不断，杨家庄的老百姓生活十分困难。这时白莲教的大护法飘高道人在这一带传教，杨家庄的穷人差不多都入了教，杨湛卢还成了飘高道人心爱的弟子。

郎家庄有一个郎举人，此人刻毒成性，后来用银钱捐了一个知县。去年这里发生了大水灾，郎某在水灾过后，不思赈济百姓，反而克扣赈灾钱粮，鱼肉饥民。老百姓为了活命，抢了河工仓库的粮食，郎某便夸大其辞，上报朝廷，谎称教匪作乱。朝廷立即下令"痛剿"。百姓手无寸铁，官兵当然兵不血刃，很快就大获全胜。可惜许多无辜百姓惨遭杀戮。郎某不惜人血染红顶子，滥捕饥民二百多人，诬良为盗，杀良冒功。尤其不该假公济私，三番五次到杨家庄抓人。可怜杨湛卢一家老少无一幸免。那天他和师父外出传教，才算侥幸保全了一条性命。

杨湛卢不肯连累匏伯先生，匏伯先生也不便收留他这样身份的人。船过江阴，杨湛卢便辞别匏伯先生和陈老夫人，把师妹托付龚家，飘身下船去了。后来这个小姑娘便由陈夫人做主，嫁给一户姓金的小户人家。但夫妻二人都在龚家当差，龚家合府上下都称她"金妈"，这就是以后的事了。

第一章　聪颖早慧

一、家住钱塘四百春，匪将门阀傲江滨

乾隆五十七年（1792）北方大旱。山东、直隶、河南、山西赤地千里，哀鸿遍野。疾疫伴着灾荒在大半个北中国蔓延，京郊附近的官道两旁，随处可见狼藉的饿殍。京城里也涌入了大批难民。九门提督、顺天府衙每天派出兵丁、衙役驱赶，仍然驱之不尽。难民走后又来，大街小巷到处都有衣不遮体、瘦骨伶仃的乞丐。一度被镇压下去的白莲教、天理会，又趁机活跃起来。一场新的社会风暴正在酝酿之中。

长江南岸的"金粉东南五十州"，仿佛仍是一片升平景象。北方饥荒的愁云惨雾，似乎离这里还远。乾隆盛世的繁华表象，仍旧使一些达官显贵、巨商富贾、风流士子醉生梦死。秦淮河的红巾翠袖，西子湖的画舫游船，虎丘山的管弦歌舞，六朝的古刹禅林、烟雨楼台，仍旧使他们流连忘返。他们习惯了青山绿水间的酬唱和答、游戏征逐，

全然感觉不到封建衰世的秋风寒气，正一步紧过一步地次第逼来。

这年的七月初五，杭州城东马坡巷的龚道台府中，一座绿树掩映的房舍里，传出一阵婴儿坠地的呱呱声。一个杰出的新生命诞生了。

这所宅子原是一个富翁的别业。三年前卖给了告老还乡的匏伯先生。五十八岁的龚老先生，终于当上了爷爷，喜不自胜，给孙子取名阿珍，其钟爱之意溢于言表。

七月初八，龚府上下为孩子"洗三"祈福。乳娘金妈把孩子从媳妇居住的"绿华吟榭"抱出来，双手托着递给匏伯先生。爷爷接过孙子，脸上堆满了笑容。尽管刚刚三天的婴儿尚不能睁开眼睛看爷爷，但丝丝甜意立刻在老人心头荡漾起来。

正当匏伯公抱着甜睡的阿珍端详时，马坡巷口传来阵阵歌乐声。声音由远渐近，越来越清晰。突然一声高昂的箫声传来，孩子惊颤一下，大声哭起来。匏伯公大惊失色，忙把孩子递给金妈，金妈连忙抱进内室。段夫人立刻把奶头塞到孩子嘴里，贴胸抱紧，但孩子反而越哭越厉害，直到箫声渐去渐远，孩子的哭声才停了下来。孩子哭声停止，匏伯公才略放下心来。

回到自己居住的"桂隐山房"，匏伯公心头仍然沉甸甸的。一声裂箫，竟然把孩子吓得失魂落魄大哭不止，这实在是不祥之兆。这到底预示着什么呢？"一分胆量一分福"，这孩子如此胆小，今后的福祚实在堪忧。太平盛世倒还罢了，若遇到兵荒马乱还怎么得了？天宝、靖康年间，久处太平的士人，闻盗贼之名而两股颤颤，求生保命都不可能，如果阿珍遭逢这样的变乱怎么办呢？眼见如今衰世端倪已现，内忧外患日益明显，听说川陕白莲教又扯旗造反，云贵方面，"改土归流"后，苗民压而不服，朝廷调动云贵湘鄂数十万绿营前往征剿；东南沿海，英吉利兵舰泊于零丁洋虎视澳门；沙俄政府成立的"俄美公司"正在蚕食大清朝的兴龙发祥之地黑龙江。凡此种种，都说明大的变乱已经不远。自己已经年近花甲，可能变乱未起就已作古，但九泉之下，看着小孙子颠沛流离，啼饥号寒，自己能够瞑目吗？

光阴荏苒，到十月中旬，小阿珍已满百日。他的外祖父段玉裁，特意派胞弟段玉立来杭州接阿珍母子到苏州小住。

这段玉裁在清代学界可算是鼎鼎大名。段先生祖籍江苏金坛县，字若膺，号茂堂。天生聪颖，读书有过人之资。弱冠后，经史百家无所不览。乾隆庚辰年考中举人。后来，进京会试，遂游学京师，得见著名学者戴震。段玉裁早就仰慕东原先生的才学名声，遂师事之。后来，他官贵州平屏知县、四川巫山知县，处理公务之余著述不辍。因见官场日益腐败，社会日益黑暗，便借口父母年老、自己体弱多病辞官回乡。回乡后，他定居吴门枫桥，购置一宅名曰"枝园"。自此不问世事，潜心著述，尤致力于许慎《说文解字》的研究。阿珍之母段训，是他钟爱的女儿，自幼受父亲熏陶，通经史、长于诗词，是苏州有名的才女、闺阁诗人。自嫁龚丽正后，伉俪相得，深得匏伯公疼爱。玉立是玉裁的胞弟，小乃兄十四，字清标，号鹤台。其聪明颖悟过于乃兄，但生性和乃兄殊异，自幼疏狂烂漫，鄙薄功名。虽才气超逸，但不屑科第。年轻时经乃兄玉裁再三督责曾参加乡试，得中副榜贡生，但从此不履场屋，读书为文自娱，乐此不疲。其实哥哥的闭门著述，埋头故纸堆里，和弟弟的佯狂玩世、游戏市井，完全出于同一个原因：都是不愿和黑暗的现实同流合污，而又要保护自己，免受迫害，只能如此。

这天段玉立来到龚家，匏伯公在桂隐山房热情接待亲家翁。丽正陪侍在侧，伺奉茶点。匏伯公和段玉裁同庚，段玉立虽生性疏狂，但在这位年长自己十四五岁的老亲家面前不免还有几分拘谨。段氏弟兄十分敬重匏伯公的为人，尤其对于匏伯公代弟弟抚养遗孤呕心沥血的品行由衷钦敬。

"玉立离吴门时，家兄再三致意，问候匏伯公安好。企盼明年春暖花开之时枫桥一聚，家兄扫榻以待！"段玉立恭恭敬敬地对匏伯公说。

"多谢贤昆仲美意。令兄身体好吗？还在为他的名山事业焚膏继晷，笔耕不辍吗？"匏伯公含笑问道。

"家兄幼好许氏之学。这大概是戴东原先生熏染的结果吧。辞官后，他深感唐宋以来许氏《说文》屡经窜改、传抄，漏落、错讹、颠倒之处太多，决意再加推定校正。现在正以徐锴本为凭借，进行整理，已成十卷。杀青后难免要请兄长斧正。这次我接外孙去苏州，还特意给闿斋捎来几部家兄的近作。家兄特别嘱托，要他在潜心经史之余，涉猎小学，以补功令罅漏。说到这功令八股，实在是银样镴枪，但偏偏猎取功名离不了它。一旦登科及第还有什么用？真是十足的敲门砖一块！"

说到功令八股，段玉立不由故态复萌，又愤愤然起来。但看见丽正在侧，马上想到他不久就要应浙江乡试，自觉失口，谈锋戛然而止。匏伯公不禁莞尔。

"鹤台，你说的何尝不是实情？但国家选才必得有所凭借。八股取士施行几百年，流弊显而易见。有识之士皆曰应该革除，但士大夫习于因循，变改不易啊！我们还是不谈这个吧。鹤台，听说金坛有金井，可是真的？"匏伯公有意岔开了话题。

"有的。不过和世上许多东西一样，徒有其名罢了。敝邑金坛，地近句曲山，句曲山有个山洞，名叫'金坛'。道家相传这是神仙居住的地方。六朝南梁时，华阳真人陶弘景曾经在这里隐居。他在《真诰·稽神枢》中说：'秦时名为金坛，以洞内有金坛百丈，因以致名也。'如今山南还有许多深坎大坑，世代相传，就叫'金井'。金坛县志上说，是东吴孙权让人开矿的遗址。今天句曲山东麓，还有碎石堆垒，采药人，牧荛儿，往往拣得金砂。因此金坛又被称为'金砂福地'。陶弘景还极力称道这里的风景说：'高峰入云，清流见底。两岸石壁，五色变辉。青林翠竹，四时具备。晓雾将歇，猿鸟乱鸣。夕日欲倾，沉鳞竟跃，实是欲界之仙都。'其实是看景不如听景。地方也和人一样，往往为虚名所累。前几年，金坛来了一位勾县令，想巴结某位朝中大老，编造谎言说，金坛金井里果真有黄金。于是就强迫老百姓挖掘。劳民伤财，听说还砸死了人，结果一无所获。勾令想邀功请赏，又无法交差，只好搜刮民间，弄得民怨沸腾。不知为哪个御史奏了一本，被撤职查办，摘了顶戴。所搜刮的黄金，悉数落入前来奉旨查办的苏州知府郎某囊中。于是金坛落了个'勾令贪金，郎守独吞'的口碑，一直传到现在。"

匏伯公听得朗声大笑起来。

第二天，段玉立带着阿珍母子和乳母金妈回转苏州去了。

二、秋气不惊堂内燕，夕阳还恋路旁鸦

龚自珍四岁时，龚丽正应浙江乡试，高中第五名举人。科举时代乡试前五名被称为"五经魁首"，最为社会看重，龚府一时成为满城艳羡之家。放榜之日，平时冷清的马坡巷空前热闹起来，报喜的人来了一拨又一拨。每一报至，鸟铳三响，锣鼓喧天。幸亏匏伯先生早有准备，事先嘱咐金妈要给阿珍掩好耳朵。一连数日亲友们登门道贺的接连不断，忙得龚府上下应接不暇。

龚丽正生性温文，不善应酬，但同年间互相拜访，礼尚往来，又必不可少。匏伯公宦海半生，深谙此道，免不了时时提醒及指点。直到重阳节来临，贺客渐渐稀少，龚家老小总算恢复了往日正常生活秩序。不久京中又有消息传来，乾隆皇帝已经准备传位给太子颙琰了。因为他的祖父圣祖康熙皇帝的文治武功、圣德伟略，统御天下六十一年，为了表示谦逊和孝道，他不肯超出乃祖的御极时间，决意退位，尽管他还龙体康健、精力充沛。果然，到了十月，皇上禅位给太子的明发上谕已经传到杭州，大小臣工、士民绅商无不称颂皇帝的尧舜圣德。但他们哪里知道，乾隆皇帝让给儿子的已是一个危机四伏的烂摊子，无异于把一个烫手的热山芋塞到儿子手中。这一年，白莲教首领聂杰人、姚之富在湖北枝江、宜都、襄阳发动起义，川楚一带已经战云密布，到处有义军活动。这一切都给新皇的登极大典罩上了一层浓厚的阴云。

江南的士子们却很少了解这种情况，他们梦寐以求的是来年的蟾宫折桂、金榜题名。丙辰年本来就是大比之年，加上新皇登极一定盛况空前。他们早已跃跃欲试了。

龚丽正和一般的士子有所不同，他是那种聪明绝顶却又英气内敛的人。自幼得匏伯先生朝夕训诲，家学渊源深厚，经史百家无所不览；后来又屡得岳翁亲传，对段氏之学已窥其堂奥，可以说已经身兼龚段两家之长，早想放手一搏。这一天他和妻子商量之后，去向父亲请命。

匏伯公仍在桂隐山房批注他的《汉书》。一部《汉书》已被他圈圈点点批满了文迹。他当然了解儿子的心思，自己也日夜盼望着儿子

早日跃过龙门。但是他听说北方道路不宁，对儿子只身远游又很不放心。儿子还没有开口，父亲就先说话了：

"丽正，十年寒窗，读书人等的就是这一天。我不会拦阻你。但听人说川楚白莲教声势很大，路途颇不宁静。你独自一人进京，我确实放心不下。"

"几个同年结伴，不妨事的。您老人家放心好了。"儿子宽慰父亲说。

"几个文弱书生结伴能顶什么用？白莲教都是些杀人越货的亡命之徒，听说尤其仇视官宦人家的读书士子，万一遇上了怎么办？"父亲仍然不放心地说。

"学成文武艺，售于帝王家。三年一望，白白耽误一科，儿子实在心有不甘。"儿子坚持自己的意见。"儿子听说，白莲教多是骑兵，我们走水路；他们活动的地区在川鄂边境，偏西；我们取道维扬、淮阴、济南，偏东。距离还远着呢！"

匏伯公又说，黄河连年决溃、改道，有些地方恐怕不通舟楫。丽正则说，不通舟楫就弃舟登陆。最后父亲终于同意了儿子的要求，决定打罢新春就送儿子启程赴京。

丙辰正月初九日，丽正辞别家人，买舟登程。他路过苏州，顺便探望了岳父段玉裁，稍作停留就又乘船北上了。一路上游山玩水，颇不寂寞。过镇江到了扬州，丽正忽然觉得，路过这淮左名都，匆匆而去是莫大憾事。反正考期尚远，不妨稍作盘桓，到各风景名区游览一番。古人常说："读万卷书，行万里路"，这游览也是增益学问见识的一种门径，他想到这里，便一早寻了一处清静的客店住了下来。

当晚用过晚饭，店家掌上灯来，丽正取出岳父的近作《经韵楼集》，在灯下翻阅，这是路过枫桥时岳父特意送给他的。他正为岳翁的渊懿学识感叹，忽听隔壁房中传来一阵铮铮叮叮的琵琶声。听不出弹的什么曲子，但觉得慷慨激越，令人振奋。初如单骑疾驰，继而如万马奔腾；时而如虎啸龙吟，时而如骤雨临窗，狂风匝地，钱塘潮涌，听得人气血翻涌。丽正暗暗称奇，正听得入神，琵琶铿然而止。那人又沉声吟咏起来：

醉里挑灯看剑，梦回吹角连营。八百里分麾下炙，五十弦翻塞外声。沙场秋点兵。

马作的卢飞快，弓如霹雳弦惊。了却君王天下事，赢得生前身后名。可怜白发生！

细听吟咏的却是辛稼轩的《破阵子》。丽正猛然醒悟：刚才他所弹的琵琶曲子，莫不是根据稼轩的词意自度的？如此看来，这人不光精通音律，琵琶神乎其技，而且诗词造诣、学问胸襟均非凡庸之辈。若非夜已深了，就想披衣造访。但转念一想，深夜逆旅，如此纵酒狂歌，就不怕惊扰他人？这人也太过狂放不羁了！

次日清晨，丽正刚刚洗漱完毕，就听见隔壁房门一响，走出一个人来。只见他年约三十，书生打扮。面目清癯，二目炯炯。脑后一条又粗又黑的辫子直垂过腰际。身后跟着一个书童模样的人，背着一只琵琶，还斜挎着一把弹弓。丽正看了觉得纳闷：这人说文不文，说武不武，不伦不类，是什么来头？只见那人路过门前时，随意看了龚丽正一眼，便匆匆去了。

用过早点，丽正便走出店来。扬州地处京杭大运河与长江的交汇之处，正当漕运的咽喉之地。当时东南各省的漕粮都要经过这里北上运往京师，来往帆樯不断。清初，扬州十日，这座名城几成废墟，但经过康、雍、乾一百多年的恢复，不仅恢复旧观，其繁华早已超过当年。如今真是店铺林立，商贾云集。丽正置身其间，不由想起杜牧"春风十里扬州路，卷上竹帘总不如"的著名诗句来。他素喜清静，不耐喧嚣，从城中匆匆一过，出广储门，向东投梅花岭而来。

这梅花岭并不是自然形成的山冈丘陵，它是明朝万历年间，州守吴秀疏浚河道积土而成，为了点缀风景在上面栽种了许多梅树，因以得名。但它真正出名，是在史可法的衣冠冢埋葬在这里之后。凭吊的人不绝于路，土岭沾了忠烈的光。后来又有人为宋代的民族英雄李庭芝、姜才在岭上建双忠祠，梅花岭更成为来扬州的人不能不游的地方。今天来游玩的人特别多。梅花岭上梅花似雪，香气氤氲。但见忠烈墓前祭拜者来往不断，个个扼腕唏嘘，泪光点点；双忠祠里香烟缭绕，人人神情肃穆。龚丽正在史可法的衣冠冢前凭吊之后，绕过拜殿，但见两厢廊壁上题满了诗。其中一首墨迹尚新：

> 号令难安四镇强，甘同马革自沉湘。
> 生无君相兴南国，死有衣冠葬北邙。
> 碧血自封心更赤，梅花人拜土俱香。
> 九原若遇左忠毅，相向留都哭战场！

龚丽正看那落款"离垢居士"，方知是蒋士铨的大作。他暗暗赞叹道："果然名不虚传！"原来这蒋士铨，字心余，号清容，乾隆二十二年进士，官翰林院编修，与袁子才、赵翼并称"乾隆三大家"。丽正反复玩味着诗的颈联"碧血自封心更赤，梅花人拜土俱香"这两句诗，觉得真是神来之笔，上句写其死得其所，下句道其虽死犹荣。即如今日自己站在梅花岭上，追思史可法的高风亮节，不也是心血如潮仰慕之至吗？在蒋士铨的七律旁边是一首七言古风，洋洋洒洒写了一大片。丽正暗笑，这是谁这样不知高低，你自己题满半边照壁，让别人往哪里写？但不看则已，一看竟被吸引住了。他越看越爱，不禁朗声读出口来：

> 一寸楼台谁保障，跋扈将军弄权相！
> 已闻北海收孔融，安敢南楼开庾亮！
> 天心所坏人不支，公于此时称督师。
> 豹皮自可留千载，马革终难裹一尸。
> 平生酒量浮于海，自到军门唯饮水。
> 一江铁锁不遮拦，十里珠帘尽更改！
> 譬如一局残棋收，公之生死与劫谋。
> 死即可见左光斗，生不愿作洪承畴！
> 东风吹上梅花岭，还剩几分明月影？
> 狎客秋声蟋蟀堂，君王故事胭脂井。
> 中郎去世老兵悲，迁客还家史笔垂。
> 吹箫来唱招魂曲，拂藓先看堕泪碑！

他仔细玩味这首七言歌行，全篇六解，浑然成章。笔意恣肆，挥洒自如，感情充盈，起伏跌宕，真令人百读不厌。他尤其赞赏最后两解，觉得酷似老杜的沉郁顿挫。他正在咀嚼"吹箫来唱招魂曲，拂藓先看堕泪碑"的诗意时，忽听远处梅林中传来阵阵琵琶声。他马上猜想可能又是昨夜那个人。但仔细听那曲子却和昨晚的基调大异其趣，只觉得缠绵哀怨，凄切感伤，如吟如叹，如泣如诉。还隐隐约约听那人唱道：

驿外断桥边，寂寞开无主。已是黄昏独自愁，更著风和雨。
无意苦争春，一任群芳妒。零落成泥碾作尘，只有香如故。

年年雪里，常伴梅花醉。挼尽梅花无好意，赢得满衣清泪。
今年海角天涯，萧萧两鬓生华。看取晚来风势，故应难看梅花。

原来唱的是陆放翁的《咏梅》词和李易安的《蜡梅》。这琵琶曲子无疑又是根据词意新翻的。丽正不得不佩服这人音律的精妙。他断定是那人无疑，就循声而去。原来双忠祠后的岭坡上还有一座坟墓，名叫钱烈女墓。钱烈女，名淑贤，丹徒人氏。乙酉年扬州城破时，为不受清兵侮辱自杀身亡。临死时嘱托父母焚化其尸。后被扬州人埋葬于梅花岭上。墓前有明末遗民王猷定、屈大均写的碑文和墓志铭。这里十分背静，来游梅花岭的人，只顾凭吊史可法的衣冠冢和李庭芝、姜才的双忠祠，难免冷落了钱烈女。只见那人在烈女墓前的一株大梅树下，席地而坐，怀抱琵琶，面前草地上一壶两樽，书童陪侍在侧，面色微酡。

丽正拱手为礼道："兄台好雅兴！梅花尚未开放，就来檀板金樽赏梅吟诗了！"

那人慌忙起身，一边邀丽正坐下，一边随口吟道："东风吹落战尘沙，梦想西湖处士家。只怕江南春意减，此心原不为梅花！"吟罢又说："昨夜扰了兄台清梦，十分抱歉。今日有缘相会，同饮一杯如何？"说罢亲自斟了一杯，双手递给丽正。丽正见他性情豪爽，且又谈吐不俗，也就不再谦让，接过杯来，一饮而尽。

原来这个人，姓王名昙，字良士，号仲瞿，浙江秀水人，乾隆甲寅举人，也是进京会试的。丽正通了姓名，互道"久仰"，便在钱烈妇墓前推杯换盏饮起酒来。

丽正道："题壁诗文，兄台曾寓目否？"

"奇文共赏，哪有不看之理！题诗不少，只是佳者不多罢了。"王昙随口说。

"兄台以为何者为佳？"丽正道。

"忠烈品节功业，令人仰慕，启人诗思，但能了然于心、诉诸笔墨者毕竟不多。以我所见佳者不过两篇。"

"是哪两篇呢？"

"一是离垢居士的七律，一是铁云先生的七言歌行。"

"妙！妙！真是不谋而合。我心许的也正是这两篇。"丽正击掌说道，"以铁云先生的歌行而言，兄台以为妙在哪里呢？"

王昙答曰："首先妙在布局谋篇。全诗通篇六解，每解四句。一解一韵，平仄相间，三平三仄，极富抑扬顿挫之致。且不枝不蔓，主旨显豁，这便是构篇之妙。其次，妙在用典。全诗典故迭出，但贴切恰当，毫无掉书袋之嫌。亦庄亦谐，刺美相映，明白晓畅，毫无晦涩之感，这便是用典之妙。第三点是辞采之妙。全诗笔力矫健，气势排宕，淋漓奔放，声情并茂。读来令人气血翻涌，很难自已。"

"王兄真是铁云先生知音，所论无一不切中肯綮。但不知这位铁云先生何许人也？"

"是河北大兴人，姓舒名位，字立人，铁云是他的号。乾隆五十三年举顺天乡试，这次少不了也要进京的，说不准还能见着呢。"

二人在梅花岭上饮酒论诗，谈得十分投机。不知不觉已经日过中午。王昙谈锋雄健，口似悬河，滔滔不绝。丽正待他住口饮酒，连忙提醒说："在下初来扬州，很多地方都想看看，今日就此别过，改日再聆教诲。"不想王昙哈哈笑道："我也正想随处看看，何妨结伴同行？"于是二人相偕离开梅花岭。

下得岭来，丽正说："幼读鲍照的《芜城赋》，记得有'柂以漕渠，轴以昆岗'之句，但不知昆岗在扬州何处？有没有什么好看的景致？"王昙说："昆岗即今之蜀岗。在城西北，距城四里。这才是真岗，不像梅花岭是人工堆积的。蜀岗东西绵延四十余里。旧传地脉直通四川，因以得名。岗上有法净寺，香火极盛，值得一游。"

丽正说："恐怕时间来不及了，回来晚了，城门落锁就麻烦了。"王昙说："不妨事，如果自此向北，绕城而过不算太远。"于是二人便向北走去。刚到天宁寺门口，只听欢声雷动。远望许多人围成一个圆圈，喝彩声便自那边传来。王昙性喜热闹，便邀丽正前去观看。走近看时原是杂耍卖艺的，正在表演。一老者，须发皆白，但精神矍铄，正在表演七窍喷火之术。那老者先实木屑谷糠于口，然后点燃，腹中运气，红色火焰便自口中突出，鼻中、耳中一齐冒出烟来。观众齐声喝彩，一时制钱、散碎银子抛满场中地上。紧接着，只见一个十四五岁的女孩子飞身跳上离地五尺多高的绳索，端的身轻如燕。只见她手拿一把团扇，在绳索上翩翩舞将起来。忽而夜叉探海，忽而白鹤冲天；忽而丹凤展翅，忽而灵猿献桃。闪展腾挪，舞姿百变不穷。正当观众眼花缭乱之时，那姑娘一个背跃跳下绳索，真个是捷如灵猫，落地无声。观众中爆发出又一阵喝彩声，接着又是铜钱、银角子雨点般抛洒过来。那老汉一边团团作揖谢赏，一边让姑娘端起簸箩捡拾赏钱。

正当此时，一声吆喝来了一伙人。丽正看时，为首一人面如风干橘皮，十分丑陋，但服饰讲究，像是衙门的师爷。身后跟着四个彪形大汉，面目凶恶，像是衙役又像是恶奴。观众见他们来者不善，霎时散去了一半。那师爷模样的人来到场子当中，二话不说，劈手夺过姑娘手中的簸箩，啪的一声摔在地下。回头指着那老汉骂道："哪里来的混账东西，也不看看官府的告示。如今教匪作乱，严禁聚众滋事。谁教你们在这里拉场子要把式？"那姑娘早吓呆了，在一旁发抖。那老汉赔着笑脸说："大人息怒。我们乡野小民不懂规矩，还望您高抬贵手。俗话说，没君子不养艺人。杂耍、百戏自古都有，我们都是安善良民，和教匪有什么瓜葛？我们没有田产家业，靠的是走江湖卖艺吃饭穿衣、养家活口，不让我们拉场子要把式，我们怎么活命？"

那师爷一听勃然大怒："你道理倒还不少！有理你上县衙找县太爷

说去！活命不活命我管得着吗？我只知道奉命行事。叫你们滚蛋就滚蛋，还啰唆什么？"一边说着，一边就去推那老汉。那老汉年纪虽大，但腿脚灵便，一躲闪，那师爷扑了空，顺势跌了个狗吃屎。他爬起来恼羞成怒，回头对着几个衙役喝道："还愣着干什么？还不快把他们抓起来？光天化日，施展邪法妖术，吐火喷烟，不是白莲教是什么？"众衙役闻言，一拥而上，便来捆绑那老汉和那姑娘。那老汉哪肯束手就缚，一边辩理，一边和衙役们撕打起来。卖艺人一般都有点武功，但双拳难敌四手，好汉就怕人多，那老汉终于被衙役们打倒在地。那姑娘发疯一般，过来相救，却被一个衙役飞起一脚，踢倒在地。那师爷不怀好意，趁势揪住姑娘的发辫，在姑娘脸上捏了一把，说道："看你还撒泼吗？"

"住手！"随着一声怒喝，王昙一跃而出，来到那师爷模样的人面前。丽正要阻拦时，已经来不及了。

"你们是什么人？青天白日，闹市通衢，欺侮老人弱女，还要不要王法？"

那师爷模样的人，翻起眼珠，瞥了王昙一眼，冷笑一声，说道："我们是什么人你管得着吗？真是狗捉耗子多管闲事！"那师爷话没说完，只听"啪"的一声脆响，王昙一巴掌已经打到他的脸上，只打得他满脸开花，眼冒金星，一张口连血吐出一颗大牙来。那师爷一边捂着脸，一边跳脚大骂："反了！反了！快给我拿住这狗东西！"众衙役闻声丢下那卖艺的老汉，一齐扑向王昙。只见王昙不慌不忙，身形一晃，倏地转到圈外，两个衙役待要转身时，却被王昙一手一个抓住了辫子，随手一挥，两个衙役被摔出老远，跌倒在地。另外两个刚要来救时，却被王昙连环两脚，踢出一丈开外。

只见王昙指东打西，随意挥洒，便把几个衙役打得落花流水。围观者一片叫好。那几个衙役，见讨不到便宜，便挤出人群，抱头鼠窜而去。王昙并不过为已甚，任他们去远，转身来看那老汉。那老汉拉着姑娘要给王昙叩头，被王昙制止了。他随手从怀中摸出一块银饼，递给老汉说："老人家，收拾收拾快快走吧，这伙恶人不会善罢甘休的。"那老汉略一踌躇，双手接过银子说道："大恩无法言谢，愿闻先生大名，以便今后相见。"王昙说道："在下秀水王昙。"那老汉深深一躬，含泪说道："先生多保重，我们去了！"

看着这一老一少离去，众人也都散了。王昙略一思忖，对丽正歉然说道："蜀岗之游耽误了，龚兄请先回客栈，我去送这老汉一程。不然这伙恶人去而复返，救人反而害人了！"丽正忙说："兄台所虑甚是。我先回店准备酒馔，等你回来，共进晚餐。"

二人分手，丽正独自一人回到客店，让店家备下酒馔，等候王昙主仆二人回来。从申初一直等到子正时分，仍无消息，只好自己草草食用了点，上床睡觉。谁知刚刚入梦，却听见店外一阵擂鼓一样的敲门声。没等店主人开门，一伙人灯笼火把已经破门而入。为首一人大声呼喝："把好大门，挨屋搜查，不要走了白莲教强盗！"丽正披衣起来，隔窗窥视，见为首的正是白天天宁寺门外逞凶的那个脸似橘皮、面目丑陋的师爷。知是冲着王昙而来，龚丽正不禁暗自为王昙庆幸，如果今晚王昙回店，定然凶多吉少，难以脱身。这伙人翻箱倒柜，挨个屋子搜查了一遍，不见王昙的影子，哪肯罢休？硬说店主人通风报信，放跑了教匪。这可吓坏了店家，连忙偷偷塞给那师爷一包银子，又说了许多好话，那师爷才领着人悻悻去了。

这番闹腾足足有两个时辰。丽正哪里还睡得着？白天梅花岭上、天宁寺外的亲历亲见一时浮上心来。王昙那口似悬河、滔滔雄辩，那琵琶神技、横溢诗才，那侠肝义胆、健儿身手……无一不令人倾倒。这分明是一位亦儒亦侠、文武兼具的旷世奇才，却被官府当作教匪强盗，这不是是非不分、颠倒黑白是什么？他暗暗祷告上苍，保佑王昙主仆平安，并盼望早日与王昙重逢。

他本来想在扬州盘桓几日，经此变故，再也无心在扬州停留，天刚拂晓就匆匆买舟北上了。

这一日船到淮阴拦黄坝，风云突变。黄河在这里和运河交汇，水势陡涨，风大浪高，船只得停下来。拦黄坝是黄河岸边的渡口小镇，只有百十户人家。但黄河自古无夜渡之例，船每天傍晚一到这里就停泊下来，真个是帆樯林立、舳舻相连。南来北往的商贾、水手都免不了上岸来打酒、过夜，因而这个小镇就热闹起来，店铺晚上的生意特别兴隆。丽正当晚在镇上觅一小店住下，准备次日渡河。是夜月黑风高，河水的拍岸咆哮之声，加上呼呼之风声，使人觉得整个小镇都在震颤。他辗转反侧，难以入睡。时过夜半，忽听镇头人喊马嘶，犬吠如豹，火光冲天。有人在镇中狂声大呼："白莲教杀进镇子来了！齐寡妇杀进来了！"一时间小镇人声鼎沸，盖过黄河涛声。破门声、喝斥声、妇女孩子的哭叫声响成一片。

丽正心惊胆战，暗道一声"苦也"。看来父亲的担忧不是多余的，真的遇上白莲教了。他慌忙穿好衣服，收拾行李。环顾室内无藏身之所，来到院里，猛见灶外墙角有堆柴草，就慌忙钻了进去。刚刚藏好，已经有人踹开店门。就着火光，丽正从柴草缝隙里观看，但见来人个个黑纱蒙面，手中拿着钢刀，凶神恶煞一般。店主人体似筛糠，抖得说不出话来。为首一人说道："我们是白莲圣母座下义军，今晚特来借粮，有银子快快拿来，如其不然，莫怪我们手下无情。"店主人刚说一个不字，就被其中一人钢刀架在脖子上。老板娘见状，立刻把金银细软都拿了出来。这伙人得了财物，呼哨一声转身要走，丽正借着火光看得清楚，他们甲胄号坎鲜明，背后一个大大的"兵"字，不禁惊疑起来。这分明是官家绿营，哪会是揭竿而起的饥民呢？

正在这当儿，门口不知何时来了两个道人。一个长身玉立、丰神俊朗，一个面目清癯、刀痕隐然，十分瘦弱。丽正觉得那面带刀伤者有点面熟，但又想不起在何处见过。正思索间，只听那高个道人说道："何方歹徒如此猖狂，明火执仗抢劫，不怕王法吗？"

那为首的蒙面人哈哈一笑，大声说道："爷们是白莲教义军，前来放马借粮，哪里来的野道士，不知高低，要找死吗？"

那道人鄙夷地哼了一声，反唇相讥："恐怕是冒牌的吧？白莲教远在襄阳，何时到了淮阴？白莲教是褴褛饥饿之群、锄耰棘矜之师，哪来这鲜亮整齐的号衣、亮如秋水的钢刀？何况白莲教扯旗造反，出来放马借粮，还怕露出庐山真面目吗？"

那道人揭破了他们的底细，蒙面客不禁勃然大怒，一声冷笑，狂吼一声："少啰唆！拿命来吧！"劈头一刀向道士砍来。只见那道人不慌不忙，手中拂尘一挥，蒙面人的钢刀立刻脱手而飞，被卷上了屋顶。

其他几个蒙面大汉一声呼哨，同时出手，四把钢刀一齐向老道士砍来。只见那道人拂尘扫了一个圆圈，荡开四把钢刀，另一只手食指连点，几个蒙面大汉立刻钢刀落地，泥塑木雕一样，动弹不得。

高个道人动手之时，那瘦道人一直站在一旁观战。直到这时，才拂尘连挥，揭去这群蒙面客脸上的黑纱。店主人立刻惊呼起来："这不是牛千总吗？你们这伙狼心狗肺的东西！前天你们路过这里时，说是去襄阳清剿教匪，拉伕派粮弄得鸡飞狗跳。如今又冒充白莲教杀人放火！你们的良心哪里去了！"

那瘦道士冷笑一声接口道："他们的良心早叫狗吃了。你和他们啰唆这些有什么用？"说着走近那姓牛的千总，拱手说："千总大人！失敬得很！今晚相遇也算有缘，留个记号吧。"说着忽然拂尘一挥，那千总要躲已来不及。只听一声惨叫，牛千总满面鲜血，鼻子早已不见踪迹，右边耳朵也被连根扯了下来。另外那几个大汉早已吓得面如土色，生怕那道士如法炮制，也给自己一拂尘，想逃命，却又动弹不得。只听那高个道人说道："得饶人处且饶人，出家人有好生之德。师弟，既然首恶已惩，其余的就宽恕了吧。"回头对那几个木立当场的大汉说道："望尔等洗心革面，不要忘记今夜之会。把财物留下，回营去吧！"说罢手指连点，给那几个大汉解开了穴道。那几个大汉如蒙大赦，抬起他们的千总老爷一溜烟地跑了。

店主人千恩万谢，直给二位道士叩头，恳请道人进屋小坐。那道人稽首说道："不打扰了。明日你可去见他们的总兵马瑜，禀明一切，就说是丑面道人所为，免得他们找你的晦气。"说完又回过头来，对着柴草堆笑着说："先生也请出来吧，躲在草堆里实在有辱斯文。"

丽正闻声从草堆里钻出来，面色尴尬，对着道人深深一躬说道："多谢道长了！百无一用是书生。若非二位道长，今晚实在不堪设想！"

那瘦道人烛光下看了丽正一眼，忽然说道："足下何方人士？"丽正忙说："在下仁和人。道长面熟得很，仿佛一个故人。"那道人淡然一笑，十分诡秘地说道："人海茫茫，面目相似者极多。在下丑面道人，背后这把宝剑名叫湛卢。如果有缘，还会相见的！"说罢一揖，和师兄飘然而逝。

两个道人杳如黄鹤，丽正怅惘了一阵，忽然明白过来：丑面道人正是杨湛卢！

第二天风云散尽，天晴气朗。龚丽正离开拦黄坝，乘船北上。过河就是杨家庄，再行十五里便到清河县。这一段河面宽阔，水势平稳，日光下，波光粼粼，如镜面一般。丽正站在船头，望着远方呆呆出神。一个多月的旅途经历，使他仿佛成熟了许多。很多在书斋中可能一辈子也难以明白的道理，渐渐明白了。这社会真像这平静的河水：表面平静如镜，微波不兴；里面却凶险万分，一霎时就可能波涌浪翻，浊浪接天！它是那样的神秘难测、难以捉摸：明明是侠义之士却被说成奸邪小人；杀人放火、劫财谋命的强盗却偏偏打着保境安民的旗号；朝廷视若洪水猛兽的白莲教是些为饥寒所迫的老百姓，月黑风高之夜冒充白莲教四处抢掠的竟是朝廷依为干城的统兵将领。

丽正来到京师，已是二月上旬。他和许多千里负笈来到京师的士子一样，本来盼望着一睹京都繁华和士林风仪，但进京后不免大失所望。这几年黄河屡决，京畿永定河也年年泛滥。国家糜银万万，银子河水般地淌满治河官吏的私囊，治河却毫无成效。只见京师到处是啼饥号寒的难民和衣衫褴褛的乞丐，使这些进京士子顿生怜悯之情。考期将近，不少客店都住满了上京举子。他们呼朋引类，三五相偕，或捭战豪饮，或借酒会文、联句赋诗。有的走亲访友，想从朝廷大老那里获得奥援，甚或有的嫖娼狎妓，出入青楼勾栏。

丽正自幼受匏伯先生教诲，律己甚严，又素喜清静，耻于和这些人为伍，独身一人寓居城西南法源寺。法源寺原名悯忠寺，是唐太宗为悼念征辽死亡将士所建，雍正年改称此名。寺里僧众不多，虽近花节，香客游人也少有来者，清清静静正好读书。顺天贡院离此不远，也坐落在京师西南一隅。这是自明至今礼闱会试的老地方。考期将近，又是新皇登极的第一次抢才大典，朝廷十分重视，贡院早已整饰一新。这贡院前有三座牌坊，巍峨壮观。左边石坊，额曰"虞门"；右边石坊，上书"周俊"；中间石坊，蟠龙石雕环绕着四个鎏金大字"天下文明"。贡院围墙高过丈五，雉堞上栽满了荆棘，名为"棘城"，意为贡院重地森然难犯不容亵渎。正对着中间石牌坊的贡院大门，便是民间俗称的"龙门"，士子们一跃龙门，便青云直上了。

嘉庆元年丙辰科会试吉日择定上巳之后。这科应试举子三千六百多人，规模之大是近年少见的。当日五鼓，丽正离开法源寺来到贡院。只见众举子提着灯笼，挎着考篮，陆续汇集到这里。贡院一时烛光辉映，火海一般映红了半个京城。三月的黎明，春寒料峭，士子们又焦灼又寒冷，在夜风中瑟瑟发抖，来回踱着步子。人群中沙沙之声，仿佛春蚕在咀嚼桑叶。正当大家等得急不可耐的时候，只听贡院燕喜堂长官一声吆喝："开龙门了！"随着喊声，蟠龙华表中间，两扇朱漆铜钉大门缓缓打开。于是应考举子按照点名顺序鱼贯入场。龙门两侧各有一座三楹小厅，名为"仪察厅"，听起来颇为风雅，其实是最令士子们扫颜面、丢身份、斯文扫地的地方。不管你是一方彦俊，还是风流名士，来到这里必须脱光衣服，赤身露体接受检查。一经查出夹带违例物品，立刻逐出贡院，三年不准应试。搜身完毕，方到至公堂前，等候进场。至公堂上，正副主考正襟危坐，面目肃然。十八房考官，还有礼部从各衙门选派的笔帖式、弥封、受卷、供给、对读、誊录六所长官，二百多人鹄立两旁。接着由监考胥吏导引对号进入考棚，肃然端坐，等候发卷考试。考棚每间三尺，每人一间，瓦顶砖墙；迎门各有一桌，上设笔架、砚台等物。承题官未送来试题时，举子们各个伸头露足、鸦雀无声。十年寒窗，在此一举。功名富贵定于三场，举子们那种感奋、惶恐、前途未卜之情，非亲历者是难以想象的。

三考已毕，走出贡院，丽正真有恍若隔世之感。接下来便是等候放榜。那份焦灼不安是不经名场的人永远想象不到的。放榜之日到了。很多举子害怕自己经受不住乍惊乍喜突然降临的祸福的刺激，在大庭广众之下失态丢丑，都要出几个钱，托人代替自己去看榜。丽正自觉三篇文章得心应手，胸有成竹，加上自幼得父训诲，养气已有根底，谅不致当众失态，早饭过后，就独自步出法源寺看榜去了。皇榜前面人山人海，万头攒动，他好容易挤到前面，只见自己的名字赫然排在第三十一名，也就不再往下观看，转身回法源寺去了。

接着便是殿试、朝考。丽正高中二甲第十八名，赐进士出身。金殿传胪之日定于四月二十。这天凌晨五鼓，由礼部带领，新科状元居首，依次跟着榜眼、探花及三百多名新科进士，从午门右掖门进入大内。此时寒星满天，晓月如钩，大红宫灯照得禁宫一片辉煌。龚丽正与众同年按榜上名次结队走过金水桥，登太和门而入。远望三大殿巍巍矗立于星空之下。丹墀下品级台两旁，御林军腰悬佩刀，雄赳赳站立两侧。礼部尚书将他们带至太和殿前，便示意停步，恭候圣驾。新科进士们个个肃立，凝神屏息。只听净鞭三响，司礼太监一声传呼："圣驾到！"新科进士们随着一班候驾大臣，立刻一甩马蹄袖，匍匐跪倒，口呼万岁。接着由随驾上书房大臣传旨："本科一甲第四名传胪唱名，切勿失仪！"那一甲第四名进士立刻出班叩头领旨，接黄封金册，传胪唱名。胪唱完毕，聆听圣谕。这不过是虚应故事，皇帝简短慰勉几句，新科进士们便感动得五内俱沸。再接着便是新科状元率领新科进士随榜而行，由午门正中而出。顺天府尹早在东长安街高搭彩棚，迎接金榜。然后为状元、榜眼、探花三鼎甲亲自斟上皇帝亲赐的御酒，簪花成礼。这便是民间所说的"御街夸官"。最后才送新科进士赴礼部"琼林宴"。到此为止，这一套既荣耀又烦琐的礼仪彻底结束。丽正疲惫不堪，回到法源寺便颓然倒下了。

第二天丽正尚未起来，法源寺外已来了几台绿呢官轿，原来是浙籍在京官员请他去浙江会馆赴宴。丽正慌忙穿上新制朝服，随他们去了。一连三天，酬酢迎送，弄得他焦头烂额。到第五天，朝命传下，龚丽正授内阁中书。他实在受不了官场这种繁文缛节，匆忙离京南归，回杭州去了。

丽正进士及第的消息早已传到杭州，那番热闹又远远超过去年秋闱报捷之时。多亏守正在家，帮着匏伯先生应酬，总算应付过去。丽正到家已是五月端阳。他先到桂隐山房给父亲请安，又到绿华吟榭看望妻子和阿珍。孩子已经五岁，聪慧可爱，只是身体瘦弱。午饭时，吃着粽子，他向全家人讲述了路上经过，特别提到拦黄坝夜逢杨湛卢的事。匏伯公听了叹息一声说道："人生在世譬如一片落叶，沉浮荣辱往往自己做不得主啊。杨湛卢本是有用之才，却被埋没了。那年他来杭州，我把他安排到黄叶观。后来他不辞而别，不知去向。他走后不久，苏州盐运道一个姓郎的道台被杀，传说凶手是个道人。这郎道台正是江苏镇江人，我想定是湛卢所为。他为了报父兄之仇，毁容改面，掷笔学剑，其志可嘉。他当年不辞而别，和你相逢又不肯相认，是怕连累我们啊！"

过了端阳，丽正告别父亲，带着妻子段训和儿子阿珍赴京上任，六月到京，在仁匠胡同休邑会馆对面，赁一四合小院住下，然后到内阁报到就职，他的仕宦生涯就这样正式开始了。

三、莫从文体问高卑，生就灯前儿女诗

内阁在紫禁城内，东华门附近，原本是协助皇帝参与决定重要政务的机构。雍正以后，设立了军机处，军政大事逐步为军机处包揽，内阁于是成为有名无实，类似抄录、保存档案的事务机关。清朝建立之后，沿袭明朝的编制旧例，内阁设大学士、协办大学士等长官和若干属员。"内阁中书"，又叫"中书舍人"，是内阁中的六品文官。原来内阁学士每天必来内阁视事，主要任务是阅读来自全国各地的奏章，名曰"读本"。这些奏章是由内廷经皇帝御览后转来的。有些来自各部院，叫作"部本"；有些是各地督抚、文武大臣、地方官员上奏的，称作"通本"。

通常，全国十八个行省数千府道州县官员，每天都有奏章到京：有报丰歉的；有报祥瑞的；有报狱讼的；有报军事的；有报民情的；有弹劾的；有保举的。真是名目繁多，举不胜举。如果遇到天灾人祸、重大事变，羽檄如雪，一日数报，章奏交上，大学士们纵使彻夜不眠，通宵达旦，也应接不暇。为了便于阅读、处理，就必须由内阁中书先替他们分门别类，按轻重缓急整理妥当，还要有人替他们把篇幅冗长、内容复杂的奏章写成简明扼要的节略。大学士们的处置意见也要有人替他们写好票拟，下达有关衙门官员。后来内阁大学士多由军机大臣兼任，平常他们就在军机处处理政务，很少到内阁来办公，但上述文字工作还必须由内阁中书来完成。这就又给他们增加了一项任务：每天要到军机处领取需要处理、存档的文件，送交处理过的文件。这一

任务叫作"候本"。

丽正授内阁中书以后,每天五更入值,申末下朝回家。有时还要夜晚当值,只好在内阁留宿。嘉庆年间,朝廷多事,夜晚当值的次数比较多。湖北襄阳白莲教起义,闹得朝廷焦头烂额。国家重兵征剿,迄无成效,地方官员一夕数报,统兵将领要粮索饷,奏章纷至沓来,朝廷诏令连连下达。只忙得内阁大小官员头昏脑涨,焦头烂额。

阿珍已经七岁,但仍未入塾读书。来京前,祖父已经教他读完了《幼学琼林》。来京后,母亲段训开始教他学习古典诗文。段氏精于诗词,特别喜欢吴伟业的《梅村集》。她教儿子学诗,也就以《梅村集》为范本。每当丈夫上朝去后,她就在闺房中一边做针线一边教孩子读诗,给孩子讲解。阿珍聪慧过人,不知不觉已经背会许多诗篇,连吴梅村著名的长篇歌行《圆圆曲》也会背诵了。段氏做着针线,但听儿子童音琅琅,不禁入了神:

> 鼎湖当日弃人间,破敌收京下玉关。
> 恸哭六军皆缟素,冲冠一怒为红颜。
> 红颜流落非吾恋,逆贼灭亡自荒宴。
> 电扫黄巾定黑山,哭罢君亲再相见。
> 相见初经田窦家,侯门歌舞出如花。
> 许将戚里箜篌伎,等取将军油壁车。
> 家本姑苏浣花里,圆圆小字娇罗绮。
> 梦向夫差苑里游,宫娥拥入君王起。
> 身前合是采莲人,门前一片横塘水。
> ……

直到儿子一字不错地背诵完毕,母亲赞许地笑了。

"阿珍,"母亲无限爱怜地问儿子,"你听说过陈圆圆的故事吗?"

"没有。母亲讲给我听,好吗?"

"陈圆圆本姓邢,名沅,字畹芬,苏州人,家就住在苏州西南的横塘,天生丽质,能歌善舞。总兵吴三桂慕圆圆之名,以千金往聘,可惜晚了一步，她已经被崇祯皇帝的宠妃田妃娘娘的父亲田畹聘走了。田畹原想帮助女儿邀荣固宠，讨皇帝的欢心把圆圆献进宫中。不想国事糜烂，崇祯帝忧心如焚，无心歌舞玩乐，却把陈圆圆置于'永巷'，也就是冷宫。不久又送回了田家。这时候李自成已经逼近北京，吴三桂重兵在握，田畹为了笼络吴三桂，特意邀请吴三桂到家赴宴。酒宴间有意让陈圆圆弹唱歌舞助兴。吴三桂与陈圆圆一见钟情，田畹趁势把陈圆圆送给吴三桂做了个顺水人情。正当二人两情相得的时候，崇祯帝命吴三桂带兵出征，前去镇守山海关。吴三桂不便带陈圆圆到军中，就把她留在家中。不久李自成大军攻破北京，陈圆圆为李自成所得。李自成命吴三桂的父亲吴襄给儿子写信，劝他投降。吴三桂在山海关接到父亲的信后，欣然从命，但后来听说李自成强占了陈圆圆，勃然大怒，遂引清兵入关。这就是梅村先生诗中所说的'冲冠一怒为红颜'了。后来李自成见吴三桂不仅没有归顺自己，反而引清兵入关，也不禁大怒，就杀了吴襄及吴三桂全家三十余口。吴三桂进京，不见陈圆圆下落，误以为陈圆圆被李自成掳掠而去，就一路追杀，紧追不舍，一直赶到山西绛县。这时吴三桂的部下在北京民间找到了陈圆圆，立刻备马昼夜兼程把她送到山西和吴三桂团聚。这就是诗中所说的'蜡炬迎来在战场'了。以后吴三桂被封为平西王，出镇云南，陈圆圆随往。但她越来越了解吴三桂的为人，对吴越来越不满意；吴三桂见陈圆圆人老珠黄，也就移情别恋。后来陈圆圆自请出家当了道姑。三藩乱起，吴三桂兵败身死，陈圆圆不知所终。"

阿珍听得入迷。

"母亲，诗里说，'相见初经田窦家'，这'田'是指田妃的父亲田畹无疑了，但那'窦'是指何人呢？"儿子仰着小脸问母亲。

"错了。'田'也不是说的田畹，田窦是指汉武帝的两家外戚。一个是田蚡，一个是窦婴。这里田、窦均非实指，泛指外戚之家。这在诗里叫作'用典'。"母亲微微笑着说。

"那么，诗中说陈圆圆'家本姑苏浣花里'也是用典了？"儿子又问道。

"不错。浣花里不在苏州，而在四川成都西郊，也就是诗圣杜甫住过的浣花溪旁。唐代名妓薛涛曾在那里住过。梅村先生是以薛涛喻陈圆圆，以浣花溪喻横塘。"看到儿子能够举一反三，母亲心里高兴极了。

"诗中还有哪些是用典呢？"儿子越听越有兴趣，问题提出了一个又一个。

"这首诗里用典很多。仅用来比喻陈圆圆的就还有'西施''绿珠''绛树''薛灵云'等人。除西施外，另外三人都是魏晋时期的美女。'西施'的故事你是知道的，我就不说了。那'绿珠'是晋代大富豪石崇的爱妾，被孙秀看上了。而孙秀是赵王司马伦的亲信，他在赵王面前进谗言杀了石崇，收捕石崇的时候，'绿珠'也跳楼自杀了。'绛树'是三国时期的一个舞女，《魏文帝与繁钦书》中曾说，'今之妙舞，莫过于绛树'，可见'绛树'姑娘也和陈圆圆一样是能歌善舞的。而'蜡炬迎来'的典故则出自《拾遗证》，是说常山郡太守谷习以千金重礼聘一美女薛灵云，然后献给魏文帝。魏文帝素知薛灵云之美，迎娶时排场极大，离京师洛阳还有几十里，蜡炬之光就接连不断。他又筑起高高的台子，燃烛其上，名曰烛台，远远望去如许多星星坠落地上，你看这同把陈圆圆从北京连夜送到军中不是有点相似吗？这些女子不仅像陈圆圆一样美貌多才，而且命运遭遇也很相似，梅村先生以她们比陈圆圆真是贴切极了。阿珍，你可明白怎样用典了？"

"我明白了，诗中用典一定要恰切，不能牵强。"儿子望着母亲说："梅村先生的诗写得真好。母亲再教孩儿一首吧！""梅村先生不仅七言歌行写得好，词填得更好。现在我教你几首他的小令。"母亲说罢慢声吟道："江南好，聚石更穿池。水槛玲珑帘幕隐，杉斋精丽缭垣低。木榻纸窗西。"

"这首词，名叫《忆江南》。意思能够听得懂吗？"母亲一脸笑意，期待着儿子回答。儿子略加思索，说道："梅村先生写的可是自己的住宅？景色好美啊，假山池沼，水榭玲珑，帘幕低垂。矮矮的垣墙围绕着杉树掩映下的书斋，窗下放着一张木榻，大概是供先生休息的了。"

母亲惊呆了。她曾经从古书上看到过不少早慧儿童的故事，但她总觉得那是前人杜撰的，事实上不大可能有。但眼前自己的儿子不正是古人所说的那种早慧神童吗？她为自己有这样一个孩子而高兴不已，激动不已。儿子见母亲惊疑地望着自己出神，以为自己回答错了，连忙问道："儿子说错了吗？"

"不错。这是江南一般仕宦人家的庭院，当然也可看作梅村先生的住宅。我再教你读几首，也是写我们家乡风光的，你要用心记住了：

江南好，五色锦鳞肥。反舌巧偷红嘴慧，画眉羞傍白头栖。翡翠逐金衣。

江南好，樱笋荐春羞。梅豆渐黄探鹤顶，芡盘初软剥鸡头。橘柚洞庭秋。"

段氏带领儿子吟诵了几遍，到厨房去了。她要准备晚饭，因为丈夫快要散值回来了。

阿珍自己走到庭院里，背诵母亲刚教的几首词："……梅豆渐黄探鹤顶，芡盘初软剥鸡头。橘柚洞庭秋。"他背得那样认真，父亲推门进院，他竟然不知道。

丽正散值回来，听见儿子在背诗，悄然驻足。看见儿子稚气十足地摇头晃脑，奶声奶气却又专注认真，跌宕有致，不禁笑了。他轻轻走近儿子，柔声问道："背的什么呀？这样入神？"

阿珍闻声回过头来，见父亲站在自己跟前，不禁忸怩起来。他拉着父亲的手说："母亲刚教过的，吴梅村的几首词，《忆江南》。"

"那好啊，背给我听听，怎么样？"

儿子不再忸怩，琅琅然背诵起来。父亲认真地听着。儿子声音刚落，父亲笑着问道："梅豆渐黄探鹤顶，是什么意思呀？"

儿子歪着脑袋，眨巴着眼睛，天真地说："这句诗写的好像是家乡夏初的景色，梅子已经黄熟了，一只丹顶鹤从黄梅绿叶间探出头来，红黄绿三色相映多好看啊。吴梅村先生大概很会画画吧？"

父亲满意地笑了。他对儿子说，写诗和画画有许多相似之处，所以古人才说唐代大诗人王维诗中有画、画中有诗。吴先生的诗妙就妙在善于把画一样的意境写到诗里去。

时间不长，段氏做好了几样时鲜小菜，一家三口围着一个矮脚小桌共进晚餐。丽正告诉妻子，今天湖北襄阳明亮、德楞泰有捷报到京，白莲教已被剿灭。匪首齐王氏、姚之富传首三省。朝廷已有谕旨恢复德楞泰都统职务，从优叙功，升赏有功将士。段氏听丈夫说完，不禁问道："这齐王氏是何等人物，一个妇道人家，竟能登高一呼，率领成千上万之众扯旗造反？"丽正告诉妻子，这齐王氏，名叫王聪儿。丈夫名叫齐林，本来都是穷苦百姓。白莲教在北方传教，说劫运将至，老百姓交"买福钱"入白莲教可以免遭劫难，将来没地农民还能分得一份田地。穷苦百姓谁不希望有田地耕种？于是纷纷入教，齐林夫妇也入了教。后来白莲教起事，官军进剿，滥杀无辜，齐林也被杀害。这王聪儿，性情贞烈，发誓要为丈夫报仇，也投入教匪军中，上阵和官军厮杀，比男人还凶狠，并且颇有智谋，很快受到教徒拥护，成了匪首。她带领教众从保康、郧阳、宜昌、施南、荆门、邓州、新野、巴东、安陆、随州、孝感、汉阳、惠临、龙山直逼武昌，闹得川、楚、豫几省不得安宁。这次自陕回楚，沿汉水东进到了兴安南岸，官军明亮、德楞泰从东边杀来，惠令、恒瑞从西边杀来，将成合围之势。齐王氏欲渡汉水北进，有官军重兵把守，难以突过，于是佯作折军南回之状，暗中却派部下高钧德从间道绕宁羌州偷渡汉水。官军只顾全师追赶王聪儿，忽接陕西急报高钧德已到汉中。官军方知中计。等到回师围剿高均德时，王聪儿却又由南返北，重渡汉水，又密令高均德引官军向东追去，她自己却和姚之富会合攻破郿县、周至逼近西安。待官兵来救，她却又忽然折回来。直让官兵晕头转向，疲于奔波。

听着丈夫的讲述，妻子心中不由对王聪儿产生了几分敬佩之情，脱口说道："这王聪儿也真了得，如果不是误入歧途，比宋之梁红玉、明之秦良玉也毫不逊色！"她接着又问丈夫："难道朝廷就没有一个知兵大员？那么多统兵大将连一个妇道人家也不如？"

丽正叹口气道："和中堂把持朝中，统兵大将不是昏庸无能之辈，就是和珅私人。加上互不统协，各怀私心，怎能克敌制胜？朝廷初任永保，无功而罢；继任惠令，屡遭诘责；代之以宜绵也屡次指挥失宜。

河南巡抚景安本是和珅的族孙，接到惠令的檄文，让他驰援襄阳，他率兵五千，到了南阳就不再向前。观兵河上，纵兵抢掠百姓，自己日日饮酒狎妓。齐王氏分兵三路，自己居中，姚之富在左，王廷召在右，过南阳北进，吓得他连忙避匿城中，紧闭城门，直到白莲教离城百里，才敢开城。像这样畏敌如虎，怎会不贻误战机？"

"那么，这次是怎样擒斩姚之富和齐王氏的？"妻子又问丈夫道。

"这次多亏了四川东乡罗思举、桂涵两个人。据说这两个人原是江洋飞贼，蹿房越脊，如履平地。听说朝廷悬赏购求王聪儿的首级，就前来德楞泰军中投效，自告奋勇，前去刺杀王聪儿。齐王氏被官军堵截在郧西山中，夜晚住宿在一座破寺里。罗思举和桂涵夜半从屋顶潜入她的住室，虽未能将她杀死，却把她砍成重伤。接着德楞泰、明亮大军把那座寺院团团围困起来。姚之富拼死保护王聪儿突出重围，败走山中。官军尾随追来，他们走投无路，最后跳下悬崖。万丈深谷哪有不摔死的？后来官军找到尸体割了首级。捷报上说是'擒斩'，吹嘘罢了。"

"白莲教真的被剿灭净尽了吗？"妻子不知是为白莲教的徒众担心，还是对朝廷的捷报怀疑。

"百足之虫，死而不僵，数万之众，哪能真的剿灭干净呢？何况根本问题并没有解决，恐怕'野火烧不尽，春风吹又生'啊！"丈夫不无忧虑地感叹道。

"什么是根本问题？"妻子不解地问丈夫。

"不均。"丈夫望着妻子困惑的神色，接着说："不患寡而患不均。如今兼并之家一人居百人之屋，一户占百户之田，骡马成群，金银满库；贫寒人家上无片瓦，下无寸土，衣不蔽体，食不果腹。如果有人能让他们吃饱穿暖，有田耕种，他们能不跟着揭竿而起、赢粮而影从吗？"

妻子点了点头，又接着问丈夫："皇上难道不明白这个道理？大臣们难道不明白这个道理？为什么不抑止兼并，改变不均呢？"

丈夫苦笑了一下，叹了一口气说道："明白又能怎么样呢？皇亲国戚、王公大臣、朝中大老有几个不是良田千顷，楼房连片的呢？又有谁肯拔一毛而利天下，更不要说割自己身上的肉了。"

妻子终于明白了。她内心深处不禁产生了对白莲教徒众的理解和同情，深深叹了口气，柔声对丈夫说："不能兼济天下，但要独善其身。阿珍已经到了入塾读书的年龄，应该赶紧为他延师读书。我教他学学诗还可以，若教他读四书五经、写文章就不行了。"

丽正告诉妻子，他正在为孩子物色老师，但一时还没有合适的。在没有请到老师之前，先由他散值回来教孩子读四书和《文选》。

第二天丽正散值回来，就把阿珍叫到跟前教他读《论语》的第一篇《学而》。父亲领读两遍之后孩子自己便会读了。在孩子到院中读书时，丽正亲自为儿子抄录《文选》。他为孩子规定了每天的功课：早晨起来读《论语》，上午学诗，下午习字、读《文选》，自己散值回来为儿子授课。半年后，儿子读完了半部《论语》和《梅村集》，母亲又开始教儿子读宋大樽的《学古集》和方舟的文章了。

这天父亲散值回来，为儿子带回一本旧《登科录》。儿子拿起这册纸色泛黄的书本，问父亲道："什么是《登科录》啊？"父亲没有马上回答儿子的问题，却转过来问儿子："读书人最为荣耀的是什么？"儿子不假思索地回答："当然是金榜题名了。"父亲微笑着对儿子说："历朝每科乡试、会试之后，就把这一科监临、主考，同考官的籍贯、姓名、履历，三场的考题及中式及第的士子们的籍贯、姓名等等缮写成册，加盖官印送交礼部保存，这就叫《登科录》，又叫《题名录》。能够题名在上边，也真是读书人的荣耀了。"

"我一定好好念书，给父母争光，争取《登科录》上也写上自己的名字。"儿子兴奋地说。

"好，有志气！"父亲连声夸奖儿子。"名登金榜当然荣耀，但更重要的是要有真才实学。就以这《登科录》来说吧，如果哪一科出了一个、几个有功于国家社稷的人物，这一科就特别为后人看重，同一科的人也都沾了光。像宋朝光宗六年癸丑科出了个文天祥，这一科就被后人称为'文天祥科'；再如乾隆三十六年辛卯科，以经术显名者有王增、李潢，以文章出名的有凌节卿、吴思树，以风节著称者有钱沣。这一科出了这么多出类拔萃的人，也就格外为后人称道。相反有些科，尽是泛泛之辈也就不被人重视了。因此我说，重要的是真才实学。你明白了吗？"

"儿子明白了，我一定要做个有真才实学的人，决不辜负父亲的教诲。"

阿珍早已能够握管涂鸦。自那日起，他便把《登科录》上自己仰慕的人，抄录下来，当作自己的榜样，时时激励自己，像前辈先贤那样，做一个有功于国家社稷的人。这也是他一生搜集科名掌故的开端。

这一天丽正下朝回来，告诉妻子一个惊人的消息，大学士和珅已被下狱抄家。其财产折银约八亿两，相当于朝廷二十年的国库收入。抄家的人说，和珅宅第的房屋都是楠木造成，体制仿佛宁寿宫，华丽仿佛圆明园，陈列的古玩珍宝比大内还多。自古以来，不仅石崇、王恺不及十分之一，就是中外的皇帝也没有这么大的家私。

不久嘉庆皇帝亲下谕旨，赐和珅自尽。和珅的弟弟和琳革去爵位，和珅的党羽一个一个都被撤职查办。但抄没和珅的家产全部被充作为内币，供皇家享用，难怪老百姓都说"和珅倒，嘉庆饱"了。

阿珍聪明颖悟，但体弱多病，偶感风寒或饮食不调便生起病来。医生说，药能医病，但难使孩子体魄健壮；若能在药物调理的同时，让孩子习武健身，则可事半功倍。丽正夫妇觉得医生的话有道理，就打算在阿珍入塾读书的同时，请一文武兼备的人来教他习武强身。但"文武兼备"之人实在太难找了。京师虽有几家名头极大的武馆，但教习多是粗鲁的莽夫，胸无点墨，难入丽正夫妇法眼。夫妻正为此事犯愁，金妈前来送茶水，进言道："听说府中打算请一文武兼备之人教小公子习武强身，尚无合适人选。我师兄正好来京师游历，在朝阳门南白云观暂住。何不请来一试？"段夫人道："你师兄何人，竟身兼文武之才？"金妈道："我师兄就是'丑面道人'，也算是老爷的故交，曾蒙府上大恩，大难不死，常怀图报之心。老爷一见便知。"龚丽正稍一迟疑，旋即恍然大悟，连忙说："如此甚好，如此甚好！"于是立刻命金妈去请丑面道人杨湛卢。

丑面道人杨湛卢和小阿珍天生有缘，初次见面就没有一丝一毫的陌生感。一看见丑面道人携带的宝剑，阿珍就缠着道人教他舞剑。丑面道人笑着说："你知道宝剑是用来做什么的吗？学会剑术做什么？"小阿珍不假思索，朗声背诵道："十年磨一剑，霜刃未曾试。今日把示君，谁有不平事？"丑面道人惊呆了。想不到这个不满十岁的孩子，才思如此敏捷，竟然能以唐诗作答，且如此恰如其分。看着小阿珍满脸稚气和小孩特有的豪气，他不禁呵呵笑起来。小阿珍不知丑面道人为何发笑，不禁脸红。丑面道人忙为孩子解窘道："看来你是要做一个除暴安良的大侠了？"想不到小阿珍又用一首唐诗作答，背的竟是李白的《侠客行》："赵客缦胡缨，吴钩霜雪明。银鞍照白马，飒沓如流星。十步杀一人，千里不留行。事了拂衣去，深藏身与名。……"丑面道人听着孩子琅琅的背诵，眼睛湿润了。他把阿珍紧紧搂在怀里，无限深情地连声说："好孩子！好孩子！有志气！"

自此，小阿珍跟着丑面道人学剑习武。丑面道人还教他道家特有的导引吸纳之术。时间不长，小阿珍体魄就明显强健起来。龚丽正夫妇心中暗自高兴。可惜好景不长，京畿白莲教死灰复燃的风声不胫而走。丑面道人竟然不辞而去，给阿珍留下一箫一剑，自此杳如黄鹤。小阿珍怅然若失了好久好久。

四、少年哀艳杂雄奇，暮气颓唐不自知

嘉庆五年庚申（1800）九月，匏伯先生逝世，丽正闻讣，即刻奔丧南归。不久龚守正护送嫂嫂段氏和侄儿阿珍由水路回到杭州。嘉庆七年十月，丽正奉匏伯公灵柩与陈夫人安葬于施家村之原。诸事完毕，由水路，乘粮船，携妻子段氏和儿子阿珍回京复任。到京后，龚丽正在宣武门外槐市街购宅安家。这里环境清幽，槐荫浓郁，丰台卖花人每月逢三都来此处卖花。

阿珍这年已经十二岁，丽正为他聘请浙江严州建德县拔贡宋璠为师。宋先生家世清寒，自幼以孝顺闻名乡里，人品端正，学识渊博。原在刑部员外郎戴敦元府上坐馆，后经戴公推荐来到龚家。自来龚家后，"天旦而起，漏四下而寝，不接宾客，瘁志纂述，大书如棋子，小书如蚊足，墨书或浓或淡，朱书如桃花，日罄五七十纸"。可见其勤奋

情况，训阿珍以孝顺父母，教阿珍读经书、作八股，师生感情十分融洽。学生的聪明颖悟加上老师循循善诱，阿珍学业进展很快。

一天宋先生看到丽正刚从花市买回的水仙花，触动诗思，立刻命阿珍写一篇《水仙花赋》。阿珍略一沉吟，振笔疾书，时间不长，便向老师交卷。宋先生接过学生的卷子，越看越喜欢，不禁读出声来：

有一仙子兮，其居何处？是幻非真兮降于水涯。鞸翠为裙，天然妆束；将黄染额，不事铅华。时则艳雪铺峦，懿芳兰其未蕊；玄冰荐月，感雅蒜而先花。花态珑松，花心旖旎。一枝出沐，俊拔无双；半面凝妆，容华第几？弄明艳其欲仙，写澹情于流水。磁盆露泻，文石苔簇。体疑湘客，禁道洛神。端然如有恨，翩若自超尘。姑射肌肤，多逢小劫；玉清名氏，合是前身。尔乃月到无痕，烟笼小晕。未同汀蓼，去摹秋水之神；先比海棠，来占春风之分。香霏暮渚，水云何限清愁；冰泮晨州，环珮一声幽韵。别见盈盈帘际，盎盎座隅。璧白琼黄，色应中西之位；攀红梅素，吟成兄弟之呼。雾幛低徊而欲步，冰绡掩映以疑无。水国偏多，仙台谁是？姿既嫣乎美人，品又齐乎高士。妍佳冷迈，故宜涤笔冰瓯者对之。

宋先生越读越兴奋。他暗暗为学生的惊人才华称奇：这哪里像一个十二岁孩子的塾中习作？即使和那些名家作品相比又有什么逊色呢？唐代的李邺侯七岁赋诗，也不过是四句小诗，就被看作神童，千古传为美谈，这孩子和古代的神童相比实在有过之而无不及！前途不可限量！"孺子可教！孺子可教！"

正当宋先生赞不绝口的时候，龚丽正散值回来。他每天回来总是先到塾中看看。一进门便听见宋璠的赞叹，接口说道："汉书下酒，先生读的什么好文章？"

宋璠见是丽正，忙迎上来说："东翁！你看令郎这篇《水仙花赋》，该不该浮一大白！"丽正见宋璠称赞自己的儿子，连忙说："一个小孩子信手涂鸦，就值得你如此赞许？"等他从宋璠手里接过儿子的卷子看过之后，心头不禁惊喜起来。他和妻子都知道儿子聪明过人，但从不放纵他。也有夸奖儿子的时候，但总是略加鼓励，从不娇宠，唯恐小孩子被惯坏了。今天看了儿子的习作仍然喜在心头，面上平淡如水。宋璠当然知道丽正不肯人前称赞自己的儿子，就接过卷子指点着说："你看'靽翠为裙，天然妆束；将黄染额，不事铅华'似写人，实写花，比喻何等贴切自然，真个'清水出芙蓉，天然去雕饰'！清新宛丽，珠圆玉润，脱口而出。'一枝出沐，俊拔无双；半面凝妆，容华第几？弄明艳其欲仙，写澹情于流水。'对仗、声韵毫无拘滞之感，真把水仙那清新淡雅写绝了。'未同汀蓼，去摹秋水之神；先比海棠，来占春风之分。香霏暮渚，水云何限清愁；冰泮晨州，环珮一声幽韵。'真把水仙那高洁、超尘脱俗、出淤泥而不染的品性写足了！这是写花，也是写人，孩子品性可知！东翁！我真眼气你，有子如此，胜过封侯拜相。你好福气啊！得英才而教之，人生一大乐事，今天我要喝两杯了！"

宋璠来到龚家转眼已经一年，上上下下都熟悉起来，从丽正夫妻到婢仆家人都称之为"宋先生"。大家既佩服他的才学，又敬重他的为人。这年五月端阳，段夫人按照江南习俗包了粽子，备了雄黄甜酒，又亲自下厨做了几样菜肴，请宋先生一起过端午。酒席间，段夫人提议说：阿珍刚刚读完了《梅村诗余》，先生不妨考考学生读得怎样，师生就以吴词联句，助助酒兴。丽正也极力赞同，说这个主意不错，就请先生开始吧。宋璠独客京华，"每逢佳节倍思亲"，难免产生思乡之情。听了丽正夫妇的话，正不知从何处开口，一眼瞥见阿珍腰里系的香囊，忽然想起吴梅村咏端午的《浪淘沙》来，于是随口吟道："真珠镶就一星星。"阿珍应声吟道："葫芦如豆虎如蝇。"正是同一首词中的句子。

老师见学生才思敏捷，来得好快，不及细想又朗声吟道："宣庙乳炉三代上。"学生立即接上下联："元人手卷四家中。"

段夫人听了，插口说道："不准和先生同用一首中的句子！"阿珍说："记下了！"

只听先生又吟道："白足禅僧争座位。"学生从容应答："黑衣宰相话遭逢。"

老师有意给学生出难题："残山废塔讲堂开。"谁知却难不倒学生：

"相逢还说廿年兵。"

先生赞一声："来得好！当心了！"接着吟："落拓江湖常载酒。"学生却以不变应万变，仍不换韵："西风又起不胜情。"

先生再逼一步："前村浊酒沽来醉。"学生终于不得不换韵了："一枕西窗自在眠。"

老师评论道："却也换得自然。"正当他考虑怎样再出新招的时候，冷不防学生却反客为主，抢占了上风："万木阴森穿影过。"老师慌忙应战："月转回廊半臂寒。"

学生又将一军："溪桥雨过看新涨。"老师忙接口吟道："指点儿童放鸭船。"

学生也学老师的战术节节进逼："布袜青鞋客杖过。"老师终于悬起免战牌，准备收兵了："匆匆归去五更天。"

丽正忙止住阿珍，让儿子给先生敬酒。宋璠不善饮，但今日特别高兴，不由得就多喝了几杯，带着醉意回塾中休息去了。

经过赋水仙花和端午师生联句，学生的诗才，先生已经领略过了。他想学生的诗才可能半由天赋半由家传：东翁是两榜进士，夫人是有名的闺阁诗人，耳濡目染，日夕熏陶，原也不足骇怪。很多人善于诗不见得善于文，而今后科举应试主要靠三场文战。但不知学生写文章的禀赋怎样？

这一天，宋璠有意试一试阿珍写文章的才能，故意问道："伊尹说'先知知后知，先觉觉后觉'。这'知'和'觉'有什么区别呢？"

阿珍思索了一下回答先生说："这'知'和'觉'是不同的。'知'是针对具体事情而言的，有形迹可寻，看得见，摸得着；而'觉'是针对内心感悟而言的，是抽象的，没有形迹可寻。'知'可以通过个人的努力获得；'觉'光靠个人努力不行，它要靠天赋，一般人很难具备，只有圣哲才可能。"

宋先生连连点头，然后对阿珍说："现在就以《辨知觉》为题，你写篇文章让我看看。不要太长，要言简意明。"

阿珍领命，立刻俯到案上，铺纸挥毫，刷刷点点，写起来了。时间不长，文章交到了先生面前，只见上面写道：

尧制历明时，万世知历法；后稷播五谷，万世知农。此先知之义也。古无历法，尧何以忽然知之？古无农，后稷何以忽然知之？此先觉之义也。子贡曰："夫子之文章可得而闻"，此先知之义；"夫子之言性与天道，不可得而闻"，此先觉之义。孔子学文武之道，学周礼，文武周公为先知，孔子为后知。此可知者也。孔子不恃杞而知夏，不恃宋而知殷，不乞灵文献而心通禹汤，此不可知者也。夫可知者，圣人之知也；不可知者，圣人之觉也。

文章以尧、后稷、孔子为例，说明什么是"先知"，什么是"先觉"，清浅明白并指出，"先知"和"后知"是相对而言，文武和孔子相比，周公文武就是"先知"，孔子就是"后知"。孔子能够不凭借杞而知道夏的情况，不凭借宋而知道殷的情况，不依靠古代文献记载就和夏禹、商汤相通，这是一般人不可能做到的，这就叫作先觉。文章十分简短，道理却说得清清楚楚，完全符合先生言简意明的要求。宋璠提起笔来在阿珍的文章后边，写下了"行间酸辣"四个字的评语。

五、张杜西京说外家，斯文吾述段金砂

不久宋璠参加顺天府乡试，中了举人，辞馆回乡去了。父亲又为阿珍聘请了一位饱学硕儒做老师。无奈，阿珍和宋先生师生之谊太深，总觉得这位老先生太过古板，对塾中生活渐生厌倦之感。正当这时候，他的外叔祖段玉立受他外祖父段玉裁之托来到了北京，给他带来了许慎《说文解字》部目，希望他由文字学入手，学习研究经学。经书自秦火之后，屡经传抄，错讹之处，难以理解之处，所在皆是，历代的注解家各执一端，想当然的地方实在不少。段玉裁主张以文字学入手研读经书可以减少许多想当然成分；反过来也可以通过经书来丰富文字学，订正《说文解字》中的错误解释，这就是所谓"以经说字，以字说经"，这实在是一种比较科学的读书方法。它既可避免宋儒以来，理学家们那种任意解释经书、无限制阐发"微言大义"的学风，又可以避免死抠字眼、食古不化的"虫鱼"考证。

段玉立深得乃兄真传，按照乃兄的意思，指导阿珍学习《说文解字注》。段玉立生性诙谐，和阿珍相处十分和谐。龚家的北面不远就是法源寺。寺里的晨钟暮鼓，书塾里都听得清清楚楚。阿珍在书塾里每当听到法源寺的钟声，就仰起头侧起耳朵，仔细听起来，这时候幼稚的心灵仿佛变成一只小鸟，飞出书塾，飞出院子，飞到蓝天白云之下，自在地翱翔。

这天老师不在塾中，他再也忍耐不住书塾的沉闷，就信步走出书塾，循着钟声传来的方向，一路向法源寺走去。只见城外绿柳依依，流水潺潺，百鸟啾啾，天广地阔。他不禁叹道："始知锁在金笼里，不如自在人间啼呀！"寺在一小山半腰，拾级而上，不远便望见山门嵯峨，隐在古松翠柏间。入寺见僧众不多，钟磬声里和尚们正在诵经，声音颇为好听。知客僧，慈眉善目，和蔼可亲，问明阿珍来意，念一声佛号，径自去了。阿珍便独自顺着甬道边走边看。院中树木葱茏，既有北方常见的榆柳依依，也有江南的玉兰、萍婆。院子正中大雄宝殿前，几株海棠，不知栽于何年，树干粗可合抱，绿荫遮了半院子。可惜不是海棠花开的时候，如果春天来游，几树红花，满寺清香，风景定会更迷人了。但见殿内，佛祖宝相庄严，众罗汉千姿百态，或安详或怪异，或坐或卧，栩栩如生。大雄宝殿后有藏经阁，阁后僧塔三五隐在修竹间。地上石呈黑色，有棕色花纹，随处皆洁净，一尘不染，可坐，可卧，不必设几铺席。"这真是读书的好地方！"阿珍不禁感慨起来。怪不得古人在寺中读书的那么多。这里读书岂不胜过塾中百倍！想到这里，他便选择一处幽静所在，从怀中取出一卷《方舟遗文》，低声诵读起来。

不知是环境宜人，还是文章太好，阿珍一读就是两个时辰，不知不觉已到午时。寺僧见这少年读书如此专心，竟然忘了吃饭，暗暗赞叹。知客僧人热情地请他到禅房用斋饭，阿珍也不推辞，就跟着来到禅房。斋饭清素，米粥豆芽，倒也可口。阿珍吃得十分香甜。正当这时，他的外叔祖段玉立找来了。

原来，日近晌午，不见阿珍放学回来，段夫人就让叔父到塾中看望。一听儿子不在书塾，段氏不禁慌了神。段玉立忽然想起阿珍曾经几次对他说过想去法源寺的事情，就猜想他一定是到法源寺去了。他安慰段氏不要着急，自己就到法源寺来寻阿珍。

段玉立年近花甲，身体硬朗，精神矍铄，生性诙谐却又童心未泯。说话百无禁忌，饶有风趣，十分健谈。知客僧和他一经交谈，便十分投缘。越说兴趣越高，两人索性逗起禅来。段玉立无书不读，知客僧也颇有学问，两人真是棋逢对手。段玉立戏谑知客僧道："镜台怎见云鬓扰？"

僧人随口答道："凡尘一鹤天外来。"段玉立，号鹤台。刚才自我介绍时告诉了知客僧，谁知却被这僧人随手拈来。段玉立忙说："此鹤不是凡间鹤。"僧人接口问道："为何冠顶带尘埃？"

二人都哈哈大笑起来。斗罢禅机，知客僧人又带领他们到藏经阁看经，到塔林看塔，越游兴致越浓。段玉立不禁童心大起，竟然撇下知客僧，和阿珍在竹林间捉起迷藏来。知客僧不禁哂道："一猿一鹤竹林欢，黄发白头僧寺乐。"段玉立闻声方才作罢，笑着说："大师好才气，真该还俗去夺个状元了！"说罢一老一少随着知客僧又回禅房吃茶。茶清冽甘甜，寺僧说是寺中山泉、竹叶、金银花、海棠梨烹制而成。

吃着茶，段玉立讲了一个故事。说是京中有一鞋匠，是和珅在阿桂府中当小厮时的朋友。后来和珅飞黄腾达，这鞋匠也步步升迁，不久竟然建牙开府做了某省巡抚。一日鞋匠巡抚老爷忽来雅兴，到杭州灵隐寺礼佛。寺中长老是个有道高僧，学富五车，想借机试探一下抚台大人的悟性。长老先举起手来指了指天，那抚台立即指了指地；长老接着伸三个手指，鞋匠见状立刻伸出五个指头；长老竖起拇指叹了口气，那鞋匠却食指中指并拢伸了两个指头；临别，长老送至山门拍了拍肚子，那鞋匠却怫然大怒，拍了一下屁股，头也不回地上轿去了。众僧不知长老和抚台打的什么哑谜，回到寺院纷纷问长老。长老喟然兴叹："我辜负了这万卷诗书了，竟然不如一个补鞋匠！"众僧忙问所以然，长老解释说："我举手指天，他马上划地，意为天地相连，乾坤混一；我伸出三个手指，意为三代以下之书我尽读过；他伸出五个指头是说，五经四书，他也无所不览；我伸出拇指意在恭维他，他却二指并伸，表示逊谢，是天下英雄唯使君与操之意。临行时我抚摸胸腹，是慨叹满腹经纶无用武之地，他却一拍屁股，说不过是'坐而论道'罢了，竟然拂袖而去。你们说，这悟性是不是少见呢？"谁知这鞋匠回衙，仍然怒气不息，夫人问他为什么生气，他却大骂禅师无礼。他说："老和尚明明知道我是鞋匠出身，却故意以手指天，让我给他补帽子，并且伸出一个指头，说只补一只，这不是故意消遣我是什么？不想他又和我讨价还价起来，伸出三个指头，问我三个铜钱行不行？我毫不客气地伸出五个指头，说少五个铜钱不行！谁知他仍不识抬举，还拍着肚子，想用肚子上的牛皮，我不禁大怒，一拍屁股说，腚上的皮也不给你！"故事还没有讲完，阿珍和知客僧已经笑不可仰，连茶水都喷出来了。

回到家里，已是酉时。丽正本想责怪阿珍，但碍于段玉立的面子，没有发作出来。段夫人怜子心切，见阿珍刮破了衣服，擦伤了皮肤，十分心痛，把儿子搂在怀里，差点掉下泪来。儿子却仰面望着父母，认真地说："寺中读书真要胜过书塾百倍！"这次游法源寺，在阿珍的心里留下了永久的记忆。多年以后他还写诗回忆当日的情景："髫年抱秋心，秋高屡逃塾。宕往不可收，聊就寺门读。春声满秋空，不受秋束缚。一叟寻声来，避之入修竹。叟乃喷古笑，烂漫晋宋谑。寺僧两侮之，谓一猿一鹤。"甚至外叔祖的形象也不断进入阿珍的梦境："……昨梦来哑哑，心肝何清真？翁自须发白，我如髫卯淳。梦中既筋之，而复留遮之；挽须搔爬之，磨墨揄揶之；呼灯而烛之，论文而哗之。阿母在旁坐，连连呼叔爷。"不难看出当日祖孙间的亲密关系和他对老人的怀念之情。

嘉庆十三年戊辰（1808年）阿珍十七岁。父亲为了让他长长见识、开开眼界，特意带他到太学参观。太学也就是国子监，位近紫禁城。在国子监上学的有各省推荐的学行优良的贡生，也有输银捐纳的监生，还有八旗官学生。贡生、监生在六堂学习，官学生在八旗官学学习。六堂分为率性堂、修道堂、诚心堂、正义堂、崇志堂和广业堂。各堂有助教一人，前四堂还配有汉学正一人，后两堂各配有汉学正一人，分教入监的贡生和监生。八旗官学，是为八旗子弟而设，每旗一所，内有助教三人，教习七人，分教学生各项功课。八旗官学生和汉人贡生、监生不同之处是，他们除学习汉、满文化之外，还要学习骑马射箭，是文武双修的。清朝统治者的初衷是显而易见的，但后来八旗子弟一个一个都成了花花公子，谁还肯认真学习？只不过摆个样子罢了。

国子监院内，还有一个圆形的阁子，四面环以水池，名叫"辟雍"，是为太学生们讲学之处。皇帝亲临视学，叫"临雍"。平常有国子监祭酒讲经。皇帝难得"临雍"一次，如果"临雍"讲经叫作"御论"，全监职官、贡生、监生、官学生都要围着"辟雍"听讲。皇帝"临雍"之后，御论由国子监刊刻，颁发全国，供儒生学习。

在国子监街南与国子监毗邻的还有南学。这是供国子监的外地学生住宿的。南学配有正、副学官各一人，管理学内事务。其实住宿的学生很少，大部分学生都在家住宿。

阿珍自幼在家塾中，师友不过数人。今天到太学一看，真是眼界大开。从前读韩文公的《进学解》，宋学士的《送东阳马生序》，已知太学之名，今天一见方知是如此宏丽，顿生艳羡之意。他想，不久就要进入科场争雄逐鹿，如果能够到国子监学习一个阶段，该多好呢！

出了国子监，父亲又带他去拜谒孔庙。京城的孔庙在国子监东边，很快就到了。大成殿拜谒过孔子及七十二贤，又到东西两庑参拜历代从祠的名儒。东庑配享的有公孙侨、董仲舒以至邵雍；西庑有蘧瑗、陆世仪诸人。父亲逐一介绍了他们的品行功德，希望儿子以前贤为楷模，将来也名垂后世。拜谒完毕，正要离去，阿珍忽然看到院子里有十个直径三尺有余的石礅子，上面刻满了文字，仔细看似篆非篆，不知为何物，忙问父亲那是什么东西。父亲说，这就是有名的"石鼓"。上面的文字介于大篆（籀文）和小篆之间，后人就称之为"石鼓文"。文字的内容是四言诗，大概写的是贵族们围猎的情形。这石鼓在陕西被发现，大概是战国时秦国所制，宋时运至汴京，靖康之变以后被金人运到北京，如今就陈列在这大成殿前。阿珍听得十分认真，他对石鼓产生了浓厚的兴趣。因为受外祖父段玉裁的影响，他在文字研究方面已有一定基础，他决定明天再来把石鼓上的文字拓下来，将来有机会带到苏州让外祖父研究研究。他相信他们祖孙二人一定会弄出个所以然来。

这年是嘉庆皇帝五十寿辰，朝廷举行恩科乡试，丽正、守正兄弟二人双双被委任为主考。丽正典试广西，守正典试湖北。兄弟同乘轺车，京中传为盛事。这对阿珍来说是一种巨大的鞭策，也是压力。

六、江东余子老王郎，来抱琵琶哭大王

嘉庆十四年己巳（1809）春，龚家迁居北京门楼胡同西首。这年春季久旱不雨，每天风沙弥漫，京城笼罩在滚滚黄尘之中。这天阿珍正在家中读书，丽正入值未归。门上来报有人来访。阿珍迎出门来一看，并不认识。只见来人五十多岁，身高六尺，面如古铜，两鬓微苍。一脸风尘之色，但二目炯炯，精光慑人。不待阿珍开口，来人便呵呵大笑道："'有缘千里来相会，无缘对面不相识'。不速之客，狂士王昙与令尊有一面之交，贸然造访，足下不会见怪吧？"阿珍多次听父亲说到过当年入京会试，梅花岭得遇王昙的事，但不知面前的是不是那个王昙。他连忙拱手相让："不知尊驾光临，有失迎迓，快快有请。"王昙也不谦让，同阿珍来到龚家客厅。落座后，阿珍奉上茶来。喝着茶，阿珍复又问道："常常听家父说起，当年赴京会试，路过维扬，遇一奇士，乃浙江秀水人氏，姓王名昙，字仲瞿，不知是不是先生？"王昙抚髯笑道："正是不才。萍水一见，承蒙令尊还记得，实在令人感佩。听说去年恩科令尊兄弟二人同乘轺车，出典秋闱，真是千古美谈。如今令尊又入值军机，前途不可限量。说来惭愧，无颜见故人之面。王昙屡试春闱不第，早绝了仕途之念。落拓江湖，蒙羞含耻。今日造庐，原有其他因缘。来到门前，方知是故人之第。欲待回避，又不忍离去，于是就造次了。"

阿珍见他说得凄惶，忙接口说道："先生说哪里话来？人之相交，贵在道义，若以科第名望、贫富贵贱为限，也太俗气了。家父真正时时惦念先生呢！只是不知先生行止，无由重逢罢了。今天如果家父在家，不知有多高兴呢！刚才先生说，今日来舍下是另有因缘，但不知

为了什么？"

王昙于是说道："世兄听说过西山聚岚观矮道人吗？"阿珍说："闻其名，未识其面。听人传言，此人修成长生不老之术，至今已有三百多岁，不知是真是假？"王昙笑道："长生不老，恐怕未必。但附近人讲，百年前已有此人。这人也确有异能，现在还能力举几百斤重的石锁，健步如飞，也真了得。我几次前去拜访，均遭峻拒。前天又去，颜色少霁。他对我说，'京有奇士，夜有光，如六等星，青霞绕之，青霞之下，当为奇士庐。为我求之，同来，吾方与汝交'。我按他指点的方向，一路寻来，不想竟到了贵府门前。莫非矮道人说的奇士就是世兄？"阿珍不禁失笑道："前辈取笑了。我一无知少年，何奇之有？莫不是那矮道人故意捉弄你吧？"王昙摇了摇头。

时至中午。阿珍置酒款待王昙。三杯过后，阿珍问道："每听家大人言讲，先生文武兼备，乃不世奇才，何以屡试不第呢？莫非这科场功名真是决定于天命吗？"

王昙喟然长叹道："'文章憎命达'，原是杜工部的激愤之言，'魑魅喜人过'，却是千真万确的事情。要说起来可真是一言难尽呢！"

原来王昙举乡试时的座主名叫吴省钦，官至右都御史，和王昙有师生之谊。这吴御史攀结和珅，希望幸进，素与同行鄙薄。但他老于宦海，善于见风使舵，新皇即位不久他就预感到和珅将要倒霉。一旦和珅倒霉，自己难免要遭池鱼之灾。于是，他日夜筹思免祸之策，从此故意装疯卖傻，颠倒昏聩，以求在和珅倒台前，全身而退。当时川楚白莲教气焰正盛，朝廷屡次征剿几无成效。嘉庆皇帝垂询百官，希望有制胜之策。吴某力荐他的学生王昙，言称他熟知兵书、胸有韬略、腹有良谋，且得异人传授，会"掌心雷"，能劈山开石、落敌胆魄。嘉庆皇帝平常就听说白莲教全凭妖法邪术取胜，对这类妖法邪术深恶痛绝。一听吴某说王昙会"掌心雷"，不禁勃然大怒，立即以奏事荒诞失当罢了吴某的官。吴某窃喜诡计得逞，匆匆出京去了。不久和珅果然倒台，抄家、赐死，党羽一个个受到惩治，只有这个吴御史保全了身家性命。朝野痛恨和珅及其党羽，怨恨和尚，累及袈裟，贻祸给王昙。真乃"城门失火，殃及池鱼"。王昙从此不齿于士林。其实吴某并非爱惜王昙之才，而是为保自己不惜牺牲学生。王昙又生性豪爽，狂放不羁，平常好奇计，好为兵家言，善弓矢，上马如飞，慷慨悲歌，不可一世。曾经跟着大喇嘛章嘉呼图克图学得一项"魔术"——徒手掷出硫磺烟火弹来，轰然炸响，即被人称作"掌心雷"。这却给那些落井下石之辈造成了口实，自此获不白之名。会试时，"同考官揣测某卷似浙江王某必不荐，考官揣某卷似浙江王某，必不中式"。清朝每科都要在进士录取后，在剩余的举人中再选拔一部分授予知县、教谕等地方官，名曰"大挑"。王昙名列一等却不被任用。几经失败之后，王昙已知仕途无望，愈益放纵。"每会谈，大声呼叫，如百千鬼神，奇禽怪兽，挟风雨、水火、雷电而上下，座客逡巡引去，他犹手足狂舞不止。以故大江之南，大河之北，南至闽粤，北至山海关、热河，贩夫走卒皆知王举人。言王举人，如谈龙蛇，说虎豹。"其实这一切"奇怪不可猜测之状"都是伪装出来的，目的是保护自己，免受更为严酷的迫害。其实他"寒夜屏人语，絮絮如老妪，非但平易近人而已"。好在王昙薄有家产，妻子金氏能诗善画，尤其可贵的是她十分理解、同情丈夫的遭遇，在王昙处境最艰难时，尽力给王昙以帮助。在和珅被赐死之后，和珅的党羽接连受到惩处，流言蜚语传到王昙的家乡，王昙的亲戚朋友都不敢再登王昙之门。王昙急愤攻心，重病卧床，一时生计陷入绝境。金氏毅然挑起生活重担，全靠卖画维持一家人的生活，和丈夫相濡以沫。她的画越画越好，求画的人接踵而至。"凡所画人物、仕女、山水、花卉，悉能师心独运，妙夺古人。"她亲手绘制观音圆通二十五像，为王昙祈福，并题诗曰："神仙堕落为名士，菩萨慈悲念女身。"金氏诗也做得很好，深为世人称道。她在自己画的山寺桃花阁上题诗道："门外桃花开未开，童奴来报满田栽；自然有个该开处，拍手崖边看去来。"此诗准确精当地表达了当时王昙夫妇的心情和不屈性格，堪称佳作。

酒过三巡，王昙有了几分酒意，见龚家客厅墙壁上挂有琵琶一张，不禁技痒，立即离座取下弹奏起来。他先弹了一曲《秦王破阵乐》，接着又弹了一曲《十面埋伏》。开始时铮然如冷雨敲窗；十指轻弹，头脑微颔，面沉似水；到激昂处，长辫横扫，盘于颈上，十指狂舞，琵琶声嘈嘈切切响成一片，如疾风骤雨，震得大厅上屋瓦直抖。弹着弹着，王昙已经忘情失态，不禁放声苍凉地唱了起来：

> 江东余子老王郎，来抱琵琶哭大王。
> 如我文章遭鬼击，嗟渠身手竟夭亡。
> 谁删本纪翻迁史，误读兵书负项梁。
> 留部瓠芦汉书在，英雄成败太凄凉！

一曲歌罢，王昙颓然坐在椅子上，垂头叹息。阿珍看时，只见他老泪纵横，顺着古铜色的脸颊，直往下滴，心里不禁隐隐作痛。他深切同情王昙的不幸遭遇，但却找不出一句安慰的话来，想来想去只好说："天生我材必有用。自古奇才异能之士，莫不备受挫折。一旦东风相助，便可直挂云帆，横渡沧海，做出一番惊天动地的大事业来！先生不必过于伤感。"

王昙苦笑了一下，说道："酒后失态，惹世兄见笑了。其实我已曾经沧海，还有什么看不破呢！"

当晚王昙留宿龚府，二人商定，明天一早去翠微山拜谒矮道人。

次日清晨，二人相偕出西直门，往翠微山而来。翠微山在京师西北，离城三十五里。王昙于城外客栈觅得两匹马，一人一骑，并辔而行。时值仲春，御河两岸绿柳依依，柳梢披风，如云如雾；川原无际，麦田如海，时见行人三五。王昙骑术精湛，打马如飞，豪气不减当年。阿珍久困书斋，出得城来，胸襟顿感开阔，如脱笼之鹄，纵马紧追，不一时便到山脚下。山脚有一道观，名曰"三山观"。旁边有三巨石，即谓"三山"。附近有山泉汪然而出，涓涓流淌。此乃御苑北海之源，名曰"龙泉"。泉边有四棵松树，高百尺，伟岸挺拔，直参云端。松下，泉上有一小寺，名曰"龙泉寺"。寺名与宣武城南的龙泉寺完全相同，但规模要小得多。王昙与阿珍下得马来，系马于松树上，徒步向山顶走去。山顶有一洞，洞门向南，深不可知，名叫"宝珠洞"，洞边有一小庙，隐蔽在丛林间，入林方见匾额上书"聚岚观"三个字，阿珍方知这是矮道人修炼栖身之所。

二人叩开庙门，只见一道人正在打扫院中落叶。阿珍看那道人年约五旬，面上刀痕隐然，但神清气朗，颇为不俗。见王昙二人到来，也不询问二人来意，就向二人拱手一揖道："二位想必是来访家师的，不巧家师下山云游去了。临出门时留下话说，王举人若来，就说有缘自有相会之日，不必急在一时。"说罢也不让两人入室，只顾扫落叶去了。二人相视一笑，只好走出聚岚观，沿原路下山。

寻访矮道人不遇，二人难免心中怅然。一路信马悠悠，日近午时，又回到了城郊。正行间，忽然听到一阵丝竹之声。马上循声看时，只见河旁的一片绿柳掩映之中，一座宅院十分精美，亭台楼阁颇为气派。隔墙只见院中十几株茶花正含苞怒放，色艳似火，十分好看。二人暗道：好清幽的地方！不知是哪家名宦、巨富的宅第？适有一农夫自院中送菜出来，二人忙向他打听。一问方知，原来是大学士苏灵阿的别业，名曰"绿柳山庄"。那苏灵阿与和珅本是儿女亲家，老迈昏聩，却盘根错节，稳坐钓鱼台，是一个不倒翁。和珅嫡子丰绅殷德的妻子十公主是嘉庆皇帝的姐姐，和珅赐死后，和家亲戚多蒙十公主曲意保全。这苏灵阿又通过十公主向嘉庆皇帝纳重金输诚，渐渐挽回圣意，苏家圣眷又日益隆厚。近来苏灵阿之子已拟被擢升为吏部侍郎。现在苏灵阿乐得悠哉林下，日日歌舞自娱。王昙不听则已，一听又不禁触动愁肠，一腔悲愤又燃烧起来。这算什么世道！真正的和珅死党，悠然林下，富贵尊荣如旧；自己清清白白却无辜受害，陷入万劫不复之灾！想着想着，他五内如焚，便顺口吟出一首《清平乐》来：

海红红处，愁杀人情绪。画里声音诗里句，觅了一回无语。
绣窗金额楼东，是他和雨和风。谁教隔墙如火，到春到夏能红。

王昙吟罢神色黯然，就在西直门外和阿珍作别，径自去了。龚自珍这位年轻的世家子弟从王昙身上初步看到了社会的黑暗和天道的不公。他忽然恐惧地想到，这样的厄运会不会降临到自己身上呢？人生真是太可怕了！

七、此生欲问光明殿，知隔朱扃几万重

嘉庆十五年庚午（1810）阿珍年已十九岁。按古礼，明年就该举行加冠礼，何况今年要参加乡试。父亲给他正式定名自珍，并给他的外祖父段玉裁写信，请他给自珍取个表字。

自从去年春天和王昙同游翠微山后，王昙时相过访，和自珍遂成忘年之交。他在自珍书房里，看过自珍写的功令文和策论之后，诚恳地对自珍说："世兄家学渊源深厚，外祖父段先生海内名家，加上自己独具的禀赋，文章才气横绝一世，笔锋凌厉，辞气雄健，罕有其匹。但锋芒太露，缺少雍容之气，科场之中，恐遭人忌。我是过来人，老马识途，不能不向您陈一见之愚。"

自珍点头称是。但又笑着说："山水易改，禀性难移。骨鲠在喉，不吐不快。操切之性要想雍容怕也难呢。"

有一次王昙告诉自珍，他又去过翠微山聚岚观几次，始终没有见到矮道人。不过倒结识了矮道人的徒弟杨湛卢——就是那次他们见到的那个道士，现在道号丑面道士，学问十分渊博。自珍谨记父亲的告诫，不愿说破龚家和杨湛卢的渊源。王昙走后，自珍又感慨起来：自己涉世不深，所知十分有限，但已经知道两个有用之才被摧残，被埋没。全国之大被埋没的有用之才何止王昙、杨湛卢两个！"冯唐易老，李广难封。屈贾谊于长沙，非无圣主；窜梁鸿于海曲，岂乏明时"这话一点不假！他多么希望《礼记》中说的"天下为公，选贤与能，讲信修睦"的社会能够早日实现。到那时王昙、杨湛卢这样的人再也不会无辜受害，被埋没摧残了！

六月九日，自珍夜晚做了一个奇怪的梦。梦中他来到一个地方，但见"云廊木秀，水殿荷香，风烟郁深，金碧嵯丽。时也方夜，月光吞吐，在百步外，荡瀁之气空朦，都为一碧，散清香而离合，不知几重？"一个人告诉他说，这就是光明殿。梦醒之后，他反复寻味，这"光明殿"不正是玉皇大帝居住的地方吗？如人世间像光明殿那样充满光明该有多好！人主能像天帝那样公正无私，明鉴万里，人世间就不会有奸邪当道、无辜受害的事情发生了！转而又想，光明殿里为什

么也会"荡滢之气空朦"呢？难道也会有奸邪当道、小人作祟吗？浮想联翩，思绪如潮，他实在难以入睡，于是就披衣起来，援笔濡墨写下《桂殿秋·明月外》这首词：

明月外，净红尘，蓬莱幽窅四无邻。九霄一派银河水，流过红墙不见人。

惊觉后，月华浓，天风已度五更钟。此生欲问光明殿，知隔朱扃几万重？

嘉庆十五年顺天府乡试，定于八月八日开科。这是朝廷定例。明清两代，会试在春季举行，故称"春闱"，由礼部主持，又称"礼闱"。各省乡试，在会试前一年举行，时间定在八月，故称"秋闱"。每科乡试分三场，第一场八月初八日点名入闱，初九为正场，初十出场；第二场十二正场，十一点名进场，十三考试结束，士子出场。这两场必须坚持到底，不准提前出场。第三场，十四入场，十五为正场，十六考毕散场出闱。这一场因正值中秋佳节，若有的士子才思敏捷，文章已经写好，可以提前出闱，回家赏月。自珍八月初八丑末寅初提一篮来到贡院门前，等候点名进场。时辰未到，龙门未启，只见贡院前面灯火一片，人影如海。将到寅正，本科主考协办大学士刘权之，同考官陈希曾、朱理，房考官觉罗宝兴等联袂而至。不多时，龙门大开，应考士子一个个点名进场。依照定例，每场点名自寅正开始，日落结束，三场都是这样。自珍首次来贡院，处处新奇，感到既肃穆又兴奋，难免心头鹿撞。但他很快就平静下来，自忖胸中诗书、笔下文章不弱于人，不需怯战。当他看到入闱之士，很多人年龄已经超过而立之年，甚至有的已经年逾知命，心中不禁为他们悲哀。

九天三场，自珍觉得文章还算得心应手。若不是入闱前父母再三交代不准提前出场，他十五日晚就回家赏月去了。勉强熬到十六日午后，他卷子一交，立刻出闱回家。

经过主考、同考、弥封、誊录所有闱中执事人员一月的忙忙碌碌，顺天府乡试九月十九日放榜。这天一早，王昙来访，自珍便约了王昙一道去贡院看榜。放榜之日，很多举子都差遣仆人或出钱托下榻的旅店的伙计前去看榜，一来要摆读书人的派头，二来也怕在意想不到的大喜大悲面前，把持不定，有失体面。自珍生性旷达，自忖不会失态，便亲自来看。只见贡院榜前人山人海，万头攒动，人声如潮。真是几家欢乐几家愁。有的人探知榜上有名，还要亲来出出风头，意气扬扬，被众星拱月一般，围绕着前呼后拥，恭维之声不绝于耳。名落孙山者，唯恐传言不实，也要破帽遮颜，偷偷挤在人群中，亲自查证一番。当发现传言不虚时，立刻垂头丧气，惶惶然挤出人群，悄然离去。还有一些人把持不定，当场失声痛哭，捶胸顿足。更有骂试官瞎眼、天道不公的；自怨自艾，说自己"文齐福不齐"的，真是百态毕现，丑不忍观。自珍正自慨叹斯文扫地时，忽见一老者，年近花甲，当场昏倒在贡院门前。陪他来看榜的儿子，立刻吓得大哭起来，一边为他揉搓胸口，一边为他叫魂，惊动得许多人前来围观。内中一个有见识的，走到跟前，用指甲狠狠掐住他的人中穴，好大一阵子老者方才苏醒过来。儿子谢过帮忙的人，连忙背起父亲，挤出人群逃也似的匆匆走了。王昙、自珍不禁摇头叹息。

明代经义取士，各经的第一名，称作经魁。乡试的前五名，必须是每经的第一，号称"五魁"。清代虽然不再经义取士，但仍然沿袭明代的称号，乡试前五名还叫"五魁"。榜首被称作"解元"。每科分正副两榜，正榜称举人，副榜称贡生或副贡。虽是同科，副贡的名誉远在举人之下。自珍来到榜前，先自五魁看起，过了百名，尚不见自己的名字，虽然旷达，也不免鬓角渗出汗来。耐心看下去，直到副榜二十八名，才见自己的姓名，不禁大失所望。但他不是那种性格脆弱的人，只是回头对着王昙苦笑一下，说声："还好，没有名落孙山，我们回去吧！"

离开贡院，自珍一路沉默。王昙知道自珍才高性傲，虽中副榜，心实不甘，便劝他道："今科初战，牛刀小试，即中副车。经此淬历，下科卷土重来，必然大捷，你才十九岁，来日方长，有什么可气短的？你看那昏倒的老秀才，白发苍苍，名落孙山，该怎么办？世兄素性旷达，难道还经不起这点小挫？"

王昙一席话说得自珍大笑起来。他终于开口说道："这'名利'二字实在误人不浅。那老秀才头发都白了，还要入闱，也实在太看重功名了。"王昙道："科场之中，五六十岁哪能算大？乾隆丙辰科，刘起振七十九岁举乡试，八十岁点了翰林，至今被士林传为美谈。乾隆末年广东王健九十九岁还入闱参加乡试。翁方纲做主考，嘉其志，终于点了他经魁。嘉庆丙辰科王炎八十六岁中举，未及会试就老死了。你看这些人，哪个不比他大得多？"

自珍道："行将就木的糟老头子，即便点了状元还能为国家出多少力？真不知道朝廷为什么要这样干。"

王昙笑道："你忘了唐太宗'天下英雄尽入吾彀中'那句话了？一条名缰利锁套住了多少英雄豪杰！也给朝廷减少了多少麻烦！哪能不这样呢？"

自珍道："十年寒窗，读书万卷，胜负成败取决于三篇八股文章，也太不公平了。"

"公平？世上有几种公平事？秀才一时兴，举人中天命。自古以来，这科场名第，半由人事半由天。人事就是考官的好恶，天意更是难以预料。李太白、杜子美没有才学？竟然榜上无名。本朝蒲留仙能说没有才学？老死场屋还只是一个恩贡生。自古以来，金榜题名的不一定个个都有经邦济世之才，相反有经济学问的不一定都能金榜题名。这功名富贵不光靠才学，更要靠天命哩。"王昙又愤愤不平起来。

自珍点头称是。王昙不愧是久历科场的老将，个中原委体会得深入肌理。自珍沉吟了一阵说道："我看这公与不公，不全在天命，重在人事。比如这考试制度就不能变变？八股文章，徒具形式，不过便于衡文罢了。唐宋考策论就比这八股实用得多，起码能够看出你有没有真正的学问和见地。另外，像治河、筹边、钱粮、农桑，真正事关国脉民命的学问都可以列入考试范围。"

王昙听得瞪大了眼睛。对眼前这个和自己交情日深的年轻人，真当刮目相看。他初经科场就能对科场情弊看得如此透彻，说出了自己十几年来郁结心头的话，实在出乎他的意料。王昙终于开口说道："世兄所言，正是我数十年想说的话。八股取士，自明至今，弊端已经十分明显。有识之士，都看得出来。但士大夫习于因循，谁愿改革，又有谁能改革呢？"

二人边走边说，不觉已来到门楼胡同龚家门前。王昙不肯进府，告辞去了，自珍独自进家。家中已得喜报。自珍毫无欢乐意味，见过父母之后，就独自回书房去了。

第二天，自珍起来，盥洗毕，上堂给父母请安。父亲告诉他，昨天严州府有人来京，说宋先生不幸去世。自珍一下子惊呆了：宋先生刚刚三十三岁，体魄健硕，正当年轻有为之时，怎会突然去世呢？

原来宋璠嘉庆九年举顺天乡试之后，即回浙江严州老家，闭门读书准备次年参加会试。不幸母亲去世，只好在家守孝。宋璠事母至孝，母亲死后，十分哀痛，经常到母亲墓地转悠。这天正是夕阳衔山的时候，他走出书斋，又信步走到母亲安葬的小山旁。忽见一位儒生打扮的人在山上四下观望，不禁动了好奇之心，就走过去打招呼。交谈之下，原来是一位风水先生。江南巫风甚盛，很多人相信星相、占卜、堪舆之学。宋璠无书不读，对阴阳堪舆之学也颇有兴趣。加上中举之后，功名心日益强烈，对于坟山风水的作用更加相信。宋家世代清贫，门衰祚薄，宋璠早想为父母另择吉壤，只是选不到中意的地方，这天遇到日者，不由趁势询问起来。不想这日者竟是个学识渊博的人，二人谈得投机，宋璠就请他到宋家先茔踏勘。日者左右前后看了一遍之后，和宋璠一道登上山顶，指点着前面的两条小溪说道："你看这山下一片平原，此山孤立平原之上，恰似玉盘之珠；两条小溪自西向北而东南，到山前分从两面绕山而过，恰似二龙戏珠；到山南汇聚一处，奔涌而下，恰似蛟龙入海。这实在是一块上好的坟山。"宋璠听他一说，再看这山川形势，无一不像他所描绘的"二龙戏珠"之图，暗暗佩服，随即问道："诚如先生所言，这山上坟茔有许多家，为何有穷有富，有贵有贱？"那日者笑道："问得好！这正是一般地仙难明之理。平常的风水先生，只知大略形胜，不知玄机变化。你看这山北坡，二水分流，其气散。宝珠灵光日宣夜泄，逐渐衰减，能不黯然失色？再看山南坡，二水汇合，如封似闭，其气聚，宝珠之灵光瑞气日益盛。故而山南草木繁茂，山北林木稀疏；山南百鸟栖息，山北狐兔不藏。祖茔东北者，后世多贫贱，且人丁不旺；祖茔在南者，后世多富贵，且子孙繁衍。"

宋璠越听越信服。他细想祖茔在这山上的人家，无一不如日者所言。他当即就想请这位风水先生在山南给父母另寻一佳地，日后把父母迁葬山南，但又考虑到山南好地已被别人占尽。踌躇再三，开口说道："山南风水虽好，可惜已被别人占完了，先生看还有没有勉强可用之地？"

那日者闻言朗声笑道："庸手只知抢占上风。蛟龙项下骊珠，谁人敢动？一触逆鳞立有不测之祸，只能略沾点儿灵气罢了。何如远附龙尾，说不定还能腾越九天呢！你看山南坡近水处地势忽高，河水涨时仿佛孤岛，平常时日和此山连成一片，岂不是龙尾之珠？这不正是一块不可多得的风水宝地？"

宋璠细看，果如日者所言，就请日者来到河边小丘之上，反复踏勘，最终为宋母选择了一块枕山际水的吉壤佳城。宋璠酬以十两纹银，日者高高兴兴地去了。日者去后，宋璠亲自手执锄头，破土点穴，然后指挥工匠为母亲建造坟墓。谁知挖过五尺之后，土色由黄变赤，一声脆响，声似爆竹。随着声响，地中冲出一股白光，正中宋璠面上太阳穴。初不甚疼，三天后面红目赤，身上灼热。十天后遂成不治之症。宋太夫人迁葬不久，宋璠就追随母亲到地下去了。

顺天乡试之后，自珍心情一直郁闷，听到宋璠的死讯，心情更加伤感。这天夜晚，风雨通宵不止。自珍检点宋璠遗下的书箱，想为老师整理一下遗稿，但见书箱中的文稿鼠啮虫蛀，都已支离破碎，字迹难以辨认，使他更加悲哀。他枯坐书桌前，老师那风流儒雅的形象宛然就在眼前。当日师生晴窗读书、夜晚剪烛论文、端午吟诗联句、雪夜品茗谈心的情景一幕一幕涌上心头。自己如今学业精成，多亏宋先生教诲。本想秋闱高中巍科，为先生争光，孰料仅仅中了个副贡！宋先生正值英年，壮志未酬，遽然永逝！这冥冥之中的天意竟是如此不公！自珍越想越悲，不禁潸然泪下。他援笔在手，写了两首《水调歌头》：

风雨飒然至，竟日作清寒。我思芳草不见，忽忽感华年。忆昔追随日久，镇把心魂相守，灯火四更天。高唱夜乌起，当作古人看。

一枝榻，一炉茗，宛当前。几声草草休送，万古遂茫然。仙字蝉饥不食，故纸蝇钻不出，陈迹太辛酸。一掬大招泪，洒向暮云间。

去日一以驶，来日故应难。故人天末不见，使我思华年。结客五陵英少，脱手黄金一笑，霹雳应弓弦。意气渺非昔，行役亦云难。

湖海事，感尘梦，变朱颜。空留一剑知己，夜夜铁花寒。更说风流小宋，凄绝白杨荒草，谁哭墓门田？游侣半生死，想见涕潺湲。

两首写罢，自珍心头稍微平静下来。他粗粗看了一遍，天已经大亮了。

第二章　剑气箫心

一、侠骨幽情箫与剑，箫心剑态谁能画

嘉庆十六年（1811），自珍年已弱冠。父亲给外祖父段玉裁写信，请老人给儿子取个表字。不久便接到段老先生的回信，信上说，"字以表德，古名与字必相应，名曰自珍，则字曰'爱吾'宜矣。"接着这位文字学家引经据典，大讲特讲"爱"字的意义。他说"爱"应包括"爱君、爱亲、爱物"，并说，世上绝没有"不爱君、亲、民、物"而能自爱的人；而真正自爱的人必"爱君、爱亲、爱民、爱物"，所以说"必自爱而后能爱人"。老人还谆谆告诫门婿，什么是真正的"爱"，怎样教育孩子。他说，只关心孩子的饱暖，是把孩子当作禽兽；用虚名诱惑孩子，是把孩子当作傀儡；以财帛诱惑孩子，会把孩子培养成商人市侩；以溢美虚夸之辞夸耀孩子，是给孩子头上戴高帽、插花朵；以伪装忠信廉洁的话欺骗孩子，会把孩子变成莠草一样的坏人。这些都不是真正的关心爱护孩子。老人还引用陶渊明的诗说，"众鸟欣有

托,吾亦爱吾庐"。有了陶潜其人,才有了陶庐;不知爱陶渊明,只知爱他的房子有什么用呢?也就是说,把孩子培养成有用之才,才是对孩子的真正关怀爱护。为给外孙取个表字,老先生竟大发宏论,写了如此一篇洋洋洒洒的文章,足见他对自珍的疼爱了。

嘉庆十七年(1812),龚自珍由副贡考充武英殿校录,开始研究校勘掌故之学。三月,他的父亲由军机章京被简任为徽州知府出京外放,也算体面。自珍全家离京南归。

临行,龚自珍的朋友汪琨为他置酒送行。这汪琨,字宜伯,号忆兰,浙江钱塘人,正在太学读书。二人相识未久,但十分投缘,多次结伴同游。他们两个都深感朝中满蒙亲贵、勋戚大老把持朝政,昏聩老朽之辈尸位素餐;而年轻有为之士,进身无门,怀才不遇。前几天二人同游丰台,经过京郊一处废宅,听人说这原是和珅为政时,户部侍郎吴省兰的旧宅,当年门前车骑雍容,堂上宾客如云。和珅伏诛,树倒猢狲散,吴省兰被撤职充军。如今,破壁残垣,荆榛满院,只有杨柳依依,飞絮蒙蒙。汪琨触景生情,不由想起宋代诗人刘子翚的诗句来,脱口吟道:"空嗟覆鼎误前朝,骨朽人间骂未销。夜月池台王傅宅,春风杨柳太师桥。"二人从残垣缺口处进入院内,但见满院荒榛中,墙角一株海棠开得正好。二人不禁驻足仔细观赏起来,自珍说:"这花也和人一样,有逢时与不逢时之别啊!想当年吴家得势之时,恐怕备受呵护,不知有多少人观赏品评;如今海棠依旧,却湮没在荒烟蔓草间。若不是你我途经此院,谁会发现它呢?花如此,人亦然。听说熙朝名臣周培公、高士奇、方灵皋原来都是一介寒儒,机缘巧遇,被圣祖识拔,超擢于风尘之间,后来风云际会,都成就了一番大事业。设若当时不遇圣主,他们还不是潦倒一生?可是这样的机缘千载难逢啊!有这样异数的人古今能有几个呢?"

汪琨接口道:"谁说不是这样呢?听说仁宗朝第一信臣李敏达(李卫)公,当初是个叫花子,得遇雍正皇帝,后来竟然步步升迁,一直做到直隶总督,若非得遇仁宗,当一辈子乞丐也未可知呢。"

二人越说感慨越多,自珍触动诗思,立刻援笔在手,在吴家废园的残壁上题了一阕《鹊踏枝》:

漠漠春芜芜不住。藤刺牵衣，碍却行人路，偏是无情偏解舞，濛濛扑面皆飞絮。

绣院深沉谁是主？一朵孤花，墙角明如许！莫怨无人来折取，花开不合阳春暮。

汪琨在一旁赞道："'莫怨无人来折取，花开不合阳春暮！'确是好诗！嗟夫，子不遇时，若当高帝时，万户侯岂足道哉！有此好诗，虽长安米珠薪桂，居而易矣！为人，莫要气短，以你的才情豪气，千金结客，万言奏赋，何愁不名动京华？将来为吾辈扬眉吐气非你莫属了！"

真是"白头如新，倾盖如旧"。两人相交时间虽短，但志同道合，彼此知心。所以今天为自珍送别，汪琨格外依依难舍。他即席赋《水龙吟》一阕，赠给自珍：

长安旧雨都非，新欢奈又摇鞭去。城隅一角，明笺一束，几番小聚。说剑情豪，评花思倦，前尘梦絮。纵间愁斗蚁，羁魂梦蝶，寻不到江南路。

从此斋钟衙鼓，料难忘，分襟情绪。瓜期渐近，萍踪渐远，合并何处？易水盟兰，丰台赠芍，离怀触忤。任红蕉题就，翟筎书遍，饯词人句。

自珍正待赋诗奉答，家人又来催行，只好匆匆告别汪琨，启程上路。隔日，他在途中写了一首《行香子》寄给汪琨，作为对朋友的答谢：

跨上征鞍，红豆抛残，有何人来问春寒？昨宵梦里犹在长安。在凤城西，垂柳畔，落花间。

红楼隔雾，珠帘卷月，自欢场词笔阑珊。别来几日，且劝加餐。万言书，千金剑，一身难。

词中既有对朋友的怀念、同游京师的美好回忆，也有怀才不遇、壮志难酬的孤独。自珍才高性傲，素负不羁之志，自顺天乡试小挫之后，渐渐意识到仕途的艰难，实现宏伟抱负不易，心头时常阴云笼罩。对朋友的期许厚望也难免产生力难胜任的感觉。这种心情在词里自然流露出来了。

四月，自珍同母亲一道到苏州外祖父家探亲。此前，段玉裁一则仰慕龚氏家风，又见龚家门祚隆盛，代有美才，且喜爱自珍才华非凡，就把孙女美贞许配自珍。侄女随家姑，亲上加亲，丽正夫妻欣然同意。美贞是自珍二舅父的女儿，端庄贤淑，美貌多才。二人虽非青梅竹马，但中表之亲，并不陌生。郎才女貌，也确是珠联璧合。自珍这次来苏州，就是为准备完婚而来。

外祖父段玉裁，在苏州阊门外上津桥的宅第，名唤"枝园"。此园风景清幽，小巧别致正适合老人颐养。老先生已经古稀有八，仍精神健旺，耳聪目明，尚能握管为文。见外孙"所业诗文甚夥，间有治经史之作"非常高兴，夸赞自珍的文章"风发云逝，有不可一世之概"。他尤其赞赏自珍的长短句，说外孙诗词意境的创造和辞采特色都很接近韩退之和李青莲，"银碗盛雪，明月藏鹭，中有异境"。老先生并且谦虚地说，自己年轻时，也喜欢填词，但"不逮自珍之工"。他说，现在写诗填词的人固然不少，但东涂西抹者多，真正能达到这种水平的极少。他高兴地对女儿说："自珍年方弱冠，能够有这种造诣，才能实在不同寻常。且性情沉稳中不乏飘逸。着力培养，不断努力，前途不可限量。"老人的这些话虽不免对外孙的偏爱娇宠，但自珍才华出众也的确是事实。

段玉裁老人一生正直，品行端正，虽潜心经史文字之学，但也十分关心社会。在得知女婿外放徽州知府后，他立即写了一篇《送龚婿丽正之徽州郡守序》，寄给丽正。序中说，唐朝人"重内轻外"，以能在朝廷做官为荣，以出京做地方官为耻，所以韩愈、柳宗元外放潮州、柳州刺史，都很不乐意。这种看法是很不对的。韩、柳二人在潮州、柳州对人民有好处，至今当地人还为他们修庙祭祀。读书人仕宦，只要能给人民带来好处，不一定非在朝中做官才好。郡县的长官爱护百姓，接近百姓，以自己的良好品德影响教化百姓，只要尽心尽力，尽职尽责，也不见得比在朝中做官差。老人还说，即以你的父亲匏伯公来说，在楚雄做知府时，廉洁爱民，有德于当地百姓，那里的人民如今还在庙中供奉着他。他勉励门婿，要学习韩愈、柳宗元，继承父亲匏伯公的良好家风，成为造福一方的好官，"以报天子，以笃家声，以垂声名于无穷"。可见，老人识见通达，洞明清澈，不同于只潜心"虫鱼之学"的一般学者。

就在这一月里，自珍和表妹美贞完婚。婚后夫妻双双随同母亲返回杭州。自珍在"枝园"受到外祖父的鼓励和开导，加上新婚燕尔，心情逐渐好起来。夏天某日，他和妻子同游西湖。

生于斯，长于斯，西湖的佳山胜水，自珍原本没有不熟悉的地方。但自从随父母进京，一别西湖十年，今天旧地重游，难免有生疏淡漠之感。他和妻子自涌金门外湖边码头登舟下湖，直向湖心荡去。但见远山叠翠，倒影如墨。湖水碧波粼粼，浮光跃金。十里荷香，沁人心脾。湖上兰舟画舫，往来如织，笙歌管弦不绝于耳。钓叟莲娃，怡然自得。花香歌声，令人心旷神怡，恍若置身蓬莱仙境。夫妻二人临窗品茗，在湖光山色里随风飘荡。不知不觉，荡过西湖第五桥来。

这第五桥，又叫跨虹桥，西边便是花神庙。自珍系舟于树，扶妻子下船。两人缓步向花神庙走来。美贞问自珍："花神庙所祀何人？"自珍说："相传花神名女夷，乃魏夫人弟子。俗家名叫黄令微。生前爱花成癖，且善种各种花草，死后被当作花神供奉。"美贞又问道："这花神庙是何人所修？"自珍答道："最初何人所修，已无从考证。据《杭州府志》记载，现在的花神庙是雍正九年李卫任浙江总督时重修的。庙中主祀湖山正神。旁列十二花神，各自用当月盛开的花卉为她们命名，衣冠也以这种花卉作标志。端的是'云想衣裳花想容'，争艳斗奇。说起这来，还有一桩趣谈。"

美贞忙问："什么趣谈？"自珍笑着说道："这李卫李敏达原本叫花子出身，生性诙谐、促狭，虽做了封疆大吏，却天性不改。花神庙修成后，杭州士绅请他去参加开光大典。这位花子制军一看十二个花神个个花容月貌、栩栩如生，非要叫金塑匠人也为他塑一尊像来，夹杂在众花神之中。众士绅属吏窃笑不已。工匠们违拗不过，只得依命而行。后来高宗皇帝南巡来到杭州，临幸花神庙，见众花神个个天姿国色、光艳照人，其中却有两个男子粗俗邋遢，厕身其间，不伦不类。乾隆皇帝大惑不解，遂问身边的侍从学士纪晓岚，花王何以粗俗乃尔？纪昀答道：并非花王，乃是李卫之像。高宗又问侍立者为谁？纪昀又说，那是说书艺人季麻子。因季麻子善说稗官野史，李卫特别赏识，故命他侍立一旁。乾隆皇帝听罢，不禁大笑说道：叫花子真能胡闹，把他扔到西湖中去！于是李卫、季麻子的塑像就被沉入湖中了。"美贞听得不禁莞尔。

夫妻二人走着说着，不知不觉来到花神庙前。但见庙内十二花神形貌如生，尽态极妍。第三尊为荷花仙子，尤为娇艳动人。自珍又告诉美贞说："从前有一姓魏的书生，来游花神庙，偏偏遇了雨，只好在庙中躲雨。他多看了荷花仙子几眼，竟致被荷花神勾去了魂魄，疯狂致死。自此以后，游人都说花神能迷人心智，勾人魂魄，阴雨天相诫不要进入。从此若逢阴雨，游客宁肯淋雨，也不敢入庙躲雨。"美贞听罢一哂，暗推自珍一把，轻声说道："表兄可要当心了，莫学魏生被勾了魂去！"自珍放声大笑起来。

游罢花神庙，夫妻二人经金沙港，过横堤，来看苏小小墓。但见堤边一抹斜阳，绿草如茵。小小的青冢四周，栽满木樨、玉兰、红梅、夭桃。墓门一碑，上书"南朝名妓苏小小之墓"。苏小小香消玉殒已经一千余年，至今仍有不少人艳其名、慕其事，接踵来游。夫妻二人，折了一束野花，放在小小墓前，聊寄心香一瓣，然后循原路回到系舟的湖边。自珍旧地重游，不禁又感叹起来，对妻子说，上次来时，自己年方十一岁，梳双丫髻，衣淡黄衫，依栏吹笛，歌苏东坡《洞仙歌》词，观者莫不称艳。有一丹青妙手，为此还作了一幅《湖楼吹笛图》，余集学士也写了一阕《水仙子》。如今忽忽已过十年，自己已经弱冠，仍然一事无成，真是无颜见江东父老。

自珍回到船上神情仍然抑郁。美贞连忙捧过一杯香茶递到自珍手上，温声说道："表兄快莫要忧国伤时、自怨自艾了。年方弱冠，何事不可为？即使功名不就，只要你我长相厮守，白头到老，时时西湖泛舟，采莲垂钓，操琴赋诗，有何不好？何必汲汲于功名？”自珍轻轻握住妻子的手说道：“大丈夫应有鸿鹄之志，岂能终老西湖山水间？况我身负龚段两家之望，哪能碌碌无为？”说罢独自站在船头，极目远眺。但见夕阳半湖，湖光山色，美丽如画。一声箫音悠悠传来，自珍凝神听时，笛声时而激昂，时而哀伤，真个如怨如怒，如泣如诉。自珍听得发痴，胸中建功立业的强烈愿望，如耿耿剑气，直冲牛斗；忧国忧时、怀才不遇的惆怅又如湖上怨箫。两种情感交织在一起，只搅得他心血如潮，面对落霞融融的西湖，不禁朗声吟出一阕《湘月》词来：

天风吹我，堕湖山一角，果然清丽。曾是东华生小客，回首苍茫无际。屠狗功名，雕龙文卷，岂是平生意？乡亲苏小，定应笑我非计。

才见一抹斜阳，半堤香草，顿惹清愁起。罗袜音尘何处觅？渺渺予怀孤寄。怨去吹箫，狂来说剑，两样销魂味。两般春梦，橹声荡入云水。

自珍吟罢，如沉醉梦中，美贞听得痴了。夫妻相偕舟中坐下，自珍依着妻子的香肩，不禁沉沉睡去。

不久，自珍这阕《湘月》便在杭州传播开来。洪子骏评论说“怨去吹箫，狂来说剑”二语，实难兼得，自古未曾有也。他于是填词赠之，其中有“结客从军双绝技，不在古人之下，更生小会骑飞马。如此燕邯轻侠子，岂吴头楚尾行吟者？一棹兰舟回细雨，中有词腔姚冶，忽顿挫淋漓如画。侠骨幽情箫与剑，问箫心剑态谁能画？且付与，山灵诧。”等句，最为人称道。画家吴南芗，听了偏不服气，真的绘了一幅《箫心剑态图》。这都是后话了。

其实自珍笔下，箫剑是文才武略的两种象征。“剑”象征建功立业的雄心壮志；“箫”象征忧国忧民的哀怨幽情。二者经常对举出现在他的诗词中，如“来何汹涌须挥剑，去尚缠绵可付箫”“一箫一剑平生意，负尽空名十五年”“气塞西北何人剑，声满东南几处箫”“按剑因谁怒，寻箫思不堪"。真是剑气箫心，处处可见。

西湖游罢，自珍便偕妻子美贞同到父亲徽州（今安徽歙县）任所。这一年，闿斋公准备修《徽州府志》，凡是甄综人物、搜辑掌故的事情，都让自珍参与其中。担任编修的人多是饱学之士，自珍又有了一个求教、历练的好机会。不久，他的外祖父段玉裁又寄信给他，勉励他好好读书。信上说：徽州程瑶田先生，学识渊懿，可以做你的老师。可以做你朋友的就更多了。有这样好的师友，自己又有这样好的资质，不努力读书，还待何时？错过这大好时光，到了我这把年纪，读书还有什么用？万季野劝诫方灵皋说"勿读无益之书，勿作无用之文"，我也希望你"博闻强记，多识蓄德。努力为名儒，为名臣，不希望你成为'名士'"。老人对外孙的成长与前途可谓关怀备至了。

二、少年哀乐过于人，歌泣无端字字真

嘉庆十八年（1813）四月，龚自珍离别新婚的妻子，自徽州赴京，第二次参加顺天府乡试。本想一雪前科之耻，谁知这次竟然名落孙山。放榜后痛苦、郁闷之情可想而知，想即刻回徽州，又觉得无颜见父母、妻子及徽州师友；滞留京师也无所事事，触目伤神。这天正在彷徨无计的时候，自珍碰见了朋友汪全德。汪全德是江苏仪征人，字竹素，号小竹，嘉庆九年举人，联捷成进士，现任工部主事。他已经知道自珍落第的事。为了安慰自珍，特意邀他到自己家中去。汪家院内有许多花卉，无奈自珍心绪不佳，无心观赏。自珍每见一花，都能勾引出满腹怀才不遇的幽怨情绪。晚上留宿汪家，彻夜难眠，独倚阑干，看见院中牵牛花，自珍不禁技痒，填了阕《减字木兰花·咏牵牛》：

阑干斜倚，碧琉璃样轻花缀。惨绿模糊，瑟瑟凉痕欲晕初。

秋期此度，秋星淡到无寻处。宿露休搓，恐是天孙别泪多。

意思是说，晚上我斜倚着阑干，看那碧琉璃一样的牵牛花轻轻地缀满藤蔓，惨淡的绿色模模糊糊，瑟瑟冰凉的一弯残月刚刚洒下清辉。

秋闱的日期就这样过去了，秋夜的星光暗淡得难以寻到。夜晚的露珠挂满了牵牛的叶子，不要去抚拭，这恐怕是离乡游子的思乡之泪吧。

全词写花的萎落、时序的流转，秋凉渐生，星光迷离，牵牛花，牛郎星，花星对望，惆怅万端。真是妙想联翩，贴切绵密，情味深挚，感人肺腑。伤感之情，溢于字里行间。暗淡得难以寻找的秋夜星光，不正是自珍心中的希望之星吗？但它是何等的渺茫啊！

早晨起来，看见院中盛开的玉簪花，自珍又题咏了一阕《惜秋华·咏玉簪》：

瑟瑟轻寒，正珠帘晓卷，秋心凄紧。瘦蝶不来，飘零一天宫粉。莫令真个敲残，留傍取玉妆台近。窥镜乍无人，一笑平添幽韵。

芳讯寄应准。待穿来弱线，似玲珑情分。移凤褥，欹宝枕，露干香润。秋人梦里相逢，记欲堕又还黏鬓。醒醒，海棠边慰他凉靓。

词的意思是说，秋风萧瑟，送来了微微的寒意，早上起来卷起珠帘，心情十分凄凉。玉簪花开放了，一只黄瘦的蝴蝶飞来，花丛中飘散开宫粉一样的花香。诗人怕它真的凋残，想把它放在靠近妆台的地方。偷看妆镜，却不见妻子梳妆，才猛然想起，这不是在自己家里。他不禁笑了，心中平添了一丝忧愁。花信是准确的。它提醒诗人应及早还家。看那玉簪花，晨露刚干，玉色香润，好像妻子拥被倚枕，期盼自己归来。诗人想象到，秋梦相逢，妻子见自己回来，忙得刚想起又忘了梳妆。诗人终于醒过神来，自我解嘲地说，还是到海棠边看看它的晨妆吧！

第二天，自珍告别汪全德，离京南行。一路上看到广袤原野田园荒芜，房屋破旧，一片萧条景象。这年直隶又遭大旱，赤地千里，老百姓食不果腹，衣不蔽体，到处流浪，自珍心头更加沉重了。自珍束发受书，就志在苍生，志在国家，如今看到国弱民贫到这等地步，难免忧心如焚。他本想救国救民，可是空怀报国之志，进身无门，怎不令人愁苦欲绝？出京后他反复自问：究竟是自己学业不精、学力不逮，还是科举制度不合理，不公平？他朦朦胧胧地意识到自己的理想和自己正在走的道路凿枘不合，甚至南辕北辙。国家明明需要的是经世致用的实学，而科举凭的是僵死、空洞、毫无实用价值的八股文。八股文明明是块"敲门砖"，敲开仕宦之门，便被弃之如敝屣。若于此耗费大量心血，实在太不值得。但舍此，又难登仕途，也就永远难以施展自己的才华，实现自己的抱负。他想，若能改革一下现在的科举办法，不凭八股取士，而凭真才实学选拔人才，该有多好啊！他和王昙、汪琨都曾谈到过这种想法。但靠谁去革故鼎新呢？朝中大老不肯改革；手无寸柄的书生，无力改革。改革实在太难啊！想来想去，思绪像一盘圆磨，推过来又推过去。要想改除这陈旧的科举制度，还必须沿这条路走下去。利用这块"敲门砖"，敲开仕宦之门，取得参政议政的资格，然后方能利用手中的权柄，彻底革除这陈旧的制度。他想起了北宋政治家王安石。假若王荆公当初不是进士及第，断难跻身廊庙，也更谈不上变法新政了。他想到这里，眼前豁然一亮，心胸也开朗了许多。他想这条路不管多么艰难，为了实现自己的理想，还必须得走下去。他又清理了一下自己的思绪，觉得实现改革的理想，单凭自己孤军奋战不行，还要多多结交一些有志之士，同心同德，齐心合力，才有可能成功。南归路上，他写了一首《金缕曲》表达了自己的这一愿望：

我又南行矣！笑今年，鸾飘凤泊，情怀何似？纵使文章惊海内，纸上苍生而已，似春水干卿何事？暮雨忽来鸿雁杳。莽关山，一派秋声里。催客去，去如水。

华年心绪从头理。也何聊，看潮走马，广陵吴市？愿得黄金三百万，交尽美人名士，更结尽燕邯侠子。来岁长安春事早，劝杏花断莫相思死。木叶怨，罢论起。

当自珍在北京想念妻子又羞见妻子的时候，他的妻子美贞却不幸病逝了。这一对恩爱夫妻，在永远分离的时候，又相隔千里，未能见上最后一面。自珍在路上听到噩耗，五内俱焚，心如刀绞。他日夜兼程赶回徽州，一头昏倒在妻子的玉棺前。

龚自珍离京不久，北京城发生了一件震惊全国的大事，他回到徽州府衙，警报早已传到了。

原来姚之富、王聪儿死后，白莲教虽陆续被镇压下去，但火种还埋藏在民间。天理会就是继白莲教之后又发展起来的反清组织。它在北方的两个首领，一个叫林清，一个叫李文成，都是白莲教幸存的教徒。白莲教失败后，他们又参加了天理会。二人互通声气，相互支援。这年直隶大旱，饥民到处流浪，更为天理会的发展创造了条件，不久会众就发展到数万之多。二人见时机到来，便约定九月十五日举事。由林清在直隶发难，李文成率众支援。林清设法买通了宫中宦官刘金、高广富、闫世喜作为内应，到时里应外合攻打紫禁城。

但是，李文成做事不密，走漏了风声，被滑县知县强克捷抓获，投入滑县大牢。河南的天理会会众为了抢救李文成，提前发动起义。九月七日，聚众三千人，攻破滑县城，杀死知县强克捷，救出李文成。滑县起义后，天理会义军兵分两路，一路入山东，一路入直隶，声势渐大。这时候，嘉庆帝秋狝木兰不在北京，他接到消息后，立刻调兵遣将，进行镇压。进军直隶的会众被堵回河南。

京中的林清，焦急等待着李文成前来会合。但后来听说他们已经提前起义，并被堵截在黄河南岸，一时难以赶来支援，便决定按时发动。他先派二百多人潜入京中，自己坐镇郊外黄村，准备接应。这二百人由太监刘金、高广福导引，分兵两路，一路由东华门，一路由西华门向皇宫进攻。东路军行动不密，被禁军发现，关闭了宫门，强攻不入。西路军得手，竟然攻进了皇宫。但终因势力单薄，最终失败。不久林清、李文成相继被俘，尽被凌迟处死。这次天理会起义虽然很快被镇压下去，但它却大大震惊了嘉庆皇帝。他写诗感叹说：亘古未有事，发生大清朝。并下"罪己诏"，引咎自责。他也感觉到大清王朝的鼎盛时期已经无可奈何地过去了。

嘉庆十九年（1814）三月，自珍扶妻子美贞的灵柩归葬杭州，暂厝于西湖之毛家步。这年段玉裁年已八十高龄，遭此打击，沉痛之情是可想而知的。老人亲自为孙女撰写墓志铭曰：

深深葬玉非余悲，乃尔姑障之悲，泪浪浪犹未绝兮。苟非尔之婉兮，曷为经三时而犹痛其摧折。尔舅尔姑尔夫之厚尔，尔亦可以自慰而怡悦。委形付诸空山兮，魂气升于廖廓。

自珍这天正准备返回徽州，临行他又来到妻子墓前，向妻子道别。妻子的死，使他深感内疚。对一般人来说，新婚不久，正是情意缠绵、难分难舍的时候。但他却为了功名，撇下妻子，千里赴京，让妻子独守空房。妻子不幸染病，却被庸医误诊为妊娠。刚刚过门的新媳妇，羞于向别人透露自己的隐秘，以致病势沉重不治身亡。他深悔自己没有在家，如果有他在美贞身边，夫妻间无话不言，谅不至于情况糟糕到这种地步。自己又科场失意，名落孙山，更何以告慰妻子的亡灵呢？

他在妻子墓前伫立了一阵，正要转身离去的时候，却看见一男一女，匆匆向他走来。近前一看，原来是王昙、金礼瀛夫妇。自珍连忙上前见礼。他颇感意外地问道：“兄长从何处来？怎么知道我在这里呢？”

王昙叹了一口气道：“说来话长。我如今就住在钱塘西边的马塍，昨天才听说兄弟回杭州。今天一早，我和你嫂子就赶到了马坡巷。一问，才知道你准备回徽州了。我们连忙赶到这里，总算见着了你。你的情况，我和你嫂子都听说了。还望贤弟节哀顺变。兄弟饱读诗书，还有什么道理想不开呢？用不着我来劝解。你嫂子特为你准备了酒菜，请你和我们一道，到我的新居‘红柏山庄’一叙，不知兄弟肯不肯赏光？”

自珍道：“难得和兄嫂见一次面，正要一诉衷肠。何况‘红柏山庄’听起来这样雅致，我焉能不去看看？”

金礼瀛接口道：“兄弟一看便知，不过是几间茅草房子罢了。”说罢，三人一道离开毛家步向王昙夫妇的新家马塍走来。

原来，那年自珍中顺天府乡试副贡看榜回来，王昙就离京南返了。他生性豪放，妻子金礼瀛擅长丹青，卖画颇积余了一点钱。二人就在苏州买宅定居。他在家里建了一座琵琶馆，遍邀江南艺人，在一起切磋琵琶弹奏技艺。一时盛友满座，观者如云。去年北京天理会起义，消息传到南方，弄得杭州满城风雨，人心惶惶。不知从何处传来流言，说王昙在北方游历时，曾经和天理会有过来往，吓得琵琶馆中的艺人纷纷逃散，从此再也没有人敢踩王昙的门边。王昙已是五十多岁的人了，也害怕招来无妄之灾，就和妻子离开吴门，来到杭州栖身。

金礼瀛，字五云，善画山水，她曾经画过一幅《山居图》，画中风景十分清幽。王昙说，如果真有那样美丽的地方，他就隐居里边，永不出来。五云说，你如果真要归隐，归隐之地如《山居图》里的景致一样，我便随你去。他们来到西湖，游至马塍，觉得这里的山水颇有《山居图》中的意趣，于是就在这里买了一片地方，大体按照山居图的轮廓，盖下茅屋数间，居住下来。因为这里有一片乌桕树，一至深秋，色红似枫，煞是喜人，王昙就据此给自己的新居起名叫"红桕山庄"。

马塍在孤山南坡，王昙的红桕山庄就和林逋当年隐居的"柏亭"相邻。自珍来到王昙门前，但见竹篱柴门，茅屋数间，一棵又高又大的乌桕树，枝繁叶浓，树冠如盖，罩住了半个院子。四周草针铺地，如褥如茵；屋后绿竹一片，翠影摇曳；开窗坐在屋中便可看见湖水潋滟，夏季满室是芰风荷香。院中茅屋近处，丹桂梅树数十株，只是十分稚嫩，看来是王昙夫妇迁来后才栽种的。柴门一响，院中几只大白鹅，立刻引颈长鸣，迎了过来。

进了草堂，王昙夫妇请自珍落座，便去准备酒菜。自珍环顾室内，暗赞一声："室雅何须大，果真不假！"但见室内陈设简单，不过一桌一几，木椅数把。几上古书几卷，古琴一张。迎门墙壁上挂的正是金五云亲自绘制的《山居图》，落款：昭明阁内史。一侧挂着一幅《梅月双清图》，有王昙亲笔题跋："追钟王楷法于千条万蕊中，为元章古法所未窥。"另一边挂着一幅《李清照酴醾春去图》，下面落款乃是金五云近期所作。上面题着一首五言绝句，汉隶小楷，隽秀俊逸："梅子酸心树，桃花短命枝。可怜马塍月，孤负我来时。"

自珍正赞赏不已，王昙夫妇端着茶点、酒菜走了进来。金氏一边布菜安盅，一边谦虚道："闺中无聊，信手涂鸦，实在难入兄弟法眼。

兄弟吃了我的酒菜，免不了还要请你为我的画题诗呢！"自珍笑道："题诗不难。恐怕一经小弟品题，你的画再也卖不出去了！"王昙接口道："怕是一经品题，画价十倍，没人买得起了！"自珍又笑道："那也不难，恐怕要等着小弟大魁天下之后才行！"金氏一边给自珍斟酒一边说道："到那时嫂嫂恐怕劳动不起兄弟大驾了，还是先敬一杯酒，佛前烧炷香吧！"三人同时大笑起来。

王昙本来酒量甚豪，无奈今天自珍心情抑郁，不肯多饮，三杯两盏，便不再饮了。王昙夫妇也不便勉强。金氏又取出自己的得意之作，让自珍鉴赏。尤其是那幅《建安七子图》，形神兼备，七子各具情态，惟妙惟肖。时人题咏几遍。又有《白描人物册》一卷，里边画有东皇太乙、湘夫人、天女、维摩、木兰、弄玉诸像，运笔高超，真有吴带当风之妙。自珍看那逸世独立的湘夫人，宛若美贞面容，便援笔在手，题下《卜算子》一首：

拜起月初三，月比眉儿瘦。不遣红灯照画廊，缥缈临风袖。
庭院似清湘，人是湘灵否？谁写长天秋思图，熨得阑干透。

自珍刚放下笔，金氏又捧起一杯酒来，说道："刚才虽是戏言，也是嫂嫂长期的愿望。请兄弟饮了这杯酒，为我的画册写篇序言。兄弟若肯给嫂嫂这个面子，请满饮此杯！"

自珍并不推辞，接过酒来，一饮而尽，笑着说道："嫂夫人，笔墨侍候吧！"时间不长，一篇序文已经写成。这就是现存《龚自珍全集》中的《金孺人画山水序》。王昙夫妇看时，只见文章最后写道："曩者同时之士，固尝拟仲瞿似晋宋间民，不闻其有奇妇。余窥其能事，与其用心，虽未知所慕学何等，要真不类乎凡之民矣。抑又闻老庄之言，或歧而为神仙，或歧而为此类，将毋此类之能事与其用心，其亦去去有仙者思欤？大夫学宗，尚其思之！庶嫔百媛，尚其慕之！叹息不足，从而缘之辞。"

金氏看罢，连连说道："兄弟把嫂子比作神仙，嫂子何克以当？怕不把人羞愧死？还是另写几句吧！"

自珍正色说道："小弟秉性，王兄知之最深，向不轻许任何人。高官显宦想得小弟一句之褒，恐非易事，小弟若不是真心佩服嫂嫂的丹青绝技，也决不会妄加月旦。嫂嫂不也说过'神仙堕落为名士，菩萨慈悲念汝身'吗？这神仙和凡人原来就是相通的嘛！"

自珍说罢，三人一同笑了起来。

从红栢山庄出来，不远便是西泠桥苏小小墓。自珍不愿重游伤心之地，匆匆而过。三人来到湖边，觅一小舟，向湖心荡去。在湖心亭稍作停留，即去小瀛洲、三潭印月。一路上，自珍呆呆望着湖心，很少说话。王昙夫妻深知自珍伤妻之痛，想要劝解，却又不知说什么好。自珍此时，心随湖心荡漾，又沉浸在往事的回忆里。旧地重游，触目神伤。他想起，去年此时，夫妻一叶扁舟，随风飘荡，妻子轻颦浅笑，莺声燕语，何等甜蜜。二人临风立于船头，惹来多少人称羡，不啻神仙眷侣。苏小墓前，宝俶塔旁，花神祠里，何事不言，何情不诉。妻子深知自己功名未遂，心中不快，便温声细语，百般劝慰，把臂并肩，余香犹在。日月曾几何，斯人已逝，魂归渺冥。想着想着，自珍不禁悲从中来，沉声吟道：

湖云如梦，记前年此地，垂杨系马。一抹春山螺子黛，对我轻颦姚冶。苏小魂香，钱王气短，俊笔连朝写。乡邦如此，几人名姓传者？

平生沈俊如侬，前贤尚作，有臂和谁把？问取山灵浑不语，且自徘徊其下。幽草黏天，绿荫送客，冉冉将初夏。流光容易，暂时著意潇洒。

王昙听了，轻声对金氏说道："是一阕《湘月》。"

金氏叹道："兄弟至情至性，是吟给美贞的。"

自珍一曲吟罢，胸中的哀伤愁苦仿佛吐出了不少。金氏忙递过一杯茶来，笑着对自珍说："问世间情为何物，直教人生死相许。有贤弟这份情义，弟妹九泉有知，也会欣慰的。人死难以复生。贤弟也要多多保重自己，恐怕这也正是弟妹在冥冥之中所盼望的呢！"

自珍只是苦笑不语。他抽出腰中玉箫，独自望着远山斜阳，吹奏起来。满腹幽怨，一腔相思，随着笛声倾泻出来，满湖飘荡，听得王昙夫妇唏嘘不止。箫声吸引了满湖游客，不知什么时候，一只游船在他们旁边停了下来。

箫声甫落，忽听那船上有女子说道："怪道李太白说，'黄鹤楼中吹玉笛，江城五月落梅花'。这箫声好凄凉啊！"又听一女子说道："小翠不得胡说，听箫声似是悲亡伤逝，椎心泣血之音。外人岂能随意评论？我们走吧！"

随着渐渐远去的桨声，顺风传来阵阵轻吟："一声铁笛心欲醉，独倚兰舟。白云悠悠，落尽芙蓉水国秋。试看残阳脂脂色，染红萍洲，不尽离愁，欲倩青天为我收。"

金氏细听，仿佛一阕《丑奴儿令》，开口笑道："'莫愁前途无知己，天涯谁人不识君！'兄弟一曲玉箫却引出一支新词。这女子可谓兄弟知音。"王昙也说："十步之内必有芳草。这姑娘诗思、才情也真了得。不知是何家闺秀？"金氏忙说："能否托人打听一下，请来和贤弟一见？"自珍忙说："亡妻尸骨未寒，小弟哪有这份闲情逸致？兄嫂不用费心了，请回吧。我要尽快赶回徽州，免得家中挂念。"

王昙夫妇把自珍送过断桥白堤，方才回去。

告别了王昙夫妇，龚自珍立刻买舟北去。路上他无心观看沿途的秀丽山水，只在舟中饮茶看书。这日船过苏州，他不想重新引起外祖父心中的伤痛，竟然没有上岸，就匆匆而过。过苏州后，他在舟中沉沉睡去，直到四更时分，方才醒来。不知什么时候船已经停了下来，也不知停泊在什么地方。他推窗一望，但见残月如钩，斜挂南天，洒下半江淡淡清辉，江上夜雾如纱，轻风阵阵。隐隐约约看见岸上山峰，影如倩女，娉娉婷婷；螺鬟半偏，晨妆待理，酷似妻子妆台前的背影。他不禁心头一阵酸楚。正在这时，又听见远处笛声悠扬，仿佛哪家迎亲的船只，渐渐远去。他又不禁想起自己新婚成礼、洞房花烛的情景来。越想越不是滋味，又拿起随身携带的玉箫，呜呜地吹起来。一曲刚停，却听见邻船有人吟咏，听声音，似曾相识：

残月斜照窗子明，谁家巧作断肠声。无端心绪最关情。

风动罗帷惊晓梦，披衣起看正三更。江花露湿暗香生。

自珍一听，却是一阕《浣溪沙》。略一沉吟，他以箫击节，接口吟道：

幽梦四更醒，欸乃声停。吴天月落半江阴。蓦地横吹三孔笛，聘取湘灵。

螺鬟锁娉婷，烟雾青青。看他潮长又潮平。香草美人吟未了，防有蛟听。

晨雾消散，夜泊江岸的船只陆续开航。自珍正在船头漱洗，却见一只官船从旁边驶来。船舱中一个丫鬟模样的小姑娘探出头来，望着自珍问道："请问公子尊姓大名？昨晚吹箫、吟诗的可是你吗？"自珍生性豁达，不加思索地回答："在下仁和龚大，昨夜失眠，吹箫惊扰姑娘清梦，还请见谅。敢问姑娘是何家宝眷？"那丫头没有回答，却把头缩回了船舱。自珍正觉得没趣，那丫头却走出舱来，回头对自珍说道："我家老爷姓何，我们是前去安庆上任的。"话未说完，船已经顺风过去了。自珍暗想，这丫头听声音好熟，却又想不起在哪里见过。他们既是去安庆，少不了还有几天同行，不难问个究竟。谁知这天顺风顺水，官船扯满帆，很快便走得不见影子了，初时自珍还不觉得怎样，到了晚上仍然没有追上那只官船，心头竟然怅惘若有所失。不过很快也就忘记了。

三、少年《尊隐》有高文，猿鹤真堪张一军

回到徽州，龚自珍决定摒弃一切俗务和心头的烦恼，闭门读书。他冷静地思考了近年来国家发生的一些大事，结合自己的见闻、感受撰写了《明良论》四篇。这组文章暴露了封建衰世的贫穷落后，讽刺了封建官吏的寡廉鲜耻，指出论资排辈的用人制度极不合理。他甚至

把批判的锋芒指向封建皇帝，指出君主制度是一切弊端的根源。

这些文章告诉人们，统治者鼓吹的乾嘉盛世已经过去，国家已经贫穷不堪。他说："崇文门以西，彰义门以东，一日不再食者甚众，'一些仕宦人家'廪告无粟，厩告无刍，索屋租者至相逐，家人嗷嗷然呼。"仕宦人家尚且贫穷至这个样子，更不要说挣扎在饥饿中唯求温饱的老百姓了。

龚自珍在这些文章里对封建官吏的无耻嘴脸揭露得入木三分。他说："士不知耻"是"国家之大耻"。近代的读书人自从步入官场那一天起，羞耻之心就不存在了。做官时间越长，羞耻之心越少；名望愈高，越会巴结奉迎；地位越接近皇帝，献媚取宠的手段越巧妙高明。"三公""九卿"地位非不崇高，但对于古代大臣那种高风亮节，不但眼看不见，耳听不到，甚至连做梦也想不到。大臣们应有的气节，扫地以尽了。龚自珍指出官吏无耻的严重后果：自下向上，层层蔓延，势如烈火；由上向下蔓延，就像洪水，最终势必危及国家社稷。他痛切地指出：

窃窥今政要之官，知车马、服饰、言词捷给而已，外此非所知也。清暇之官，知作书法、赓诗而已，外此非所问也。堂陛之言，探喜怒以为之节，蒙色笑，获燕闲之赏，则扬扬然以喜，出夸其门生、妻子。（皇帝）小不霁，则以头抢地而出，别求夫可以受眷之法。

自珍对封建官吏那种不顾礼义廉耻的丑态真是揭露得入木三分。他直言不讳地指出，这种人极端自私，吃着国家俸禄，却丝毫不把国家利益、百姓疾苦放在心上，只知教育"子孙世世以退缩为老诚，国事我家何知"。一旦国家到了危急关头，他们便"纷纷鸠燕"一样逃避无踪，作鸟兽散了。

他还一针见血地指出朝廷用人制度的严重弊端：

今之士进身之日，或年二十至四十不等，依中计之，以三十为断。翰林至荣之选也，然自庶吉士至尚书，大抵须三十年或三十五年；至大学士又十年而弱。非翰林出身，例不得至大学士。而凡满洲、汉人之仕宦者，大抵由其始宦之日，凡三十五年而至一品，极速亦三十年。贤智者终不得越，而愚不肖者亦得以训而到。此今日用人论资格之大略也。

他指出，这种用人制度，由三十进身，熬到一品大员，其"齿发已老，精神衰退，并且思想保守"，因阅历而审顾，因审顾而退葸，因退葸而尸玩。并且这些人多为子孙考虑，老马恋栈迟迟不肯退位让贤。而"英奇未尽之士，亦卒不得起而相代"。这便是朝廷人浮于事、效率低下的原因。自珍的分析真是鞭辟入里，切中要害。他把这种情况用城东民谚概括："新官忙碌石呆子，旧官快活石狮子"，真是形象极了。他常风趣地说："若论资格，谁比得上午朝门外的石狮子呢？"

自珍甚至极为大胆地把批判的锋芒屡屡指向了神圣不可侵犯的封建皇帝："朝廷一、二品之大臣，朝见免冠，夕见免冠，议处、察议之谕不绝于邸钞。部臣工于综核，吏部之议群臣，都察院之议吏部也，靡月不有。府州县官，左顾则罚俸至，右顾则降级至，左右顾则改职至。"

他形象地比喻，这就像庖丁宰牛时，要求他"多割一刀笞汝，少割一刀亦笞汝；像伯牙弹琴时，固定他的琴弦，限制他今日必须志在高山而不能志在流水；就像羿在射猎时，限制他东顾勿西逐，西顾勿东逐"。

这样一来，即使"圣如仲尼，才如管仲，直如史鱼，忠如诸葛亮"也不能办成什么事情。他还指出"天下无巨细，一束之于不可破之例"，即使督抚大吏也难"行一谋，专一事"。他大声疾呼，只有改革，才能"万万年屹立不败之谋"。

文章写成后，他分寄给外祖父段玉裁和朋友王昙、李锐等人。朋友们大都非常赞赏。段老先生批曰："四论皆古方也，而中今病，岂必别制一新方哉？髦矣，犹见此才而死，吾不恨矣。"李锐批曰："四篇立言见本末，每篇又各有本末，庶几夫古之不朽者。"只有王昙给第一篇提出批评意见说："此论尚非通盘筹划之文"，并针对第三篇说："此文欠补义。"自珍深感王昙的真诚，根据朋友的建议，一一作了修改和补充。

自珍由白莲教、天理会的不断起义，朦朦胧胧感觉到社会的巨大变革即将来临，他不便明言自己的看法，只好用寓言的形式，写了一篇曲折隐晦的文章，取名曰《尊隐》。在这篇文章里，他通过"京师"与"山中之民"力量消长的对比，指出了封建末世的危机和社会发展的必然趋势："……京师之气泄，则府于野矣。如是则京师贫；京师贫，则四山实矣。……则京师贱，贱，则山中之民，有自公侯者矣。如是则豪杰轻量京师；轻量京师，则山中之势重矣。如是则京师如鼠壤，如鼠壤，则山中之壁垒坚矣。……则山中之民，一啸百吟，一呻百问疾矣。……俄焉寂然，灯烛无光，不闻余言，但闻鼾声，夜之漫漫，鹗旦不鸣，则山中之民，有大音声起，天地为之钟鼓，神人为之波涛矣。"

这年中秋佳节，龚丽正在徽州衙斋，设宴招请当地的名流士绅、社会贤达。应邀前来的有参加编修徽州府志的汪龙、洪饴孙、胡文水、武穆淳，著名画家吴南苪，还有新任徽州同知何裕均。席间有著名琵琶艺人俞秋圃献技助兴。座中多是文人雅士，少不了填词赋诗。自珍自妻子死后，心情一直不好，很少吟诗，今天席上又多是前辈，更不愿多言。代父亲向客人们一一敬过酒后，便静坐在一旁，默默不语。座中汪龙年龄最大，只见他端起酒杯望着洪饴孙说道："佑甫老弟，家学渊懿，深得北江先生真传，可否先吟一首，以开今晚兴会之局？"大家轰然叫好。

原来这洪饴孙是乾嘉著名学者洪亮吉之长子，字佑甫。见汪龙点将，他连忙逊谢道："在下资质愚鲁，深愧先父教诲。尤其于诗词一道，实在是上不得台面，岂敢贻笑大方？"

吴文征接口说道："难道佑甫能扫了汪老的颜面？"

洪饴孙忙道："岂敢！岂敢！哲泉先生有命，哪敢拂逆？这样吧，我就给大家背一首先父谪戍新疆时，写的一首七言歌行吧。这首诗鲜为人知，题目叫《天山歌》。"

"也好！也好！"座中一片叫好声。

洪饴孙又说："先父是一个喜欢遨游山水的人，一生足迹遍及大江南北、长河上下，唯独没有去过西域、天山，常引为憾事。晚年远戍新疆，第一次亲睹天山景物，喜不自胜，忘了谪戍之苦。他写了这首诗，简直把天山写得比苏杭还美。"

"是吗？北江先生的气节，素为世人敬仰，他的诗文海内闻名。这《天山歌》一定是一首绝妙好辞。佑甫不要卖关子了，快背给我们听吧！"武穆淳急不可耐地催促着。

洪饴孙不再推辞，缓缓背道：

地脉至此断，天山已绝天。
日月何处栖，总挂青松巅。
穷冬棱棱朔风裂，雪复包山没山骨。
峰形积古谁得窥？上有鸿蒙万年雪。
天山之石绿如玉，雪与石光皆染绿。
半空石堕冰忽开，对面居然落飞瀑。
青松岗头鼠陆梁，一一竟欲餐天光。
沿林弱雉飞不起，经月饱啖松花香。
人行山口雪没踪，山腹久已藏春风。
……
奇钟塞外天奚取，风力吹人猛飞举。
一峰缺处补一云，人欲出山云不许。

"有几句我记不确了，随后我找来让诸位雅正。"洪饴孙背完，笑着说。

话音刚落，举座一片赞美之声。汪龙说道："诗写得好，不用说了。北江先生，能以贬谪之身，把一般人视为畏途的新疆天山景物描绘得如此美好，实在难能可贵。这种胸襟足可令朝中嗜权固位之辈无地自容，也实在是我江南儒林的光荣。"

"汪老先生的话一点不假。可惜余生也晚，未能面聆謦欬，亲睹风范。"一直在一旁沉默的龚自珍真诚地说。

这时正在调试琵琶的老琴师俞秋圃接口说道："说到这一层，我可比诸位有福气。乾隆朝的江南名宦，有很多我都曾经拜会过。那高风亮节，一謦一欬，至今都令人临风想望呢。"

这俞秋圃年近七旬，弹奏琵琶，神乎其技。年轻时就已名动江南，经常出入达官显宦之家。他这话一点不假。

自珍不禁问道："能否说上几位，让我辈年轻后学长长见识？"

俞秋圃谦虚道："在座诸位哪个不是见多识广的饱学之士，哪用我来饶舌？"

自珍忙道："谁说都一样，但说无妨。"

俞秋圃说道："就说贵同乡袁大令子才吧。那才情诗赋、风流倜傥是大家都知道的，就是那机智诙谐，也是常人难以望其项背的。大小金川之役，朝廷连年征战，数易统兵大将，靡饷无数，屡屡败绩，原因是用人不当。先派张照，后派讷亲，都是大学士，但都是不知兵机的儒生。一次在两江总督府衙，当着催粮催饷的钦差，袁大令说，粮饷还是其次，无论如何要送几部《孝经》到前敌去。钦差不解其意，袁大令说，这是克敌制胜的妙计。钦差又问何以见得。袁大令说，《后汉书·向栩传》可以为证。这钦差信以为真，两江总督尹大人却大笑起来。"

众人不解尹大人为何大笑，俞秋圃喝了口茶又悠悠说道："原来，后汉末年，黄巾造反，汉灵帝命侍中向栩为将，到凉州讨贼。谁想这向侍中毫不知兵，到了前敌，不思破敌之策，却对着敌人朗读《孝经》，想用孝行感化贼兵，结果全军大败。袁大令用向栩来比喻张照和讷亲，真是妙极了。他为此还写了一首诗，其中有几句说道：'其时凉州反，有人颂孝经。意欲口打贼，贼闻笑不胜。虽无补国家，尚未远人情。'后来果然不出袁大令所料，讷亲又兵败赐死。那时久征金川不下，粮饷半由两江供应。江宁附廓省垣，差役应付十分繁重，老百姓苦不堪言。袁大令久任江宁知县，深知百姓疾苦，于是去见总督尹继善。他说自己作恶多端，恶贯满盈，不配再做江宁知县，并举荐幕中一个姓贾的推官可代替他。尹大人素知他清廉爱民，知道他一定是为江宁百姓请命来了，就故意问他，都做了什么恶。袁大令却背出一首歌谣来：'前世不善，今生知县；前世作恶，知县附廓；恶贯满盈，附廓省城。'既然自己长期做附廓省城的知县，足见恶贯满盈了。尹大人又问他何以知道那个贾推官能胜任江宁知县，袁大令又背了首歌谣：'知府一堆泥，同知一块土，若非贾推官，坏了建业府。'尹大人一听哈哈大笑起来，原来这首歌谣是前明的歌谣，袁大令把'建昌府'改为'建业府'了。尹制台连说：袁子才，确有子建之才！江宁今年赋税免征了！"

俞秋圃讲得绘声绘色，自珍听得出神，仿佛置身在当年的两江总督衙门之内，亲听袁枚和尹继善那妙趣横生的对话。他正在出神时，俞秋圃的话却戛然而止了。

"先生还见过哪位前贤呢？"自珍好像一个渴望求知的学生，企盼俞秋圃继续讲下去。

"我还见过阮文达公。那时阮公在浙抚任上，驻节杭州。"俞秋圃一脸慈祥的笑容，看着自珍，他深为这位知府少爷的好学精神所感动了。他想了想说："那时海上蔡牵兵势正盛，朝廷震惊。阮公慧眼识英才，力荐李长庚有大将之才。其实文达公才真是文武全才。李长庚到前敌后，阮公亲为他筹饷十万，亲绘图形，督造三十艘大战船，名曰'霆船'，并铸大炮百尊。有阮公的运筹帷幄，李长庚方能屡建奇功。可惜后来阮公丁忧离任。后任玉德、阿林保均是误国奸佞，时时掣肘，李长庚与其说是战死，不如说是被害而死。至今闽浙百姓没有不感念阮公恩德的。"

"我还听说过毕秋帆尚书的一则逸闻，不过不是太文雅。"俞秋圃说。

"是什么逸闻？有何不太文雅？"大家都来了兴趣，异口同声地问。

俞秋圃说："毕沅尚书不得第时，结交了一个戏子，名叫李桂官，是京中昆曲唱花旦的。毕尚书落第后，穷困潦倒，李桂官识毕尚书于风尘，倾全力资助毕尚书读书。后来毕秋帆尚书魁名高中，京中人戏称李桂官为状元夫人，言外之意说他是毕尚书的男宠。其实这全是一派胡言。毕尚书不畏人言，始终很尊重李桂官，待之如兄长。"

自珍还待问时，俞秋圃见时已不早，便抱起琵琶，铮铮鏦鏦地弹奏起来。曲调虽然美妙，但自珍却沉浸在对先贤的追思仰慕之中，竟然忘记了听琵琶，直到曲终，大家轰然喝彩时，方才醒过神来。洪饴孙举杯说道："璱人贤弟诗名满江南，今日良宵盛会，岂能无诗？何不即席吟咏一首，让大家奇文共赏？"于是大家齐声附和。自珍推辞不过，援笔在手，边吟边写出《秋夜听俞秋圃弹琵琶赋诗，书诸老辈赠诗册子尾》：

秋堂夜月弯环碧，主人无聊召羁客。幽斝浅酌不能豪，无复年时醉颜色。主人有恨恨重重，不是诸宾噱不工。羁客由来艺英绝，当筵跃出气如虹。我疑慕生来拨箭，又疑王郎舞双剑。曲终却是琵琶声，一代官商创生面。我有心灵动鬼神，却无福见乾隆春。席中亦复无知者，谁是乾隆全盛人？君言请读乾隆诗，卅年逸事吾能知。江南花月娇良夜，海内文章盛大师。

弇山罗绮高无价，仓山楼阁明如画。苑阁碑书夜上天，江园箫鼓春迎驾。任吾谈笑狎诸侯，四海黄金四海游。为是升平多暇日，争将余事管春愁。诸侯颇为春愁死，从此寰中不豪矣。词人零落酒人贫，老抱哀弦过吾子。我从琐碎搜文献，弦师笛师数微宴。铁石心肠愧未能，感慨如麻卷中见。今宵感慨又因君，娄体诗成署后尘。携向名场无姓氏，江南第一断肠人。

自珍吟罢，连声说道："献丑了！献丑了！实在难入各位前辈法眼。还请各位前辈不吝赐教！"

吴文征说道："果然深得梅村先生神韵。当年查莲坡认为梅村先生'最工歌行，可方驾元白'。我看璱人这首歌行，置于梅村集中，也毫不逊色。"

汪龙说道："璱人的诗，清丽婉转，酷似梅村，辞气沉郁磅礴，又是梅村先生所不能有的。"

自珍连连逊谢，恭敬说道："多承各位老前辈谬奖，愧不敢当。苟能得梅村先生之万一，也就心满意足了。"当下众人散去，何裕均迟迟不肯离席。龚丽正想他是有政事商议，示意家人回避。却听何裕均说道："令郎才调绝伦，这首古风辞采、声韵自是无可挑剔，直可上追李杜元白，近比梅村、子才。但诗中开头说'主人有恨恨重重'，结句又自称'江南第一断肠人'，似乎胸中感伤甚重，却不知为了什么？"

丽正叹口气道："何兄有所不知。小儿生性自视太高，十九岁举副贡，深以为憾。去年顺天乡试，立志雪耻，谁知，刚刚入闱，儿媳病重，书信到京。匆遽惶急之中，自然作不出什么好文章来，竟尔名落孙山。没有赶到徽州，儿媳已经亡故。他们本是姑表兄妹，伉俪相得。结缡刚刚一年，竟尔永别。小儿深感时乖运蹇，故而感伤。'诗言志'，'言为心声'，感伤情绪难免在诗中流露出来。这也是年轻人养气功夫不到所致，惹兄台见笑了。"

何裕均接口说道："原来如此，这也是人之常情。不过这'生死由命，富贵在天'，实在是人力难以挽回的。我看令郎才情识见，终非池中之物。功名是迟早的事，不必太在心。令郎贵庚几何？"

丽正答道："小儿生于乾隆五十七年壬子，今年已经二十三岁了。"

何裕均笑道："还年轻得很呢！'三十老明经，五十新进士'。以大人之才不也是二十九岁举秋魁，三十联捷成进士。令郎才大志高，心性也太急了点，不知大人可有为令郎续娶之意？"说到这里，何裕均有点踌躇，脸似乎也有点发红。

至此，丽正已经明白客人的用意。他不禁叹口气道："我和拙荆，早有此意，只是没遇到合适的人家。小儿又笃于夫妻之情，非过一年之后才议此事。所以迟至今日，还没有遣媒提婚。何大人莫非遇有合适的人家？"

何裕均说道："令郎宅心仁厚，多情多义，实在可嘉。但'不孝有三，无后为大'，续娶是难免的。眼下正有一桩绝好的姻缘，不知大人可有意否？"

丽正忙接口问道："但不知是哪家小姐？"

何裕均却说："是下官一家亲戚之女，年方及笄，待字闺中，时常托付我觅一合适的人家。今晚一见令郎，忽然想起了这件事。顺便给大人提一提。大人如不嫌弃，下官愿为撮合。"

丽正忙说："多谢何兄美意。既然兄台认为合适，我想一定不差。

我这就先代小儿多谢你这月中老人了。"说罢二人都笑起来。临别约定，两天后丽正夫妇和儿子一道到何家议婚。

四、红豆生苗春水波，齐梁人老奈愁何

原来这何裕均祖籍山阴，世代官宦。祖父曾经做过河南巡抚，父亲也做过知府。何裕均曾任池州知府、临江知府，后因事被黜，去年复起，放徽州同知。他娶妻陈氏，年四十尚无子息，就由侄儿何镛过继承祧。后来，何裕均娶妾韦氏，连生二子。偏巧何镛的胞弟不幸夭亡，何裕均又命何镛回到本生父母身边。这时何镛已经有了女儿，名叫吉云，自幼在陈夫人身边长大，就留在了陈夫人身边。这吉云小姐端静贤淑，且又聪明过人。自幼得何裕均夫妇调教，琴棋书画样样皆通，尤其喜诗词，善书法，深得祖父母钟爱。只是吉云心性高傲，常说若不能以第一流才子为婿，将终身不嫁，侍奉祖母。那日随祖父赴徽州上任，路经西湖泛舟，得遇龚自珍，两度听自珍品箫赋诗，深为自珍的风流倜傥、多情多义倾倒。本想一路上寻找机会，结识自珍，但船过无锡时，祖父带她们去拜访一家亲戚，和自珍再没有见面。到徽州后，吉云小姐一直沉默寡言，若有所失，终于被祖母窥破了心事。一经盘问，方知就里。何裕均觉得身份、门第倒也般配，人品才学吉云已经了解，美中不足之处是填房续弦。陈夫人把这一不足告诉了孙女，不想孙女却说，正是从自珍对亡妻的一往情深，椎心痛悼，看出他是一个多情多义的男子。这样的男子方能寄以终身。既然孙女对此并不介意，何裕均夫妇也就心中释然了。仲秋之夜，何裕均借赴宴的机会，先向龚家透了个信儿。

两天之后，龚自珍随着父母到何家做客。事先何裕均夫妇作了细心安排，在花园的凉亭里，男女分设两席入座。何镛专程自山阴赶来，和伯父一起陪着丽正父子；陈夫人、韦氏、吉云小姐陪着段夫人，丫鬟翠儿在一旁侍候。自珍偷眼一看小翠，不觉一愣，猛想起正是那日官船上追问自己姓名的小姑娘。再看吉云小姐时，只见她秀发如云，笑靥如花。灵秀虽不及美贞，但肌肤丰润，厚重过之。目似三秋之水，

顾盼之中，透露出大家闺秀特有的端庄和凝重来。自珍看得心头鹿撞。忽然想到自己是来做客，且有父母在侧，不可失了礼仪，态度立刻矜持起来。但听女席上陈夫人说道："今日是家宴，没有外人。龚夫人是有名的闺中诗人，云丫头平日也喜欢吟诗填词。何不各吟几首，让我们也开开眼界，大家都乐一乐？"

段训明白陈夫人的意思，也正合自己的心思。但嘴里仍不免谦虚道："吟诗填词，那是年轻人的事，如今老了，心思迟钝，哪还会吟什么诗，填什么词？还是让吉云小姐吟几首，让我们大家听听好了！"

"夫人不要谦虚了。您的《绿吟小榭诗集》，我早就拜读过了，可真是字字珠玉。我早想拜师呢，哪能当面错过领教的机会？"何吉云温声细语，但字字传入自珍耳中，暗赞这女子应对得体，这是美贞比不了的。

忽听陈夫人笑着说道："你们两个谁也不要谦虚了。会的不吟，难道还能让不会的人吟吗？我出题目了，两位女状元准备答题吧。你们看这池中荷花虽不及春天鲜嫩，但也十分好看。就以荷花为题先各吟一首吧！"

何吉云笑着说道："好厉害的主考大人，我们只好遵命赋池中荷花了。"她又笑盈盈地对段训说道："还请前辈开局吧，小辈断没有僭越的道理。"

段训便不再推辞，即席赋了一阕《鹧鸪天》：

秋风送凉小荷池，菡萏生香斗艳姿。两两鸳鸯翻荇藻，田田绿叶衬胭脂。

挥羽扇，把金卮，六郎底事却输伊。纵教折向手内持，留得缠绵未断丝。

段训吟罢，连说："献丑了！献丑了！还是听吉云小姐的吧！"

陈夫人和韦氏连声说："好听极了！怪道读书人一遇到一起就你吟了我吟，比戏文还好呢！云丫头该你了！"

何吉云说道："刚才龚夫人咏的红莲花，我来咏这白莲花吧。"说罢却吟出一首《菩萨蛮》来：

翠云重叠烟明灭，胭脂洗尽团香雪。已是厌红妆，还愁似六郎。
无情天欲曙，啼尽池畔露。幽恨竟谁知，月明香满池。

何吉云吟罢，段训赞道："好一个'胭脂洗尽团香雪'，端的是白莲花的丰采。难道红莲真的不如白莲吗？我看未必！"说罢又吟了一首《鹧鸪天》：

上片霞光映绿萝，美人睡醒艳韵多。试妆赢得春风面，十里秋江听踏歌。
烟织绮，月生波，间将风味语湘娥。今朝颜色还如昨，送别兰舟仍是荷。

陈夫人和韦氏又笑道说："还是红莲花好看！"
何吉云却笑着说："我再给白莲花唱一支歌！"
说罢慢声细语吟出一首《卜算子》来：

谁种白莲花，秋到花开处。秋风阵阵莲贞魂，香满瑶台路。
莫笑出青泥，心净还如许。一片琉璃照影空，常向波中住。

段训待吉云刚刚落音，就击掌赞道："莫笑出青泥，心净还如许，真是佳绝、妙绝，放入《漱玉词》中也毫无愧色！压卷之作已出，我是不能再献丑了！"

陈夫人忽然面向男席笑着说道："久闻龚公子才高八斗，何不也吟一首让我们这些四门不出的妇道人家开开眼界？"

自珍早已听得技痒，只是无从置喙。如今听陈夫人指名要自己吟诗，反而不好意思起来。他看看父亲，又看看母亲，得到的是鼓励的眼神，于是便开口说："恭敬不如从命，只是众人探骊龙，小姐已得宝珠，所剩不过鳞爪罢了。还是昨晚一首咏荷的《梦芙蓉》，现在请夫人和小姐指教好了。"

　　背灯敧凤枕，见一珠秋弄，水裙风鬟。露华无力，飞下珊珊影。又微芒不定，月坠金波孤迥。小立空塘，怨红衣半卸，消受夜凉紧。

　　脉脉鸳鸯眠正稳，乍莲房纷坠惊初醒。香重烟轻，愁绝共幽映。五更魂魄冷，吟断锦云休讯。捐佩疑寒，更凌波恐湿，塘外晓风阵。

　　自珍吟罢，陈夫人、韦氏又连称好词。何吉云只是微笑着颔首不语。陈夫人望着吉云说道："光听我们这些外行人说三道四，云丫头怎么不说话呀？"何吉云连忙说道："词是好词，只是寒气太重，给人带来阵阵凉意。我正觉衣衫单薄呢，祖母却让我说什么呢？"段夫人一听不禁笑出声来："吉云小姐真是大行家，一语中的！阿珍这首词满是'凉'啊，'冷'啊，'寒'啊，'怨'啊，'愁'啊，咋不叫人有衣不胜寒之感？吉云小姐可真是阿珍的知音！"

　　一句话说得何吉云羞红了脸，连忙佯作整理衣衫，低下了头。接着段训又问起吉云的生辰八字、读书、女红一类的事情来。二人正在拉扯家常，忽听衙中有人来请丽正回去，说是有紧要事情。丽正夫妇于是和自珍也就告辞主人回衙去了。

　　第二天龚家正式托媒人到何家求婚，当然一拍即合，亲事很快就定了下来。正在这时，朝旨到徽州，命龚丽正改任安庆知府，徽州知府就由何裕均接任。龚丽正接旨，略做准备，就匆匆上任去了。临行与何家约定，来年冬季为自珍与吉云完婚。

　　嘉庆二十年乙亥（1815）十月，龚自珍迎何吉云于山阴，在老家杭州完婚。这几年龚丽正官运亨通，改任安庆知府，席不暇暖，即擢升江南苏松太兵备道，署江苏按察使。清代的道员，是正四品。原来有道员分"守道"和"巡道"，大致上守道管钱粮，巡道管刑名。乾隆以后，不再分守道和巡道，并且道员多加"兵备"衔，节制所辖境内都司、守备、千总、把总等武职，这样道员集钱粮、司法、军事于一身，职权益重，常与布政使、按察使两司并论，都是督抚传布政令的大员。加上龚丽正署理江苏按察使，权力就更大了。按察使俗称"臬司"，是司法之意。清朝的按察使是正三品，掌一省刑名。每三年乡试，例充监试官，逢五年"大计"（考察京外官员），充考察官；每年办理秋审案件，任主稿官。这短短四年间，龚丽正由知府而道台，并且署理臬司，且这苏松太地区是肥得流油的地方，是人人眼馋的肥缺，真是春风得意马蹄疾。

他有什么强有力的政治靠山吗？没有。但他为什么能平步青云呢？这里边有个非常微妙的原因。清代自雍正以后，朝廷大权之重莫过于军机处，军机处的军机大臣例由大学士和各部尚书担任，满汉参半；六部尚书，满汉各一。这原是平衡权力、互相辖制之意，但难免各树党羽，产生派别。后来，军机大臣、六部尚书，政见不合者，往往各成体系。这种体系自朝廷到地方，营垒分明。朝廷每任一官，各派都争相援引、举荐私人。嘉庆皇帝自和珅赐死之后，非常警惕大臣中间的拉帮结派活动，任用提拔官吏时，往往"圣心独断"，喜欢擢升那种两派都不沾边的人物。这龚丽正正是沾了"两派都不沾边"的光。据《南省公余录》载，丽正和静缜密，为官场仅见。其于世人奥援之工、奔竞之巧，举不足以入其怀，时有"热官冷作"之目。也就是说，他为人谦和，头脑冷静，办事谨慎、细心。对于官场中那种攀高结贵、投机钻营的做法，完全不放在心上。当时就有人说，他这种诀窍叫"热官冷作"，即大家争着抢着的职务，他却看得很平淡。言外之意，是"不争之争"，坐收渔人之利。

次年开春，自珍携何吉云前往上海父亲任所。按照传统习惯，苏州段家应是何吉云的"续娘家"，何氏应是段家的"续姑娘"。因此，何吉云理应婚后同自珍到段家"省亲"。他们途经苏州仍然住在段玉裁的枝园。虽然何吉云礼数周到，但总难免引起段家的伤痛。自珍夫妇不便久留，勉强住了一天，就准备启程去上海。这天自珍去向外祖父道别，却碰到一个三十多岁的读书人正在向外祖父请教《尚书》。外祖父正给他讲述自己撰写的《故尚书撰异》。经外祖父介绍，方知这人姓李名学璜，字复轩，是个监生。互道仰慕之后，李学璜说道："久闻瑟人公子大名，今日有幸一会，足慰平生渴念。前些时，拜读先生大作《明良四论》，真有振聋发聩之感。言议英发，实所谓言人所不能言、言人所不敢言的旷世奇文。爱不释手，蒙段先生允可，从枝园携至家中，内子读后，一咏三叹，尤其赞赏'士不知耻，为国之大耻'一篇，认为有苏潮、韩海之势。不知先生可否移玉寒舍与内子一晤？"

自珍不禁一愕，心想这人怎么这样奇怪，哪有邀人晤见妻子的道理？正自诧异，却听外祖父笑着说："复轩的夫人就是闻名遐迩的'女青莲'，难道你没有听说过？"

自珍闻言，瞿然一惊，连忙站起身来，拱手对李学璜说道："失敬！失敬！自珍后生晚辈，竟然不知佩珊夫人就是令正！提起尊夫人，真是久闻大名，如春雷贯耳，自珍心仪已非一日，只是无缘识荆。今日有这等机缘如何肯错过？待我别过外祖父，就和内子一道随先生过府拜会尊夫人！"

自珍说罢，和段玉裁作别，知会何吉云去了。李学璜连忙吩咐随身仆人，去叫了一辆马车，邀请自珍夫妻一道回府去了。

这李学璜的妻子归佩珊，名茂仪，号虞山女史，是清代有名的女诗人，原籍常熟。父亲归朝煦，做过一任道台。母亲姓李，名心敬，善于诗词，不幸早已去世。她和李学璜本是姑表兄妹，父母去世后，嫁给表兄，夫妻长期客居苏州。归氏天姿聪慧，精于诗词，著述极丰，其诗集《绣余小草》《绣余续草》《再续草》乃至《五续草》风靡江南闺阁、士林。她天姿国色、仪态端庄，为世所仰慕，素有"女青莲"之称。自珍说"心仪已久"并非客套，实是肺腑之言。

当下三人乘车，时间不长，便来到李学璜夫妻居住的"虞山小筑"。仆人进去通禀，不一时便见归夫人满面春风地迎出门来。女主人果然仪态非凡，虽然年近不惑，但风韵犹存，不着脂粉，但淡雅中却透出端庄大方之气。自珍夫妻心中暗暗赞叹。中午，女主人亲自下厨，做了几样时鲜小菜，李学璜命人沽了几斤美酒，四个人谈诗说文，边谈边饮，十分投缘。席间，归佩珊又提起龚自珍的《明良四论》来，并随口背诵道："庖丁之解牛，伯牙之操琴，羿之发羽，僚之弄丸，古之所谓神技也。戒庖丁之刀曰：多一割亦笞汝，少一割亦笞汝；韧伯牙之弦曰：汝今日必志于山，而勿水之思也……"并评论说："奇思妙想，引喻取譬，处处切中时弊，真是难得一见的佳作。"自珍连连逊谢说："此乃弱冠所作，才疏学浅，文气亦何能清妥？不过书生空发忧时之愤罢了。夫人若再加矜宠，自珍就无地自容了。久闻夫人诗名，何不把大作拿出来，让晚辈一饱眼福？"

自珍说罢，归夫人笑道："闺中消遣，难登大雅之堂。时人谬爱，徒有虚名罢了。不过正要请方家指正，哪能不让贤伉俪寓目呢？"说罢就起身离座，不一刻取出一卷《听雪词来》。何吉云连忙接过来，放在自珍面前，夫妻二人共同观看，当看到一首《风蝶令》时，自珍不觉吟出声来：

画里春风面，怀中明月光。绿阴消受午风凉。料得愁深梦浅，不成妆。

窈窕神仙质，聪明玉雪肠，句成应是费商量，待看笔花吹作满身香。

自珍吟声停下，归茂仪说道："这是一阕题美人图的小令。题赠王仲瞿夫人金五云的。"自珍闻言放下手中诗集问道："夫人也认得仲瞿夫妇？可知他们近况如何？"

李学璜接口道："苏州何人不识王举人？何人不知金礼嬴女士？'众口铄金，积毁销骨'。流言杀人于无形。其实这是一对铁骨铮铮的神仙眷侣呀。"

归茂仪道："邦有道则智，邦无道则愚，王仲瞿何曾疯癫？更难得的是夫妻患难相扶，相濡以沫。那年王县卧病在床，流言蜚语，纷至沓来，虽平日交好，全不敢和他们夫妻往还。一家生计，全靠五云一支画笔。日日临窗作画，无一间断。求画者接连不断，她的画也因此愈画愈妙，她为了替仲瞿祈祷，特地绘制了《观音圆通二十五像》并题诗曰：神仙堕落为名士，菩萨慈悲念女身。知道的人没有不称赞的。可惜这样的才女，却不假永年，听说已经病故了。"

自珍一听大吃一惊，连忙问道："怎么？金夫人已经病故了？什么时候？"

"听说是年内腊月。"归夫人平静地说道，"公子认识王昙夫妇？"

自珍神色黯然地点了点头。接着他向归茂仪夫妇简略述说了和王昙的交往过程，一再为王昙的不幸遭遇叹息。

当自珍夫妻要告别的时候，归茂仪提出请自珍夫妻为她的诗集题诗留念。自珍也不推辞，提笔写了一首《百字令》：

扬帆十日，正天风吹绿江南万树。遥望灵岩山下气，识有仙才人住。一代词清，十年心折，闺阁无前古。兰霏玉映，风神消我尘土。

人生才命相妨，男儿女士，历历俱堪数。眼底云萍才合处，又道伤心羁旅。南国评花，西州吊旧，东海趋庭去。红妆白也，逢人夸说亲睹。

李学璜夫妇看罢自珍的赠词，连连称谢。归夫人也即依自珍原韵奉和：

萍踪巧合，感知音得见风前琼树。为语青青江上柳，好把兰桡留住。奇气掣云，清谈滚雪，怀抱空今古。缘深文字，青霞不隔泥土。

更羡国士无双，名姝绝世，仙侣刘樊数。一面三生真有幸，不枉频年羁旅。绣幕论心，玉台问字，料理吾乡去。海东云起，十光五色争睹。

词中称誉龚自珍"国士无双"，称赞何吉云"名姝绝世"，称赞夫妻二人是神仙眷侣。二人再三逊谢，连说"愧不敢当"。自珍夫妇当日告别归茂仪和李学璜夫妇，也没有再回段氏枝园，径直乘船赴上海去了。

五、著书先成不朽功，名惊四海如云龙

龚丽正升任江苏按察使，薪俸优厚，加上龚氏学名素重，一时文人学士多集其门。这对于勤奋好学的龚自珍来说，无疑又是一个学习的大好机会。他经常和他们在一起谈诗说艺，切磋琢磨，其中有学识渊博、精通文字学的钮树玉。钮树玉字非石，原籍江苏吴县人，世居

洞庭山，不求闻达，著述极丰。著有《说文段注订》八卷、《说文解字校录》三十卷、《说文新附字考》六卷、《续考》一卷。自珍自髫龄起，即得外祖父亲传，自谓于段氏文字之学已登堂奥，及和钮树玉订交，始知自己所知十分有限。对于外祖父在文字上的造诣，他一向视作泰山北斗，想不到钮树玉竟能对外祖父的著作指出许多瑕疵，提出许多不同意见，并且独抒新见，撰写了《说文段注订》八卷，这确实使自珍十分敬佩。这使他自然想起外祖父的教诲："学问门径自殊，既不相谋，远而望之皆一丘一壑耳，身入其中，乃皆成泰山沧海，涉历甘苦皆无尽也。"他虚心向钮树玉求教，钮树玉也尽心指点，二人遂成莫逆。他写诗称赞自珍："浙西挺奇人，独立绝俯仰；万卷罗心胸，下笔空倚仗。余生实鄙陋，每获亲偶傥；遍览所抒写，如君竟无两。"他还热情洋溢地鼓励自珍努力学习："君今方盛年，负志多慷慷；大器须晚成，良田足培养；阳气已潜萌，万汇滋生长。"

还有一个人叫何元锡，字梦华，号蝶隐，浙江钱塘人，是龚自珍的老乡。他是清代著名的目录学家、藏书家，家中有许多古书善本。何元锡嗜古成癖，特别喜欢抄书。据说，他只要听说某山中有残砖断碣，就翻山越岭、披荆历险去搜寻，一定要找到才罢休。有一次进入深山，迷了路，幸亏有山里人领路，才摸到了家。

他们帮助自珍搜集典籍，凡是文渊未曾著录的，自珍都要千方百计搜寻到，甚至不惜重金购买。实在买不到就让人抄录，有时也自己亲自抄录。为搜集图书，他还遇到过一件十分有趣的事：有一次他在一个西湖僧人的经箱中见到一本手抄的《心经》，已经被蛀虫损坏了大半部分。他从一个轿夫那里得知可能是杭州螺蛳门外一个老者抄写的，就特地去寻找。路上他碰到一个九十多岁的老人，自珍向他问路，他故意推说耳聋。自珍称他是"真隐者"，他却故意打岔说："我没有印章"。自珍无奈，只好失望而归。

何元锡也告诉他一件类似的事：何元锡有一本宋人的《李斯琅琊石》拓片，非常珍爱。他有宿疾心疼病，久治不愈。一天城外来了一个老者，自称能够治愈何元锡的心绞疼。何元锡用了他两剂药，果然痊愈了。何元锡正要酬谢他，他说他是为那宋拓《李斯琅琊石》来的，说罢径自取了那本书，没通姓名就走了。

隔日，自珍见到了曾经做过太常寺少卿的马秋药。他把自己碰到的老者和何元锡说的老者的情形告诉了马秋药。马秋药立即联想起一件事来：马秋药有个外甥名叫马琐成，一天走错了路，误入一家荒凉的宅院。只见满院扔满了松花石。循着读书声，他来到一所房子。只见屋子的墙壁上挂满了锦囊，锦囊里装满了金石文字。一个老者在屋中读书，书案上放着一本《谢朓集》。琐成想借来看看，那老者不肯借给。最后却答应给琐成抄写一本，一月后让琐成去取。一月以后，他果然给琐成抄了一本，字体很像唐代大书法家虞世南。

自珍把三个人见到的情况加以印证，终于了解到那老者姓王。后来西湖僧人又从他那里取回了一本《心经》。自珍为此还写了一篇《记王隐君》的文章。

搜集、抄录典籍的过程，也是自珍学习研究的过程。在研究学问的同时，龚自珍更加关心时事，注意现实社会中的问题。随着学问的日益渊博，他的洞察力也越来越敏锐，认识也越来越深刻。他针对社会上一些突出的问题，先后写了《乙丙之际著议》十一篇，从政治、经济、司法、学术各个方面对社会作了深刻的揭露和批判。写成之后，他把这些文章誊录多份，分别让师友们批评、指正。歙县著名学者江晋三阅后，在第三篇上批道："浑浑之气，沉沉之才，渊渊之光。"后来中了状元的陈沆看后在第七篇上批道："经之奥义，史之总论。"包世臣的评语是："法华之舌，华严之心。"

这天，自珍正在自己的书房里，根据朋友们的意见再次修改《乙丙之际著议》，忽听门外有人来禀：秀水王举人来访。自珍慌忙放下笔，迎出门外。只见王昙华发萧瑟，面容憔悴，当年那种英风豪气早已荡然无存。自珍不禁心中隐隐作痛，连忙走上前去，执手问好。略事寒暄，两人携手来至书房。自珍奉上一杯香茶，十分歉疚地说："前几天路过苏州，方知嫂夫人仙逝。早该前去看望兄长，总是有些俗务难以分身，还望兄长见谅。今日兄长前来，正好畅叙别情。衙中多是挚友，又多是饱学之士，谈诗论文，不致寂寞。望兄长只管安住，不必见外。"

王昙苦笑道："多谢贤弟美意。只是愚兄深负不洁之名，恐怕累及贤弟及令尊清誉，于心不安。我稍作盘桓，还是回转杭州去吧。"

自珍忙说："身正不怕影子斜，兄长何必计较那些吠影吠声之辞？况且公道自在人心，不少人还是十分敬佩兄长的嶙峋风骨的。前次路过苏州，归夫人提到兄嫂，就十分同情和敬重，说兄长是真书生、真名士，嫂夫人是绝代才女。"

几句话说得王昙胸中释然，老眼中泪光灿然。他轻叹一声说道："归夫人毕竟是女中豪杰。能得她如此考语，愚兄也就满足了。"

午间，自珍设宴为王昙接风，邀钮树玉、何元锡、李锐、沈锡东、袁琴南等人作陪。席间自珍亲自搀王昙于上座，并为他把盏敬酒，接着把自己和王昙夫妇的交往过程，和王昙的不幸遭遇一一讲给朋友们听。原来对王昙抱有成见的人也不禁为之感叹，众人一一向王昙敬酒。王昙刚入席时的跼蹐不安一会儿便消失了，终于开怀畅饮起来。

酒过三巡，钮树玉说道："王兄新来，尚未看到璱人近来的大作《乙丙之际著议》。璱人何不拿来让王兄一观？"

自珍笑道："仲瞿兄一路风尘，何必急于一时？"

王昙接口道："朝闻道夕死可矣。我已是日薄西山之人，还是早点拜读贤弟大作为妙。"说罢哈哈大笑起来。

众人见他开口说出一个"死"字来，不觉一愣。既见他笑得爽朗，也都随着笑了起来。

自珍连忙命人去书房把文章拿来。在座的每人一卷，一边看一边议论起来。王昙首先说道："士别三日，刮目相看。真的非复吴下阿蒙了。三年前读贤弟的《明良论》，只是让人觉得痛快淋漓、气血翻涌，但持论尚缺通盘筹划之处。尤其让人担心的是笔无藏锋，直抒胸臆。看今日之作，以考史、论经的形式痛下药石，针砭时弊，文笔婉曲，韬光晦色。这就等于给许褚、典韦披上了铠甲，比赤膊上阵好多了！"

王昙的话又引起了举座欢笑。笑声甫歇，袁琴南却道："龙泉深埋于地，也难免光射斗牛之墟。蛟龙藏于深渊，也时露腾跃之势。你看这段文字笔锋还不够犀利吗？"说着说着，他便朗声诵读起来：

居廊庙而不讲揖让，不如卧穿庐；衣文绣而不闻德音，不如服橐
鞬；居民上，正颜色，而患不尊严，不如闭宫廷；有清庐闲馆而不进元
儒，不如辟牧薮；荣人之生而不录人之死，不如合客兵；劳人之祖父而
不问其子孙，不如募客作。

袁琴南读得抑扬顿挫，一连串六个排比句子，宛如江河奔涌，气
势逼人。这种势如排炮连弩的语式，实在令当政者难以置辩。听得人
不觉荡气回肠，击节叫起好来。

王昙却笑着说："不要忘记，这是述古呀！"

李锐接口说道："谁不知道'述古'是幌子？"

王昙又笑道："这幌子不就是许褚、典韦的铠甲吗？"

钮树玉附和着王昙的话说："穿上铠甲正是为了冲锋陷阵，冲锋陷
阵当然更少不了枪刀剑戟。二者缺一不可。你们看这段才真正是'层
层铠甲藏兵锋'的绝妙好文哩：左无才相，右无才史，阃无才将，庠
序无才士，陇无才民，廛无才工，衢无才商，巷无才偷，市无才驵，
薮泽无才盗，则非但鲜君子也，抑小人甚鲜。……徒戮其心，戮其能
忧心，能愤心，能思虑心，能作为心，能有廉耻心，能无渣滓心。"

钮树玉尚未念完，何元锡就评论起来："嬉笑怒骂皆成文章。你看
这世上不仅没有贤相良将，连高明的小偷强盗都没有，岂不是曹雪芹
笔下的飞鸟投林、一片白地？这不令人可笑又可悲吗？这种诙谐正是
铠甲，以下六句'戮心'之词，连珠弩箭，激射而出，贯于一的。真
是绝妙好文。"

钮树玉摇头叹道："无此'六心'还不是不忠不孝、不仁不义、是非
不分、无肝无肺的酒囊饭袋、行尸走肉？朝野如此，岂是社稷之福？"

自珍听着朋友们的议论，只是微笑，并不开口，至此才说："这才
正符合高居九重的圣天子的心思呢！"

语惊四座，众人哑口无言。良久，李锐才说："瑟人慎言。今日座
上诸位都是挚友，剖心沥胆，原也无妨。易地易人，望千万不要说这
种激愤之言。"

自珍笑道："小弟这话，并非无稽之谈，原可稽诸高宗实录。乾隆

皇帝曾经明明白白地对臣下说:'朕以本朝纲纪整肃,无名臣,亦无奸臣。何哉?乾纲在上,不致有名臣、奸臣,亦乃社稷之福尔。'这既无名臣也无奸臣,还不都是些不好不坏亦好亦坏的庸碌之辈?皇帝喜欢的是这种奴才,才能卓荦之士岂能不被'戮其心'?"

大家又是一阵沉默。王昙悠悠叹了一口气,说道:"诸位都知杭大宗杭世骏吧?当年以翰林被荐为御史,照例要进行殿试,只说了一句'朝廷用人,宜泯满汉之见',就惹得乾隆皇帝龙颜大怒,下旨交刑部严议。部议当死。多亏侍郎观保奏曰'是狂生,当其为诸生时,就喜放言高论'。皇上才降恩赦免死罪,罢职归里。'仗马一鸣,立断草料'啊!"

何元锡接口道:"岂止立断草料?性命堪虞啊!乙酉岁,高宗皇帝南巡,杭世骏奉旨迎驾。皇上问他:'汝何以为活?'对曰'开旧货摊'。皇上又问:'何谓开旧货摊',世骏说,'买破铜烂铁,陈于地上卖之。'皇上大笑,御笔亲书'买卖破铜烂铁'六字赐给他。后来乾隆皇帝第四次南巡,见迎驾人员的名单上还有杭世骏的名字,就对左右大臣说,杭世骏还没有死吗?当天晚上世骏回到家里就不明不白地死了。"

大家听得又是一阵沉默。

自珍终于打破沉默:"这就是'无八百年不夷之天下'的道理啊!'一祖之法无不敝,千夫之议无不靡,与其赠来者以劲改革,孰若自改革?''穷则变,变则通,通则久',《易经》之言,千载哲理啊!"自珍声若铜钟,越说越激昂。众人看时正是《乙丙之际著议》第七篇的内容。

王昙在上海道台衙门勉强住了一日,执意要走。他临别挥泪对自珍说:"人之将死,其言也善;鸟之将死,其鸣也哀。我自忖将不久于人世。大丈夫生有何欢,死有何惧?老马识途,望贤弟以杭大宗为鉴,更不要重蹈愚兄覆辙。要善用其才,更要善于保护自己。贤弟大作,篇篇俱佳,但我最爱《尊隐》一文。胸中风雨雷霆,托诸寓言,泣血椎心之辞,深藏嬉笑怒骂之中,给人扑朔迷离、若明若暗之感。微言大义,见智见仁,让有心人去自己捉摸,这才是最好的铠甲。这是愚兄一见之愚，望贤弟谨记。"

自珍紧紧握住王昙的手说道："兄长金玉良言，我记下了。这张银票，杭州各家银号均可兑现，兄长收下，聊沽菽水。今后有什么为难之事，尽管来找我；若不能亲来，一纸书信，弟即刻就去。您要多多保重。"自珍一直看着王昙登舟远去，才转身离开码头，回衙去了。

不想，这次分别，竟成永诀，第二年王昙就在贫病中去世了。自珍闻讯立即赶往杭州，亲自为他治丧，并按照王昙生前的愿望，把他安葬在苏州虎丘山南面。龚自珍还满腔悲愤地为他撰写了一篇含意深刻的墓志铭：

生昙者天也，宥昙者帝也，仇昙者海内士，识昙者四百岁之道人，十八令之童子。昙来！昙来！魂芳魄香，思幽名长，山青而土黄，葬汝于是。噫！

葬罢王昙，自珍回到上海，又潜心于书斋，读书著述。他把自己的文集命名为《伫泣亭文集》。嘉庆二十三年（1817），夏璜进京铨选县令，特地绕道上海来看望自珍。这夏璜，是浙江钱塘人，嘉庆十年进士，长自珍十七岁，是自珍的又一忘年交。他好读史书，二十四史中的人名典故，了如指掌。夏璜尤其爱读《左传》，能够一字不漏地通篇背诵。自珍十六岁时，随父亲在京，家居法源寺附近。夏璜去拜见自珍的父亲，适逢父亲不在家，就和自珍闲聊起来。他十分喜欢自珍的聪明颖悟，尽管年龄身份悬殊，但十分投缘。自珍常常提出一些幼稚但又难以回答的问题，向这位新科进士求教，有时甚至会使这位饱学进士受窘、难堪。但夏璜全不放在心上，一定查找典籍或向人求教后，再给自珍解答。不知不觉二人竟成了不拘形骸的忘年之交。那年自珍随母亲回杭州，恰巧夏璜也在杭州，二人把酒论史，相互辩难赌输赢饮酒，自珍一连提出三百多条历史典故，都未能难倒夏璜，使得自珍倾心折服。像这样两榜出身的饱学之士，却仕途蹭蹬，至今屈居下僚，自珍深为老朋友愤愤不平。在自珍的书房里，二人把酒谈心。自珍说道："兄长两榜进士，学富五车。为何时至今日才有铨选的机会？"

夏璜喟然叹道："命也，数也。其次便是因为这'学富五车'。"

"啊？"自珍大惑不解，"学富五车不得与选，难道不学无术才能飞黄腾达？"

夏璜浅啜一口，满脸苦笑，说道："贤弟难道没有听说过和珅当政时，厌恶书生的事？在他属下，学问越大越难升迁。一次皇上问他最讨厌什么样的属下，他脱口说道，最讨厌书生。乾隆皇帝听后十分不悦，说道：'朕就是书生。'和珅知道说走了嘴，连忙叩头谢罪，但事后仍然视书生为异己，直到倒台。"

自珍接口说道："如今早已不是和珅当政的时候了呀！"

夏璜道："哪个当政还不都是一样？自从实行捐纳以后，杂途人员愈来愈多。如果你的上司是个胸无点墨的捐班老爷，还不该你倒霉？我们那位老公祖，自己一部四书没有读完，偏偏喜欢自比宋朝名相赵普，自诩'半部论语治天下'。平时考核属下，只问出身，不论政绩。即使延宾待客，也视出身不同而礼遇各异。若有人投刺，手本上若标明两榜出身，必遭冷遇；若是捐班出身，则开中门隆礼相待。五年考绩，卓异的必是捐班；以下，贡生优于举人，举人优于进士。像我这样的人自然就更难得到他的垂青了。"夏璜说罢，又无可奈何地叹了一口气。

"真是荒唐！"龚自珍忿忿地说。

夏璜又道："纳捐一途，原是朝廷为解决度支困难的权宜之计，不想竟成为定例。此例一开，官场贪贿之风愈演愈烈，朝廷屡禁不止。花钱捐官，捐了官再变本加厉地搜刮，刮来银子再图升迁，升迁之后再大把捞钱。如此下去，贪风何能不炽？何况天下郡县府道本是一定的，州牧县令的名额当然也是有限的。三年一试，科第出身的已是僧多粥少，如今又加上捐纳、军功、门荫各途，真是人满为患，一缺往往就有十人、数十人候补。实不相瞒老弟，即以令尊大人这把椅子，觊觎者何止百人？为了补到实缺、肥缺，哪个不走门子、花银子？这风气焉能不坏？我辈书生不谙此道，也羞于效颦，哪里会有升迁的机会？"

自珍虽然出身官宦人家，但未入仕途，对官场龌龊知之有限；再加上父亲仕途顺遂，其中的辛酸苦涩从未品尝。夏璜深知其中滋味，一席话说得自珍心头沉甸甸的。他既为朋友不平，又觉得朋友太颓唐。他鼓励老朋友要振作精神，保持书生本色，不和"俗吏"同流合污，敢于和颓风抗争。他援笔写了一篇《送夏进士序》，篇末这样写道："新妇三日，知其所自育；新官三日，知其所与。予识进士十年，既庆其禄之及于吾里有光，而又恐其信道之不笃，行且一前而一却也。于其行，恭述圣训，以附古者朋友赠行之义。"

夏璜临别，向自珍推荐了当时颇负盛名的苏州学者王芑孙，劝自珍有机会前去拜访。这王芑孙，号惕甫，又号铁夫，别号楞伽山人。乾隆举人，曾经短时间当过华亭的教谕。他性情耿直、简傲，长期闭门读书、著述，清贫自守，不喜结交权贵。

这年十月，自珍带上自己的诗文，专程去苏州拜访这位性情怪僻的老学者。这时王芑孙已经六十三岁，须发皆白，面目削瘦，但精神仍然健烁。自珍执弟子礼登门求教，使得这位老先生十分高兴。他见这位道台大人的公子如此谦恭好学，而又谈吐不俗，打心眼里喜欢。二人谈诗论文，颇为投缘。他很欣赏自珍的诗词，同时向自珍指出词采华美的同时，要注意晓畅明白，通俗易懂。

"绮丽华美、文采斐然，正是'言之无文，行而不远'之义。但通俗、晓畅也实不可少，这便是'辞达而已矣'的意思。前者如浓妆艳抹，后者如布裙荆钗，各擅胜场。白香山所谓'老妪能解，胡儿能吟'也就是这种意思。"王芑孙笑呵呵地望着龚自珍说。

"先生所说甚是。喜欢绮丽大概是年轻人的通病。另外我觉得朴素、绮丽确实各有妙用，要在得体。'腹有诗书气自华'，文采应该是胸中才学的自然流露。浓妆艳抹，若不得体，矫揉造作，无异于东施效颦；同样，布裙荆钗若不得体，反而会更显寒伧。实不相瞒，我对白乐天的诗不大喜欢。"自珍侃侃而谈，却又不失恭敬。

"这是为什么？"王芑孙问道。

"白诗有时朴素得很不得体。"自珍说道。

"请道其详。"王芑孙饶有兴趣地说。他很欣赏面前这位年轻人的傲气，觉得很有点像他年轻时的心性。

"即如'回眸一笑百媚生'这哪是后妃的风度？乃是形容青楼妓女之辞，用来写后妃之姿，殊为不当。至于'春寒赐浴华清池，温泉水滑洗凝脂'等语就更流入浮艳庸俗了。"

王芑孙哈哈笑道："公子所见不错，这不正是孔子'质胜文则野，文胜质则史'之意吗？为诗为文，总要文、质兼备才好。即令科举应试的功令八股也当如此啊。"

一说到科举应试的功令八股，自珍立刻沉默不语。他稍停说道："功令八股，不过是猎取功名的敲门砖罢了，讲什么'质胜文'还是'文胜质'？"

王芑孙又笑起来。他知道自珍不喜功令八股，又正色说道："科举考试，功令文章那只是朝廷选才取士的一种手段，读书人不能把它当作读书的终极目的。若只把读书当作猎取富贵的敲门砖，那就大谬不然了。国初，顾炎武、阎若璩、戴东原等大儒，穷经皓首，潜心做学问，即便圣贤经传也不盲从，不经自己切实考证，决不妄下断言。乾隆年间的洪亮吉、王士禛、朱彝尊，及令外公段玉裁，诸位大家，把做学问当作毕生事业。这哪是那些徒以华丽辞藻、空洞无物的八股文猎取功名的人可以相提并论的呢！"

王芑孙的这番话，龚自珍十分佩服。临别，自珍诚恳地对王芑孙说："晚辈不才，近年来仿效前贤，写了几篇诗文，有心请先生斧正，不知先生肯赐教否？"王芑孙爽快地说："久闻公子高才，肯以大作相示，老朽求之不得，定以先睹为快！"

自珍回到上海，立即把自己的诗文选辑成册，抄录缮写完毕，再三思考，给文集定名为"伫泣亭文"，寄给王芑孙。同时附了书信一封，恳请王芑孙"不吝赐教"。半月之后，王芑孙把书稿寄了回来，并复信作答。龚自珍迫不及待，把书信打开，只见信中写道：

昨承枉寄诗文一册，读之，见地卓绝，扫空凡猥。笔复超迈，信为未易之才也。自古异才，皆不求异而自异，非有心立异者也。即如，尊文名为《伫泣亭文》，愚始不知"伫泣"所出，及观后记，不过取义于《诗》之"伫立以泣"。此"泣"字碍目，宁不知之？足下年甚少，才甚高，方当在侍具庆之年，行且排金门，立玉堂，和其声以鸣国家之盛。天下之字多矣，奚取于此至不祥者以名哉！至于诗中伤时之语，骂座之言，涉目皆是，此不可也。足下文中，以今人误指中行为狂狷，又欲自治其性情，以达于文，其说允矣。循是说也，不宜自异自高。凡立异未有能异，自高未能自高于人者。甚至上关朝廷，下及冠盖，口不择言，动与世忤，足下将持此安归乎？……

信如迎头一盆凉水浇来，自珍通体内外由燥热而生寒，继而颤抖。他实在读不下去了。他实在不明白，时隔半月，王芑孙思想变化，为何如此天差地别。"伤时之语，骂座之言，涉目皆是""口不择言，动与世忤"的评论如重锤句句敲击着他的心扉。这与半月前促膝交谈、论文论世、循循善诱、和颜悦色的老先生俨然判若两人，这究竟是为什么？当他重读书信，看到"足下方当在侍具庆之年，行且排金门，立玉堂，和其声以鸣国家之盛"等话时，仿佛明白了老先生的良苦用心：科举考试是年轻士子不可逾越的门槛，自己诗文里"动与世忤"的文字与功令八股是格格不入的。老先生是怕耽误自己的前程啊！明白了王芑孙的良苦用心，自珍心情变得不那么沉重了：世人多么像大山之巅崩落的岩石，初崩裂降落时棱角分明，锋芒如刀剑，随着在山坡上、山峋中的滚动、碰撞，被山洪冲刷，任你多么坚硬，也难免锋芒靡尽，坚硬的成顽石，软弱的成为沙子、尘土……铁夫先生的锋芒磨尽了吗？

一月以后，传来了王芑孙逝世的消息。这封信竟是他的绝笔。

六、天教梼杌降家门，骨肉荆榛不可论

进入腊月，道台衙门公事渐少。龚府上下忙着置办年货过年。龚丽正位居方伯之重，官场中应酬极多，礼尚往来，应接不暇，家政委托钮树玉帮助自珍料理。这天龚丽正出外拜客未归，门上有人来报，一个衣衫不整、形似乞丐的人，自称是道台大人的侄儿，一定要见道台大人。下人不敢擅自放入，特来禀报。自珍和钮树玉正在书房谈论

王芑孙去世的事情，听到禀报，暗自纳闷。他想，杭州老家，同族兄弟虽多，但都很熟悉，并没有十分贫寒之人。来人既然自称是父亲的侄儿，当然是自己兄弟辈中的人。来人又是谁呢？怜老恤贫，是龚家的一贯家风，自珍更是古道热肠，仗义疏财。愈是贫寒愈要热诚，既然来到门上，不管是谁，都不能慢待。想到这里，他连忙起身迎到门口。只见寒风里一个三十来岁的汉子，穿着一身破旧的宝蓝色布袍，外罩一件灰色坎肩，前襟打着补丁，肩头露着棉絮，头戴一顶六合一统的帽子，十分破旧肮脏。瘦骨伶仃，面色黑中泛青，眼窝深陷，眼圈发黑，眸子幽幽发光。两手抱肩，在门外踱步。自珍一时确实认不出来人是谁，正自犹疑，却见那人拧了一把清水鼻涕，眼露喜悦，亲热地叫道："五弟！阿珍！真的认不出来了吗？我是你三哥自琮呀！"

自珍大吃一惊，仔细一看，终于认出来了。一点不假，正是家族中按大排行，尚未出五服的三哥龚自琮。自珍连忙紧走几步，上前拉住自琮的双手，关切地问道："三哥几时到的？快快请进！快快请进！"

自琮满面羞惭地说："我实在无颜来见六叔和六婶，也无颜来见兄弟！"说罢低下了头。

自珍忙说："门外不是说话之处，有话到家慢慢说吧！"

二人携手来到书房，自珍一面命人侍候自琮盥洗，一面命人备饭。洗漱一毕，二人落座。自珍亲自捧上一杯茶来，递到自琮面前。喝着茶，自珍问道："家中出了什么重大的不幸？三哥怎么会沦落到这种地步？"

龚自琮羞愧地说："说来真是一言难尽。都怪你哥不争气呀！"说罢，低头不语，两行浑浊的泪水，直往下滴。

自珍的曾祖砚北老人，有五个儿子。小儿子治身生有一子名叫富正，诸生出身，做过小吏，后来改行经商。先贩茶叶，后买卖丝绸，进而开机房，雇工织绸缎，生意越做越大，成了一方巨富。不幸富正夫妇早年下世，撇下万贯家产，交给独生儿子自琮经营。这龚自琮，自小娇生惯养，锦衣玉食，衣来伸手，饭来张口，四体不勤，五谷不分，哪里是治家理财的料子？机房越办越不景气，后来干脆转手卖给别人，做起安享清福的阔少爷来。按说，父母留下的家业，也足够他享用一辈子了，怎么会沦落到这个份儿上呢？

原来这龚自琮酒色不忌，伤及肠胃，得了心绞疼。犯病时疼得死去活来，百医无效。三年前，有人对他说："福寿膏"治心绞痛，奇效无比，不妨一试。一经试验，果然灵验，不仅药到疼止，而且吸食时，四肢百骸，无比舒适，气味芬芳，令人飘飘欲仙。自此，每当犯病时，就到烟馆去。久而久之，不知不觉和"福寿膏"结下不解之缘。等他发觉上瘾时，已经难以自拔了。这"福寿膏"也就是鸦片，明朝时已自海外传入中国。据说，万历皇帝就因吸食上瘾，而常常辍朝。乾嘉以来，朝廷三令五申禁止官吏兵弁及老百姓吸食鸦片，但屡禁不止。到这一年，据官府统计奏报朝廷，输入鸦片已达 5387 箱。这东西贵胜金银，龚自琮烟瘾也越来越大，短短三年，父母挣下的万贯家产，渐渐被他吸光了。

自珍听罢龚自琮的述说，良久不语。他对这位未出五服的堂兄，既厌恶又同情。他告诉自琮，父亲对吸食鸦片深恶痛绝，发现幕僚中有人吸食，立即斥逐，决不宽容。他安顿自琮在衙外客店住下，暂时不要拜见父亲，免得遭到训斥。他劝自琮要下决心戒掉鸦片，好好过日子，自琮一一点头应诺。自珍送给他一张二百两的银票，请他用过酒饭，就送他出府去了。

送走了龚自琮，钮树玉来到了书房。他笑着对自珍说："有这二百两银子，他又可以好好过过烟瘾了。"

自珍不以为然地说："不至于吧？他当面说得好好的，再也不吸了，怎能言而无信呢？"

钮树玉说："你以为戒烟瘾那么容易？如果那么容易，哪里还会有那么多人倾家荡产？"

自珍道："难道就不能戒掉吗？"

"当然能够。不过靠自己戒烟，万不可能。"钮树玉肯定地说，"听人讲，戒烟之苦远过炼狱。一旦吸食鸦片上瘾，想戒除比登天还难。烟瘾发作时，如百蚁钻心，千虫啮体，痛苦万状。体战似疟，鼻涕眼泪交流。戒烟要连续多日如此，不啻洗心煎肠，脱胎换骨，谁受得了？"

自珍问道："那怎么办呢？"

钮树玉说："只有至亲至近之人，狠下心来，将其锁入一室，任其烟瘾发作时，痛苦万状，呼天抢地，百般哀求，也充耳不闻。只要每天不缺他的饮食茶水，暗中窥伺，防止他不堪其苦、自寻短见就行。这样多则半月，少则十天，也就戒掉了。"

自珍听罢钮树玉的话，沉思了一阵，说道："今晚反正无事，我们到外边走走如何？看看三哥究竟干些什么。"

钮树玉点头答应。吃罢晚饭，二人带了两个贴身随从，提上灯笼，出了道台衙门，直向龚自琮下榻的客店走来。到店内一看，自琮果然不在。二人相视而笑。自珍叫过来店中伙计向他打听道："下午住下的龚爷何处去了？"

伙计狡黠一笑，说道："大概是到忘忧居去了吧。"

自珍又问道："'忘忧居'是什么去处？在什么地方？"

伙计笑道："二位爷是刚到上海吧？连忘忧居也没有听说过？这忘忧居说来名头太大——这可是上海第一家烟馆呀！"

钮树玉忙接口道："你说得不错，我们正是刚到上海。请问这忘忧居位于何处，怎么走法？"

伙计道："离此不远，往西有一丁字胡同，一拐弯就到。其实二位不用打听，只看灯笼就行。晚上去烟馆的人流水一样，灯笼成串，不是很好的路引？"

四人恍然大悟。告别伙计，一路上果然看见灯笼成串，人影绰绰，如秋萤鬼火，渐渐从四面汇成一处。四人走近一看，果见一丁字胡同，夜间仿佛一无底洞穴，灯光人影一直向里边走去。四人也不打听，只见众多的灯笼不断从一个门里出出进进。大门两边红灯高挂，门额上赫然写着"忘忧居"三个大字。

茶房见有新的客人到来，忙过来迎接。钮树玉连忙说道："我们刚到上海，先不忙烦扰。请问有位杭州来的龚三爷在哪个屋里？我们是他的朋友，有点急事要见他。"

茶房随手一指，扭头走了。

自珍按照门房的指点，来到一间屋前，掀起帘子，不声不响走进屋里。众烟客都以为是新来的同道，谁也没有注意。自珍在昏黄的灯光下，一眼瞥见龚自琮正在靠墙一榻上高枕而卧。紧靠卧榻，设一炕桌，桌上点一铜灯。他蜷曲着身躯，侧着身子，形似一只大虾。口中含着烟枪，吸得正起劲。那烟枪，末端有一葫芦，葫芦上有一小管，形似鸟喙。自琮手拿烟钎，烟技十分娴熟，极灵巧地挑起一块烟膏，就烟灯烘烤，另一只手，很快把烟膏团成"烟泡"。这烟泡呈枣核状，轻轻用钎子一扎，即捅出一个小孔，随手把烟泡放烟枪的葫芦口上，然后就着烟灯，贪婪死吸起来。整个屋子烟雾腾腾，芳香四溢，如兰如麝。瘾君子们个个如地狱饿鬼，拼命吮吸。自珍看了一阵，只觉得一阵恶心，一言不发，扭回头掀开帘子就走。四人出了"忘忧居"，自珍叫过那个随从，附耳低言一阵，然后和钮树玉回衙去了。

龚自琮烟瘾过足，正要去账房结账离去，忽听院中一阵喧哗。举目看时，却见四个戈什哈，手提锁链站在当院。正惊愕间，只见四个差役走到面前，二话不说，把锁链当啷一声套在他的脖颈上，锁了就走。店主人慌忙过来，说自琮烟资尚未清算，四个差役把眼一瞪说道："这是奉上命捉拿的江洋大盗。你窝藏强盗不治你的罪就便宜你了，还说什么烟资！"说罢气势汹汹地走了。

龚自琮被带出"忘忧居"，四个差役立即用黑布把他的眼睛蒙了起来，其实这完全是多余的，漆黑的夜里，他又第一次来上海，即使不蒙眼，他也辨不出东西南北来。一路上，他一再申辩，说自己是安善良民，绝非江洋大盗；他是道台大人的侄儿，是来上海投亲的。任他磨破嘴皮，四差役装聋作哑，只是不理。东拐西拐，只觉得走了很长一段路，最后他被带到一个去处，差役们把他推进屋里，蒙眼的黑布才被解了下来。他正准备开口问话时，四差役哐啷一声，把门锁上，转身去了。

这一夜龚自琮独处囚室，惊疑不定。他既不知身犯何法，也不知身在何处。屋里屋外，漆黑一片，想给自珍捎个口信，却又无人可托。斗室彷徨，彻夜难眠，只到曙色临窗，才看清楚，所囚之室并不像是牢房，房子不大，却很干净，临窗书桌一张，桌上有笔墨纸砚，靠墙有卧榻一张，床上且有被褥。可惜昨夜竟没有发现。隔窗一望，院落不大，竹木兰桂，杂植于庭，十分幽静。院中无人走动，门口有人低声交谈，可能是看守自己的人。他暗自思忖："这里监狱不像监狱，衙门不像衙门，莫不是自己被绑架了？"又低头一看自己这身打扮，不禁哑然失笑："自己这副寒酸样子，哪会是绑匪绑架的对象？"偶然想起自珍给自己的二百两银票还在身上，不禁怀疑道："莫非自己行为不检点，银钱露白了？"

正当他胡思乱想的时候，院子里传来了脚步声。原来已经到了吃早饭的时候，有人送饭来了。他决定乘此机会，向来人打听清楚。谁知那差役，打开房门，将食盒放到桌上，转身便走。自琼突然拦住他说："万望行个方便，瞒上不瞒下，给透个底。这是什么地方，为何把我带到这里？"那差人一脸冷漠，看着自琼欲言又止。自琼慌忙从怀中摸出那张银票递到那差人面前，低声说道："收下买壶酒喝，请给龚府送个信儿。滴水之恩，定当涌泉相报。"那差人哑巴一样，脸上毫无表情，既不说话，也不接钱，转身锁上房门，头也不回地去了。

龚自琼万般无奈，只好走到桌前，打开食盒，只见里面四样精致小菜：一碟熏鱼，一碟葱丝咸水鸭，一碟笋片炒鸡丁，一碟麻婆豆腐，还有一大碗香末，一壶绍兴黄酒。他实在猜不透内中奇巧：这哪里像狱中囚犯吃的饭菜？平常人家招待宾客也难有这种佳肴啊。他又悚然一惊：常听说死囚临刑要给一顿送行的酒饭，不让其到阴曹地府做饿死鬼，难道……他立刻吓出一身冷汗来。又转念一想：死囚三推六问，上达刑部，秋审勾决，方能问斩，自昨夜至今晨，尚未审问一次，怎会匆匆定案？一定是叔父已经得知消息，打点过了，才会有这份优待。想到这里，自琼胆子立刻壮了起来。这几年他很少吃到过如此美味佳肴，于是狼吞虎咽，风卷残云，时间不长，便填饱了肚子。最后还拿起酒壶，也不用酒杯，张口噙住壶嘴，仰面咕咚咕咚喝了几口，就势歪倒在床上。他想：只要每餐如此，住他三年五载，又有何妨？

谁知天近中午，渐渐觉得精神萎靡，一连串打了几个呵欠，他暗道一声：不好！烟瘾要发作了。若在平时，赶紧跑到烟馆，吸上一阵，就可解决问题，可今日身在囚中，左右无人如何是好？说时迟，那时快，他再也难以安卧在床，急得在室内团团转起来，一会儿，鼻涕眼泪直往下淌。由头昏脑涨，到头疼欲裂，腹内如火，四肢如冰，四肢百骸似乎被人寸寸折断，疼彻骨髓。他渐渐颤抖、抽搐成一块。他咬紧牙关，拼命忍受，但终于忍受不住，呻吟号叫起来。小院空寂无人，任你声嘶力竭，也是枉然，他终于昏死过去。昏迷中仿佛觉得毒蛇乱啮、蜂蝎满身，疼得他不停地在地上滚动着，扭曲着，呻吟着，惨叫着。他用力捶打着自己的头颅、胸膛，撕扯着自己的头发、耳朵、肌肉，直闹得汗透重衣、筋疲力尽时，又昏昏沉沉睡过去了。

黄昏时，他又醒过来了，只觉得口渴难熬。不知何时，谁在屋里点亮了一支蜡烛，借着昏黄的烛光，他看见桌子上放着一个茶壶，他挣扎着爬起来，一口气把一壶茶喝个精光。桌子上放着饭菜，但他看也懒得再看一眼，便又颓然倒下了。

这样的惨剧，一连演了三天，但愈演愈逊色。也可能是体能消耗将尽的缘故，三天以后，尽管烟瘾每天还要发作，但发作的时间大大缩短了，痛苦程度也大大减弱了。五天之后，每天发作时，只是心烦气躁、涕泪交流、体似筛糠罢了。七天以后，发作时只是恹恹欲睡，四肢发软呵欠不断，疼痛之感已经没有了。十天之后，自琮渐思饮食，每当往日烟瘾发作时辰，难免心中恐惧，结果却平安度过，他不禁心中暗喜：真是因祸得福，坐了十天监牢，鸦片烟瘾竟然戒掉了。

十五天后，自珍亲自来接他，并为他制作了一套崭新的衣服，让人侍候他洗浴更衣，然后才带他回府拜见父母。至此他才明白，这一切全是自珍的安排。他深深为自珍的深情厚谊感动了。他说自珍对他恩同再造，他永远不会忘记他的恩德。自琮并且一再表示，从今以后要洗心改面，脱胎换骨，再也不吸食鸦片了。自珍见他身体虚弱，执意留他在府中将养。自琮本来十分聪明，尤其写得一手好字。自珍正在整理文稿，他就每天到书房帮助自珍抄写文章。倏忽十天又过去了，自琮想到年关将至，家有妻子儿女，执意要回杭州。自珍不便强留，临行又送了他一笔盘缠，千叮咛万嘱咐，送他回杭州去了。自琮顺便带了几卷自珍的诗文，回家为他抄写。不想却无端给自珍惹下祸来。

七、不才窃比刘公是，清肆班香再十年

丁丑年除夕，自珍和钮树玉在上海道衙署守岁。二人围炉品茗，谈天论地。说到天下湖山之美，自珍则极言西湖山水之胜，如数家珍。钮树玉却说，西湖山水，美则美矣，只是缺乏阳刚之气，缺少大丈夫那种伟岸、雄健的气魄。自珍生于兹长于兹，对西湖情有独钟，当然不服气。

"西子湖边的岳武穆，三台山的于忠肃，南屏山的张苍水，难道不是顶天立地的大丈夫？"自珍问钮树玉。

钮树玉笑着说："三位当然都是亘古罕见的大丈夫，使西湖增色不少。但就西湖自身而言，却无丈夫气质。"

"何以见得呢？"自珍又问道。

"东坡居士诗曰：'欲把西湖比西子，浓妆淡抹总相宜'就是证明。"钮树玉答道。

自珍不禁笑起来："这不正是东坡居士对西湖的赞誉吗？怎能证明西湖缺乏大丈夫气质呢？"

钮树玉道："世人只知东坡是赞誉西湖之美，却不知东坡是寓贬于褒，暗指西湖之病。"

"这恐怕是足下的臆断之辞吧？"自珍笑着说。

钮树玉忙说："这哪里是我的臆断？唐时在《与徐穆公书》里就说，东坡'以西湖比西子，人皆以为誉西湖，西湖之病则寓乎其间矣！'这'西湖之病'不正是说西湖妖娆艳丽有余，阳刚雄伟不足吗？《西湖寻梦》也说，'西湖为美人，湘湖为隐士，鉴湖为神仙。'这褒贬之意就更明显了。"

自珍笑道："但世人还是爱美人的多呀！"钮树玉也大笑起来。

自珍又问树玉："依您所见，何处湖山兼具美人、丈夫之美呢？"

"当首推敝乡的太湖。"钮树玉不加思索地说道。

自珍笑道："王婆卖瓜，自卖自夸。足下莫不是敝帚自珍吧？"

树玉接口道："山人绝非卖花王婆。太湖之水，浩浩乎潋滟百里，莽无涯际；太湖之山，起自天目，迤逦而至，入湖融为七十二峰，以

东西洞庭最雄。无论山水，都是造物者的大手笔，丝毫不带闺阁脂粉之气。我以为，太湖实乃山水中的侠隐，兼具阴柔、阳刚之美。谓予不信，一游便知。"

自珍又哈哈大笑起来。钮树玉取出一幅《山中探梅》的长幅画卷，让自珍观赏，他借画发挥，向自珍详细介绍了东西洞庭的山水形胜。自珍佩服他的学问渊懿，又羡慕太湖的雄奇风光，听得心驰神飞，意兴盎然。当即提起笔来，写了一阕《摸鱼儿》，赠给钮树玉，并相约二月初一同游太湖。词中这样写道：

数东南千岩万壑，君家第一奇秀。雪消缥缈峰峦下，间锁春寒十亩。春乍漏，有樵笛来时，报道燕支透。花肥雪瘦，向寂寞空青，潺潺古碧，铁干夜龙吼。

幽人喜，扶杖欣然而走。酒神今日完否？山妻妆罢浑无事，供佛瓶中空久。枝在手，好赠芦帘纸阁归来守。寒图写就，看画稿奴偷，词腔婢倚，清梦不偻偻。

自珍刚刚吟毕，就听见外面爆竹声声，戊寅年的第一天到来了。

嘉庆二十二年（1818）二月一日，自珍如约前往太湖，当晚下榻钮树玉东洞庭山下的守朴居。钮树玉已经先期而至，邀朋友叶小梧一同迎候自珍。

次日一早，三人同游雨花台、翠峰、古雪居。这古雪居乃山中小寺，僧众不多，清幽无比。三人接着游历了薇香阁，观赏了紫香悟道泉。二月三日早上，三人又来到叶小梧的弟弟叶少愚家，邀了孔敬堂一同观赏了柳公井。

回到古雪居用罢斋饭，便去登莫厘峰。站在峰顶，环视四周，湖光山色，尽收眼底。的确像钮树玉所说，既有西湖那种明艳秀丽，也有西湖缺少的雄奇劲峭。自珍认为"平生游览未曾有"。归途经过三茅峰，满山翠色和一湖春水融为一体，夕阳在山，山山水水尽被霞光，翠山又镀金辉，风景更加迷人。二月四日，自珍乘舟到查湾，邀周懒渔同往石桥，游鳌舟园，登天桧阁，夜宿周懒渔家。当晚下了一场小雨，第二天晨雾未散，五人就兴致勃勃渡湖前往石公眺。不久云消雾散，天晴气朗。自珍游兴更高，游罢归云洞，再游一线天。在舟中草草用罢午饭，就去游林屋洞、灵佑观。自珍同游者均有奉和，同时还有纪游诗文一卷，可惜后来都丢失了。黄昏时候，众人又回到守朴居。这年春天，经常雨雪霏霏，少见晴天，可是，自从自珍来游太湖，一连五日，天气晴朗，风和日丽。朋友们都说太湖与自珍有缘。

这一年是嘉庆皇帝六十大寿，朝廷开恩科。秋闱将近，自珍奉父母之命回杭州参加浙江乡试。他的父亲怕他又像从前那样，率性而为，结果名落孙山。行前千嘱托，万叮咛，要他务必按照八股文要求，代圣贤立言，不可滥发不合时宜的议论，拿前程作儿戏。还特地为他考试方便，作了些安排。按清代科举制度的规定，生员可分"官卷""民卷"两种资格报考。"官卷"指那些没有中举就已经做过小官，或根据门荫制度应享有特权予以照顾的人。自珍中过副贡，做过武英殿校录，理应在"官卷"中报名，但他生性高傲，不愿沾门荫的光，偏偏在"民卷"中报了名。

入闱后，自珍一看试题是《既富矣，又何加焉，曰教之》，满心欢喜。因为，这个题目对于时时留意国事、关心民生疾苦、关心国家命运和前途的龚自珍来说，是经常考虑、成竹在胸的问题，但他鉴于多次失败的教训，不敢掉以轻心。自破题至起承转合，认真思索了一遍之后，方援笔在手，文思泉涌，他很快就打出稿来。然后又略加润色，誊写清楚，交卷完事。试帖诗的题目是：赋得芦花风起夜潮来。自珍分韵，得"来"字。自珍的诗词造诣，已臻一流，作这样的诗更是轻车熟路，他略加思索就吟出一首五言八韵的应试诗来：

> 莽莽扁舟夜，芦花遍水隈。潮从双峡起，风剪半江来。
> 灯影明如雪，诗情壮挟雷。秋生罗刹岸，人语子陵台。
> 鸥梦三更觉，鲸波万仞开。先声红蓼浦，余怒白萍堆。
> 铁笛冲烟去，青衫送客回。谁将奇句觅，丁卯忆雄才。

本科座主王引之、李裕堂，房考富阳知县向某。房考为他的文章加的评语是："规锼六籍，笼罩百家。入之寂而出之沸。科举文有此，海内睹祥麟威凤矣。"又评其诗曰："瑰玮冠场。"放榜后，自珍高中第四名举人，名列五魁，名次尚在当年父亲之前，举家欢喜。

在科举时代，乡试五魁，会试极有希望联捷成进士。全国十八行省，每省前五名，全国也在百名之内。每科进士取三百名左右，五魁焉有落第之理？何况江南文风极盛，人才荟萃，每科巍科多出江浙。父母对他的前途充满了希望。这次乡试对自珍也是一个极大的鼓舞，他幼稚地幻想：实现政治抱负的道路已经打通了。

这年除夕，他在上海道衙署，读《汉书》守岁。案上点蜡烛两支，供红梅、牡丹各一枝。这是他几年来的老习惯。几年来，他已经写出《汉书》随笔四百多条。这大概是受祖父匏伯先生的影响吧。他后来在一首诗中这样说道：

> 吾祖平生好孟坚，丹黄郑重万珠园。
>
> 不才窃比刘公是，清畤班香再十年。

却说龚自琼从上海回来以后，完全像换了一个人。戒掉了鸦片，精神气色一天天好起来。有自珍资助的银两，一家人的温饱短时间不成问题，小家庭又有了生气和喜气。他闲着没事，就给自珍抄写诗文。他打算抄完之后就给自珍送去，趁机好让叔父给自己在衙门里找个抄抄写写的差使。大树底下好乘凉，靠住叔父，一家老小衣食不愁就行。

元宵节到了。杭州城的龙灯花鼓、烟花爆竹历来有名。龚自琼久静思动，决定带上妻子和儿子去看花灯。杭州的花灯烟火以钱塘门内最热闹，一家三口下午就从家中出来，向钱塘门走去。自琼的妻子陈氏，娘家就在钱塘门附近，因为自琼吸大烟已有三年没有回过娘家了。陈氏父母早已下世，有个哥哥名叫文俊，在杭州颇有名声，中过举人，以诗文风流自命，经常出入于官宦之家。前几年是龚家的常客，近几年因为妹夫不争气，龚家败落，就再也不登妹妹的家门了。路过娘家门口，陈氏不禁放慢了脚步，黯然落泪。自琼知其心意，忙劝妻子说，既然想念兄嫂，不妨回娘家看看。他让妻子带着儿子在门旁稍候，自己去置办礼物。

自琮转身刚走，恰巧陈文俊出来送客。一眼看见妹妹带着外甥站在门旁，连忙把脸扭到一边，假装没有瞧见。偏偏外甥眼尖，早已看见了舅舅，就"阿舅阿舅"地连声叫起来。陈文俊躲不过，只好转过身来和妹妹说话。妹妹早已看到哥哥的表情，心中难过，立刻打消了回娘家的念头，她拉起儿子转身要走，哥哥却又追了上来。陈文俊忽然发现妹妹和外甥服饰打扮、气色容光都不像以往那样寒酸，感到有点意外，就故作亲热地把外甥抱了起来。他向妹妹道歉说："不是哥哥有意冷落妹妹，只是因为多日不见，妹妹和外甥又穿了一身簇新的衣服，哥哥一时没有认出来，望妹妹不要误会。"又问外甥道："谁给买的新衣服呀，这么漂亮？"外甥说："父亲呗！"舅舅又问外甥："你父亲呢？"外甥小手一指说："你看，不是过来了！"

陈文俊朝外甥手指的方向一看，果见对面匆匆过来一个人，衣饰鲜明，面色润泽，神清气朗，风度翩翩。细看果然是妹夫龚自琮。他越发纳起闷来：曾几何时，那个形似骷髅的"大烟鬼"，怎么变得如此鲜光？不及细想，龚自琮已经来到跟前，只见他手里掂着大包小包的点心，还有两尾鲤鱼，陈文俊马上满面春风地把妹妹一家迎进家门。

让进客厅，一经交谈，陈文俊恍然大悟，连声称赞妹夫有志气，终于戒掉了鸦片烟瘾。他问妹夫："你和龚观察宗支近到什么程度？以前为何没有听你提起过？"

自琮道："尚在五服以内。因为先祖经商，先伯祖仕宦，道不同不相为谋，宗支虽近，却显得疏远了。这次也是万般无奈，我才找到上海去的。"

陈文俊道："血浓于水，不管怎么说，龚观察和令尊是同一个祖父的亲堂兄弟。令叔权高位重，现已是一方道台，不日还要大用。他的弟弟，已经升任礼部员外郎，更是前途无量。你千万要尽心巴结。'三年清知府，十万雪花银'，何况是一方道台！他们手指缝里漏掉的银子也足够你们一家老小享用了！"

自琮说道："听说家叔为官十分清廉，薪俸有限，府中花销极大。俗话说'大有大的难处'，咱也不能白白让人养活。我打算让他老人家给我找一份差使，挣一份薪水，能养家活口也就心满意足了。"

陈文俊道："这哪能叫'白养活'？你是他没出五服的侄儿，这是你们龚家的家风！当年还不是你大伯祖把龚观察、龚礼部抚养成人的？什么叫清廉？不贪赃受贿就叫清廉？像他们那样的大官，谁是靠俸禄过日子的？"

"不靠薪俸他们靠什么？"自琮不解地问道。陈文俊冷笑道："靠什么？靠'火耗'，也就是'耗羡'。朝廷规定，丁银一两，加征五分至一钱五分，算作征交、运输、保管的损耗，这就叫'火耗'。漕粮一石，加征二升到一斗二升。你算算这笔账，上海管辖几个府，每府有多少县，每县有多少人要收多少钱粮，仅'火耗'一项何止十万！养活你们一家三口，还不是九牛一毛？"

自琮听得咋舌。但是他还是说："总是自食其力的好。"

陈文俊说："其志可嘉。男子汉大丈夫应该有这个志向。贤弟打算何时去上海？"

"有点事情办完之后。"自琮随口回答。

"什么事情？"陈文俊又问。

"我正在为自珍抄写诗文，抄写完毕给自珍送去，也算是拜见叔父的一种借口。"自琮说道。

陈文俊说道："久闻龚观察的大公子才高八斗，诗文出众。他那'怨去吹箫，狂来说剑'的名句早已脍炙人口。可惜无缘拜会。既然他的诗文在你家里，能否让为兄一饱眼福呢？"

自琮闻言犯起难来：自珍曾经交代，自己的诗文不要轻易让外人借阅，更不能让外人转抄。但面前要借阅的是自己的内兄，如何能够断然拒绝呢？他踌躇一阵之后，说道："明天我给兄长送到府上。但不要让外人借阅，动身前我亲自来取。兄长还有什么交代？"

陈文俊道："听说上海道台衙门养了许多清客，其实有几个有真才实学的？我想龚观察如果肯延我入幕，一定不会让他失望，我自己又难以开口。贤弟去时，我想给龚大人写封信，托你给他带去，还请你妥善表达我的意思。"

龚自琮满口答应。天色已经不早，自琮一家告别陈文俊，到灯市逛了一圈，就回家去了。第二天，自琮把抄好的自珍的几卷诗文给陈文俊送到家中。

陈文俊是个好名好利，嫉妒心极强而又心底龌龊的人，在杭州士林名声颇不好听。他长自珍十岁左右，又是举人出身，喜欢舞文弄墨，素以诗文自负。但近几年来，自珍以一后生晚辈，声名鹊起，深为杭州士林推重，他胸中不由产生一种无名妒火。自珍向来对前辈文人礼敬有加，杭州名士结交殆尽，偏偏又瞧不起陈文俊。陈文俊提起龚自珍，免不了说后生小子，能有什么实学，还不是沾了先人的光？这次他看到自珍的诗文不禁大吃一惊，胸中妒火更加炽烈，大有"既生瑜，何生亮"的味道。但面对位高权重的龚府少爷，他又无可奈何。及至看到《明良论》《乙丙之际著议》等文章时，心中有了主意，脸上露出了一丝奸笑。他立刻动手把这几篇文章抄下来，以备不时之用。

三月间，龚自琮动身去上海。陈文俊托自琮给自珍捎了一封长信。信中对自珍倍加赞誉，使自珍十分腻烦。他知道陈文俊有意结纳自己，他也不愿过为已甚，拒人于千里之外，本想抽空给陈文俊写封回信，但忽然又想起王昙说过的一件事情，便又打消了回信的念头。王昙和陈文俊曾有交往，金礼嬴死后，陈文俊自荐为金氏写了一篇墓志铭。但过后却提出要以金礼嬴的名画《梅月双清图》作文酬，原来他是想用这幅画去巴结权贵。王昙不答应，他就到处散布流言蜚语，极力向王昙夫妇身上泼污水。自珍一方面鄙夷他的为人，一方面忙于应接越来越近的恩科会试，就始终没有给陈文俊写回信。

陈文俊的自尊心受到了严重伤害。他于是把自珍的文章送到知府衙门，想给自珍乡试制造障碍。不想这一招未曾生效，自珍反而高中秋魁。陈文俊知道龚氏在浙江根基深厚，不易撼动，便借会试之机，带上自珍的文章，进京去了。几经努力，他终于把这些文章送给了朝中一些思想守旧的政要手里，为自珍一生的不幸埋下了祸根。

第三章　名场无涯

一、我有箫心吹不得，落花风里别江南

嘉庆二十四年（1819），龚自珍进京参加会试。他希望自己能够像父亲和叔父那样考中举人之后联捷进士及第，为实现自己的政治抱负铺平道路。他的父亲龚丽正宦海半生，对科场、官场的内幕了如指掌。科举考试表面上看起来公正无私，其实徇私舞弊的伎俩千奇百怪，黑幕重重。他是过来人，又多次参与科举事务，个中情弊，焉有不知之理？但他不愿给儿子戳破这层窗纸，免得影响儿子的情绪。知子莫过于父。他深知儿子的心性，恃才傲物，锋芒太露，喜欢放言高论，抨击时政。儿子早就对现行的科举制度极度不满，对朝廷吏治腐败、老朽昏聩当道不满，如果进京后言行不慎，甚或科场中写些不合时宜的话，功名事小，还会给家庭带来麻烦。临行，他把儿子叫到跟前又反复叮嘱一番，"你已经历过四次科场了，应该说场屋中的事情十分了解了。你说说首次小挫，二、三次败北的原因何在？"父亲盯着儿子

问道。

自珍略加思忖，然后说道："科场内幕，无从可知。但儿子想，原因在制度本身。文章优劣，本来就是见仁见智、难有定评的事情。衡文全凭考官的眼光，标准实在难定。喜欢华美者，以艳丽为优；喜欢淡雅者，以质朴为优；立意更是以自己的是非为是非，深合己见者然之，不合己见者非之。好文章遇见盲试官，字字珠玉也是枉然。前三次的文章大概不合房考、座主的胃口，所以名落孙山。去年恩科，儿子觉得文章并不十分满意，却深得房师赞许。大概是他对儿子的文章有所偏爱，这便是'半由人事半由天'的意思。"

"那你想想，究竟是哪些地方不合考官的胃口呢？"父亲仍然盯着儿子，板着面孔问道。

自珍想不到父亲会沿着这一话题穷追不舍，只好说道："儿子不知，请父亲明示。"

父亲望着儿子不安的样子，稍微放松了口气，慢慢说道："荣任考差的官员，必须两榜出身，多自翰苑中来，必是功令高手。第一，选文严格按八股规范；第二，翰苑养成雍容、持重之气，绝不选标新立异之文。你想想，你的文章是不是有什么不合时宜的话？科举考试，不是大臣议政，不要动不动就指摘时弊。一介书生，空发议论，能起什么作用？你明白我的意思吗？"

自珍连忙答道："儿子明白了。"其实他心中很不服气，只是不敢和父亲争辩罢了。

"你知道宋朝的柳永何以屡试不第吗？"父亲又问儿子。

自珍应声答道："儿子知道。听说他讲过一些鄙薄功名的话。有人把这些话告诉了仁宗皇帝。皇帝听了很不高兴，在他的卷上御笔亲批了'且着他填词去'六个大字。自此哪位考官也不敢录取他了。"

父亲又道："你和王仲瞿是朋友，他的下场你知道。科场考试名为以文取士，其实并不全是这样。熙朝名将周培公，文武全才。科场中得罪了考官，却有人偏偏在他避圣讳缺笔的'玄'字上加了一点，使他名落孙山。这些事情虽是传言，但宁信其有。进京之后要谨言慎行，不可狂言无忌。我的话你听懂了吗？"

自珍道：“儿子懂了。此番进京，少说为佳就是了。”

父亲又道：“不光少说话，还要多拜客。我已经给你写好了几封信，多带点银子，该走动的地方都要走动走动。”

二月上旬，自珍启程。吴文征、沈锡东等朋友在苏州虎丘山为他饯行。席间朋友们频频举杯，预祝他此番进京科场得意，名登金榜。吴文征还拿出新近创作的巨幅画卷《蓬莱、泰山、孔庙三大图》请他题诗。尽管朋友们谈笑风生，但父亲昨晚和他的谈话，给他心头蒙上的阴影，无论如何总挥之不去。临行，他给朋友们写了一首小诗留别：

> 一天幽怨欲谁谙？词客如云气正酣。
>
> 我有箫心吹不得，落花风里别江南。

自珍来到京师，并没有按照他父亲的安排去投信、拜客。因为他向来鄙视官场那种投机钻营、拉拢攀结的做法。他相信能够凭借自己胸中的才学，在科场中逐鹿争雄，所以就在丞相胡同赁了一处清静所在，安顿下来闭门读书。

本科会试主考官是协办大学士曹振镛，副主考蒋攸铦，房考官有礼部侍郎穆彰阿等。清代自雍正朝张廷璐科场舞弊被腰斩处死后，正副主考自接王命起，便杜门谢客，自避嫌疑。这天曹振镛正在书房读书消遣，忽然门上来报礼部侍郎穆彰阿来拜。因为是同僚熟人，本科又同任考差，没有避嫌的必要，再加上穆彰阿是满人中的新贵，这几年圣眷正隆，年纪不大，已经位列九卿，当了礼部侍郎。听说，不日还要升迁。曹振镛连忙出来迎接。二人携手来至书房，分宾主落座，仆人献上茶来。品着茶，曹振镛含笑问道：“不日就要入闱，朝夕聚首的机会将至。穆大人今日不避嫌疑，亲自造庐，想必有要事见教了？”

穆彰阿笑吟吟地说道：“见教不敢当。只是想来看看曹公理学名家入闱前怎样养气、守静。今日一见，果然不凡，这份气定神闲的静气，恐怕是我一辈子都难学到的。这才有几天？我在家已经憋闷得坐卧不宁。想找别人聊聊，诸多不便。一想，还是找俪笙相国聊聊合适。一来同任考差，都是局中人，无可避之嫌；二来就有道而问焉，也可长长见识。于是我这不速之客就到贵府来了。"

曹振镛笑道："我算什么理学名家？还不是和你一样烦闷无聊？但食君俸禄、尽忠王事是臣下本分，不能不任劳任怨。局外人只看到考差荣耀、风光，其中滋味有谁知道？为国选贤，责任重大，受命之日，便杜门谢客；入闱之后，更像身入牢狱，至亲至爱，也不能随便交接。衡文处处秉公持中，还免不了受人诟骂。一旦出了一点纰漏，难免要遭重谴。自入闱至放榜，天天如履薄冰，诚惶诚恐。这种滋味有谁能理解呢？"

穆彰阿听他说完，哈哈大笑起来："曹公真把其中滋味琢磨到家了。我虽出典过几次乡试，但参与礼试还是第一次，其中甘苦到底不及前辈品尝得细致。今后还要跟曹相多多历练，老相国可要多多指教啊！"

一顿迷魂汤灌得这位徽州相国心花怒放。曹振镛连声说道："穆大人这话可就见外了，你我同与考差，还分什么彼此？今后仰仗大人的日子还长着哩，只要不嫌弃老朽就好！"

穆彰阿一脸庄重地说道："谋国靠老成，千古名训。我朝方望溪、张文和公、鄂文端公哪个不是历仕几朝，朝廷依为股肱？可偏偏有些希图幸进的后生少年，不知天高地厚，却胡说什么'其齿发固已老矣，精神固已惫矣'，'因阅历而审顾，因审顾而退葸，因退葸而尸玩，仕久而恋其籍，年高而顾其子孙，然终日，不肯自请去。或有故而去矣，而英奇未尽之士，亦卒不得起而相待。'还说什么：'新官忙碌石呆子，旧官快活石狮子。'唯恐老辈妨碍了他的幸进之途，百般攻讦宿老。真是'蚍蜉撼大树，可笑不自量！'"

曹振镛越听越气，不禁问道："这是谁说的？"穆彰阿不慌不忙从怀中掏出一本书来，轻轻放在曹振镛面前的书案上。曹振镛拿过一看，只见封面上写着《伫泣亭文集》浙江仁和龚自珍撰"。

"这龚自珍是谁？"曹振镛连忙问道。

穆彰阿说道："是上海兵备道龚丽正之子，浙江乡试的经魁。"

曹振镛冷笑道："中了经魁就自以为稳中进士了？狂妄！狂妄！"他连说了两个"狂妄"之后，忽然想起这龚丽正在自己老家徽州当过知府，官声不错，是自己保荐升任上海道台的，便又接着说道："龚丽正谦谦君子，老成持重，怎么养出这样一个不知进退的儿子？"

穆彰阿唯恐曹振镛因顾惜龚丽正的面子而改变主意，又进一步说道："还不只是不知进退，书中许多话狂妄至极。曹相，你看这篇，骂遍满朝公卿，简直不堪入耳。"他边说，边指着一段文字念道："历览近代之士，自其敷奏之日，始进之年，而耻已存者寡矣！官益久，则气愈偷；望愈崇，则谄益固；地益近，则媚亦益工。至身为三公，为六卿，非不崇高也，而其于古者大臣巍然岸然师傅自处之风，匪旦目未睹，耳未闻，梦寐亦未之及。臣节之盛，扫地尽矣。……"

曹振镛听得面色发黄，胡须乱颤，连声说道："荫园，不要念了，有污你我清听。如此狷急躁进的后生小子，岂是廊庙之器？国家交给他们治理，还不翻了天？养不教，父之过。龚丽正养子不教，我们再不替他管教管教，如何得了？"

穆彰阿道："这种人如果得志，还不又是王叔文、王安石一类人物？管是该管，但非亲非友，爱莫能助，如何管得了？"

曹振镛道："让他多坐几年冷板凳，磨磨性子，去去火气，或许狂傲之气就会少点，也许还会成为可用之才。玉不琢不成器，不正是这种意思？"

二人又说了一阵，穆彰阿见事已完毕，便起身告辞。他从曹府出来，没有回家，又往蒋攸铦家游说去了。

二、从君烧尽虫鱼学，甘作东京卖饼家

嘉庆己卯科会试四月十二日放榜，龚自珍名落孙山。这意外的打击，使他在丞相胡同的寓所里足足躺了三天。三天来，他茶不思，饭不想，只是望着屋顶出神。不是愧疚，而是困惑。他百思难解，自己何以有如此惨败。场中三篇文章，这几天他反反复复回忆了无数遍，自忖虽非字字珠玉，但和许多名家的场中之作相比，毫无逊色之处；五言八韵的试帖诗，造意、构篇、声韵、辞采，并无不妥之处。毛病究竟出在哪里呢？

事已至此，追悔无益。他忽然想起来京前父亲反复交代的"多拜客，少说话"的话来。佛后烧香，尽管于事已无多大意义，但总比不烧为好。他决定先去拜访礼部主事刘逢禄。刘逢禄这一科虽然没有担任考差，但毕竟在礼部任职，对会试内情大概会了解一二。听他谈谈，可能会帮助自己解开心头的疑团。

刘逢禄，江苏武进县人，是著名的今文经学家。他是庄存与的外孙，他的表弟庄绥甲和自珍是好朋友。自珍进京前，适逢庄绥甲来上海拜访他，想请他给祖父庄存与写篇碑文。分手时，他给刘逢禄写了封信交给自珍，让自珍进京后持信去见他。他还告诉自珍，他另外一个表弟宋翔凤也在京中，有机会也可见见面，交个朋友。

中国人习惯把《春秋》三传左氏、公羊、穀梁相提并论。到了东汉何休根据《公羊春秋》，认为《春秋》是孔子"据乱而作，其中多非常异义可怪之论"。为了阐明这些义理，他写了《春秋公羊传解古》。魏晋以来，很少有人研究。直到清代乾嘉年间，江苏武进人庄存与著成《春秋正辞》，重新倡导起对公羊经学的研究。他把自己研究的成果传给了外孙刘逢禄和另一个外孙宋翔凤。

自珍来到刘府，递了一张名刺，一会便被请进刘家客厅。这时客厅里有一个人正在饮茶，见自珍进来，连忙离座，揖让。自珍误认为他就是刘逢禄，连忙呈上庄绥甲的书信。那人接过书信，放在书案上，笑着对自珍说："我表哥正在书房会客。我叫宋于庭，小字翔凤，是刘礼部的表弟，也是刚刚来到。足下稍候片刻，表兄就会过来。"

自珍慌忙躬身施礼，连道"久仰"，并介绍了自己和庄绥甲的关系。他看那宋翔凤，长身玉立，白净面皮，真个眉似远山，目如朗星，仪表堂堂，不禁心中称美。自珍落座后笑着说道："百闻不如一见。每听庄四兄称赞先生仪表，今日有缘识荆，果然名不虚传。兄台贵庚几何？"

宋翔凤笑道："不惑有二。庄表兄长我四岁，刘表兄长我三岁，我们表弟兄三人，我算是最小的了。常常听庄表兄说起璱人先生大名，尤其推重足下的诗词。足下的《湘月》一词，早已传遍江南士林，'怨去吹箫，狂来说剑'更是脍炙人口。不知近来又有何佳作？"

自珍道："庄四仁兄，每每称道二位对公羊学的研究海内独步，自珍心仪已久，今后还望多多指教。诗词一道，雕虫小技，与功名何益？我深悔入此魔道，如今后悔还来不及呢，哪还有什么诗情？"

二人正说话间，厅外传来脚步声。宋于庭说道："我表兄过来了。"

自珍连忙起身离座。只见庭院中两个人边走边谈向客厅走来。一人四旬开外，中等身材，已略显发福，面色红润，颔下微有髭须，一副雍容儒雅之气。不用说就是主人刘逢禄了。另一人，身材魁伟，鼻直口方，英气逼人，年纪和自己差不多。刘逢禄进入客厅，龚自珍连忙行礼，刘逢禄一边还礼一边说道："实在抱歉，让足下久等了。"又望着宋于庭说道："表弟也是刚到？"宋翔凤道："我来多时了，已替表兄接待了客人。"刘逢禄回头指着一同进来的年轻人给龚、宋二人介绍说："这位是湖南邵阳的魏默深，也是刚进京。"自珍忙说："在下仁和龚自珍。"二人相互抱拳，互道久仰，然后落座。宋于庭把庄绥甲的信交给刘逢禄。刘逢禄边看边说："庄表兄多次对我谈起瑟人先生，称誉先生为海内奇才。足下和庄表兄是知交，有无书信，刘某都会扫榻相待。足下已经来京多日，为何不早来一聚？"

自珍道："本想早日来见，但自珍此番进京是应试举子，大人职在礼部，过府拜谒恐怕有碍大人清誉，不如出闱之后再来拜见。谁知名落孙山，又觉得无颜拜见。几经踌躇，故而迟至今日才得识荆。"

刘逢禄道："足下多虑了。本科会试，我并未应考差，根本无避嫌的必要。庄表兄屡称足下志向高洁，果然不假。趋跄奔走，原非君子所为。但如今风气如此，逸世独立者，能有几人？足下正当有为之时，以足下之才，功名是迟早的事，不必为今科失利灰心丧气。科第中未必尽是英才，落第者也未必没有英彦之士。即如默身先生，至今还是一袭蓝衫，连举人也未中，但我敢断言，今后成就远非许多巍科高中者能比。再如于庭表弟，远非凡庸，但迄今不售。可见科名之外，多有遗才。这一点，有识之士早有共识。科举之法的改革是迟早必有的事。"

刘逢禄一席话说得自珍心头轻松了不少。这种见解对他来说并不新鲜，但出自一位两榜进士出身的礼部官员之口，使他感觉又自不同。他早就热切盼望着改革，但又觉得难以改革。他满怀疑问地说："改易得了吗？"

刘逢禄说道："自古无不易之法。眼前改革不易，将来未必困难。总之，不变是暂时的，变革是不可避免的，譬如江河东下崇山峻岭能阻挡得了吗？"

"先生治公羊之学，天下独步。其要旨是什么呢？"自珍忽然撇开了正在谈论的话题。

刘逢禄一听自珍问到这个问题，立刻精神大振。他朗声说道："何休说《春秋》中'多非常异义可怪之论'，公羊之学要在阐发幽微，探求'那些非常异义可怪之论'的真正含义，作经邦济世之用。自魏晋以降，经学家只知考证古籍文字异同和古代典章制度，解释文字古义，往往钻到鸟兽虫鱼等琐碎事物的解释中，不厌其烦，这实在是舍本逐末的做法。从国朝之初的顾亭林先生，随后有阎若璩、胡谓等人，到乾嘉之间达到极盛，戴东原先生，足下的外祖父段老先生和王石癯，都不愧为一代宗匠。他们在整理古籍方面功不可没。但风随草掩，后学士子都跟着埋头故纸堆中，不问国事，不问民生疾苦，甚至借此避世。长此以往，让谁去为国尽忠，为主分忧，为国理民？所以我的外祖父侍郎庄公著《春秋正辞》，精研公羊之学，欲以公羊春秋中的微言大义，弼补时政。下官不揣浅陋，继承外祖父的未竟之业，以不登大雅之堂的'买饼'之学，抗衡风靡士林的'大官厨'，虽屡经讥讪，有何惧哉？"刘逢禄侃侃而谈，声震屋瓦，说罢又爽朗地大笑起来。

龚自珍自幼在外祖父的指导下研究文字学，"以经解字，以字说经"，考据学已有一定成就。近几年来，随着年龄的增长，阅历渐深。加上他一向关心时政，关心民生，对只知在书斋里钻故纸堆的考据兴趣渐减。自《明良论》创作之后，为文论事，渐喜借古讽今，已有借阐发经义改革社会的思想。听了刘逢禄一番宏论，自珍如醍醐灌顶，当即表示，改弦更张，要拜刘逢禄为师，学习今文经学。刘逢禄再三逊谢说："足下和庄表兄是至交，我们还是平辈论交吧。学问之道重在相互切磋，何必一定要有师生名分呢？足下若在京师滞留，每天自可来舍下研讨学问，不必拘礼。"

当天刘逢禄设宴招待龚自珍、魏源和宋翔凤。席间，刘逢禄谈到他的外祖父庄存与的风节，讲述了两件事情。一是有一年庄存与典试浙江乡试，浙抚某公，赠庄重金，庄坚决不收，最后，赠给庄一顶风帽，庄勉强收下了。在回京的路上，庄存与忽然发现风帽上镶有几颗名贵的东珠，大吃一惊，立即往返数百里把风帽送回。另一件是庄存与在翰林院当侍讲时，一天皇帝听一位翰林讲经，听毕，正要离去，庄存与却拦住圣驾，回奏道讲义错了。随侍的大臣都大吃一惊。庄存与却侃侃而谈，逐一指出讲义中的错误，听得皇帝点头微笑。龚自珍、魏源、宋翔凤在此相识，谈得十分投机，大有相见恨晚之慨。从此之后，三人时相过访，渐渐成了好朋友。席散，刘逢禄分别送给龚魏二人一套自己撰写的《公羊何氏释例》。龚自珍自此开始跟着刘逢禄学习今文经学。回到寓所的第二天，他写了一首诗，记述这次拜见刘逢禄的情形：

> 昨日相逢刘礼部，高言大句快无加。
>
> 从君烧尽虫鱼学，甘作东京卖饼家。

诗中的"虫鱼学"，是人们对考据之学的讥讽；"卖饼家"是三国时钟繇的话。因为钟繇不好《公羊》，偏好《左传》，他常对人说，《左氏》是大官厨，《公羊》是洛阳卖饼家。从诗中可以看出自珍抛弃考据学而转向今文经学研究的决心。

这天，他又去刘府向刘逢禄求教公羊学。谈罢学问，自珍私下问刘逢禄道："晚生一事不明，久望先生指示迷津，但不知当问不当问。我说出来，先生当讲则讲，不当讲，不必为难。"

刘逢禄笑道："璱人但说无妨，在下知无不言。"

自珍道："晚生尽管才疏学浅，但自忖科场中三篇功令文，还不致在三百人之后。本科名落孙山，心中输得并不服气。这有没有其他原因呢？"

刘逢禄平静答道："文章千古事，得失寸心知。你场中文章的优劣，我不是房考不得而知。但听庄表兄说你写过《明良论》《乙丙之际著议》等文章，对时弊多所指摘，尤其对科举、吏治攻击激烈。假使有好事之徒，行鬼蜮之计，把这些文章献诸朝中大老，后果会怎样呢？本科主考，蒋、曹二位中堂，均是年过花甲的三朝元老，假设他们看过这些文章，会有什么想法呢？"

三、东山猛虎不吃人，漫漫趋避何所已

刘逢禄一席话，听得龚自珍默然不语。回到寓所，他反复品味刘逢禄的话，越想越难过，对官场的黑暗、仕途的凶险有了进一步的认识。晚上他辗转反侧，难以入睡。最后披上衣起来，振笔疾书，写成了一首古风，题作《行路易》。吟罢，胸中的抑郁愤懑之气仿佛吐出了一些，他掷笔在案，倒头便睡，直到次日日上三竿尚未醒来。梦中他独自一人穿行在荒山密林之中，到处是荆棘，到处是坎坷。正举步维艰的时候，又发现对面山头上蹲着一只吊额金睛的猛虎，吓得他魂飞魄散，回头便跑，刚刚跑出几步，又观见一只猛虎张牙舞爪拦在前面，作势欲扑。他亡魂四冒，双腿发软，一跤跌进万丈深渊，一块巨石又轰然自山顶滚下，越滚越快直向自己砸来……

正在此时，门外一阵剧烈的叩门声，把他从噩梦中惊醒。睁眼一看，已是满院阳光。他擦去额头上的冷汗，披衣起来，开门一看，原来是魏源和宋翔凤结伴来访。他请二人进屋坐下，自己起身盥洗更衣。二人走近书案一看，书案上笔墨淋漓，满纸龙飞凤舞。宋翔凤笑道："璱人诗兴又发作了，你看他胡诌些什么？"

魏源仔细一看，是一首古风，题目是《行路易》，不禁笑道："古乐府《杂曲》中有'行路难'的题目，李太白原有名作。自珍偏会杜撰，却胡诌出一篇'行路易'来！"

这时自珍漱洗已毕，刚巧进屋，立刻接口反驳道："魏默深少见多怪。这哪里是我杜撰来的？我不过是拾古人的牙慧罢了。"

宋翔凤道："古人哪有什么'行路易'，典出何处？"

龚自珍道："《唐诗纪事》记载，陆畅，字达夫，韦皋雅所厚礼。天宝时太白为《蜀道难》以斥严武。陆畅为《蜀道易》以美皋。我不过略师其意罢了。"说罢大笑。宋翔凤道："勉强可以自圆其说。默深，

奇文共赏，请读一读，看他胡诌些什么，内容是不是杜撰。"

于是魏源朗声念道："东山猛虎不吃人，西山猛虎吃人，南山猛虎吃人，北山猛虎不食人。漫漫趋避何所已？玉帝不遣膈下死，一双瞳神射秋水。袖中芳草岂不香？手中玉麈岂不长？中妇岂不姝？座客岂不都？"

宋翔凤接口评道："起笔仿效老杜，'四川有杜鹃，东川无杜鹃；涪万无杜鹃，云安有杜鹃'之句，不为杜撰。'漫漫'典出扬子云《甘泉赋》，'玉帝'一句见李贺《唐儿歌》，以下各句或出《世说》，或出《文选》，或出《诗经》。好！每句皆有所宗，不为杜撰！"

魏源笑道："于庭兄几时也成了考据学家了？我真担心，世上猛虎这样多，璱人兄还不待在家里，不怕被猛虎吃掉吗？"

宋翔凤又道："猛虎遍地，还叫'行路易'？这不是反其意而用之？"

自珍道："玉帝不遣膈下死，我能违天行事，老死户膈？"三人一同大笑起来。笑罢，魏源接着念道："江大水深多江鱼，江边何哓哓？人不足，盱有余，夏父以来目瞿瞿。我欲食江鱼，江水涩咙喉，鱼骨亦不可以餐；冤屈复冤屈，果然龙蛇蟠我喉舌间，使我说天九难，说地九难，踉跄入中门。中门一步一荆棘，大药不疗膏肓顽，鼻涕一尺何其孱？臣请逝矣逝勿还。"

念着念着，魏源声音低沉下来，诗中的愤懑不平渐渐感染了他，后来竟至鼻酸气塞，近乎哽咽。自珍科场落第的内情，他也影影绰绰听说了，他完全理解朋友的心情。偷眼看自珍时，只见他早已泪流满面了。

魏源没有再读下去。三人一时都陷入了沉默。宋于庭从魏源手中接过诗来，只见上边写道："膈膈膊膊，鸡鸣狗鸣；渐渐索索，风声雨声；浩浩荡荡，仙都玉京。蟠桃之花万丈明，淮南之犬彳亍行。臣岂不如武皇阶下东方生？"

宋于庭当然明白，自珍诗中的"仙都玉京"，是影射朝廷庙堂。在那里鸡鸣狗吠，雨横风狂，来来往往的只是偶然吃了残余仙药而升天的仙家鸡犬，东方朔之类也不过被视作无足轻重的弄臣而已。至于自珍、魏源，包括自己在内的这些下层士子，连做东方朔一类的小臣也没有资格。他实在佩服龚自珍，把自己想说而不敢说的话，在诗歌里痛快淋漓地说出来了。他暗暗赞叹：歌哭笑骂皆能成诗，这真是一个大才！

三人沉默了好大一阵之后，魏源告诉自珍，明天吏部左侍郎王鼎五十寿辰，有好多年轻士子都要前去祝寿，他想邀约自珍一同前去。王鼎，字定九，号省崖，陕西蒲城人，出身寒门，自幼苦读好学，以气节闻名于世，尤喜奖掖后进，许多年轻的读书人都喜欢结识他。自珍进京前，他的父亲也给王鼎写有书信，自珍正要相机前去拜访，听魏源一说，便欣然同意。宋翔凤因有其他事情不能同去，龚魏二人约定次日同往。

这一天，王鼎家中青年士子云集，大家盛赞王鼎品节高尚，乐于培养、提携年轻人的美德。王鼎完全没有朝廷重臣的大架子，和青年们无拘无束，谈笑风生。席间他要自珍赋诗记述当日的盛况，自珍应命写了一首《饮少宰王定九丈鼎宅，少宰命赋诗》的古风，其中几句是这样写的：

公之奏疏秘中禁，海内但见力力持朝纲。阅世虽深有血性，不使人世一物磨锋芒。迩来士气少凌替，毋乃大官表师空趋跄；委蛇貌托养元气，所惜内少肝与肠。杀人何必尽砒附？庸医至矣精消亡。公其整顿焕精采，勿徒须鬓矜斑苍。

不难看出，自珍的诗除了称道王鼎的气节以外，重在指斥朝中某些权贵只知趋跄钻营，不关心国计民生，实是缺少心肝的行尸走肉。他希望王鼎力挽颓风，整顿朝纲。在座的多是血气方刚的年轻人，齐声称赞自珍的诗，写得痛快，有气魄、有见地。席罢，自珍准备回去誊录之后，再把诗献给王鼎。魏源和他同行，边走边谈。魏源说道："今日兄长席间所作，端是好诗。但锋芒太露，太着痕迹。传播京师，与王侍郎和兄长都有诸多不便。誊录时，不如略作改动为好。"

自珍问道："贤弟以为怎样修改方好？"

魏源道："弟以为当改之处有六。'海内但见力力持朝纲'，兄台意在赞美侍郎，但传到公卿间，难免有厚此薄彼之嫌，无意中又得罪了别人，又恐使定九公成为众矢之的。不如改为'海内但知元老持朝纲'，合混其辞，使大家各蒙其美，也就心安理得了。'不使人世一物磨锋芒'，显见后进士子一切莽撞行为都是王侍郎宽纵所致，极易使王侍郎招致毁谤，不如改为'不使朝士争锋芒'。'毋乃大官表师空趋跄''所惜内少肝与肠'，无异使酒骂座，一棍子打八家，更为不妥，不如改作'如鱼逐队空趋跄'，'畴肯报国输肝肠'，就中庸婉转得多了。尤其'勿徒须鬓矜斑苍'一句，非改不可。你想，就是定九侍郎，他能喜欢一个后生子近似教训的话吗？还是改作'岂唯须鬓矜斑苍'妥帖些。"

自珍听罢，哈哈大笑起来，笑得魏源莫明其妙。他不禁问道："兄台为何发笑？莫非小弟说错了吗？"

自珍道："贤弟爱惜之意，愚兄岂有不知？只不过虎豹去其爪牙，何异于绵羊？宝剑折其锋刃，和破铜烂铁有什么不同？经此一改，诗还何以美刺？既无美刺之用，还作诗作什么？至于最后一句，王侍郎若这点雅量都没有，还怎么领袖士林，龚自珍又何必结识他？经此一改，诗中还有狂生龚自珍吗？"说罢，自珍又哈哈大笑起来。魏源低头不语，良久，他悠悠叹了一口气道："世道艰难啊！兄长为诗文所累已深，不能不小心防范啊！"

自珍道："山水易改，禀性难移。竹焚难毁其节，玉碎不失其洁。愚兄榜上功名宁可终身不要，也决不变节易志！"

魏源见自珍双眼精光四射，声如裂帛，不禁暗暗点头。他心中赞道，此乃真男儿！

拜会王鼎之后，自珍又去拜谒王念孙。王念孙是江苏高邮人，官工部主事，是清代著名的训诂学家。他和段玉裁都是戴震的高足弟子。这年老先生已经七十有六，但仍然精神健旺。他的儿子王引之是浙江戊寅科乡试的座主，在科举时代也就是师生关系。王引之续承父学，撰有《经传释词》一书，被龚自珍赞誉为"古今奇作，不可有二"。王引之已经知道自珍正在跟从刘逢禄学习今文经学，但他襟怀豁达，绝少门户之见。他很赞成自珍研究学问不主一家的态度；自珍也非常佩服他的胸怀和气度。临行，王引之把自己的新作《经义述闻》赠给自珍一部。自珍非常感激，回去后精研不辍，获益不浅，这是后话。后来自珍回忆这次拜谒，曾写诗一首：

> 庞眉名与段公齐，一脉东原高第题。
> 回首外家书帙散，大儒门祚古难跻。

自王府回到寓所，刘逢禄府中的仆人，送来庄绶甲寄给龚自珍的信函。信中除了劝慰自珍不必为失败气馁之外，主要劝告自珍删改《明良论》《乙丙之际著议》等文章，免得贻人口实，被人诬陷。自珍看后，悲愤莫名，立即提起笔来，给庄绶甲写了一封回信，随信寄去一诗，表明决不向守旧势力低头的决心："文格渐卑庸福近，不知庸福究何如？常州庄四能怜我，劝我狂删乙丙书。"

四、凭君且莫登高望，忽忽中原暮霭生

几天之后，又有几位朋友来约自珍去寻访万柳堂遗址。万柳堂是冯溥在京居官时所辟。冯溥，字孔博，山东益都人，顺治年进士。他爱惜人才，尤喜推荐拔识年轻士子，常常与天下名士觞咏万柳堂中，如果发现有才能的读书人，立刻大书姓名于墙上，随时准备推荐。冯溥作古已逾百年，万柳堂老屋残垣，一片荒凉，连一棵柳树也没有了。同游的年轻人莫不唏嘘叹惋，感慨今昔。龚自珍联想起自己的遭遇，深感朝中缺少冯溥这种伯乐式大臣。触景生情，他笔起龙蛇，在墙上题下了一首诗：

> 万柳堂前一柳无，词流散尽散樵苏。
> 山东不少升平相，为溯前茅冯益都。

接着朋友们又相偕去游陶然亭。陶然亭在京师城南右安门内，先

农坛西侧，原是辽、金时代的一座古寺，名叫慈悲庵。康熙三十四年，工部郎中江藻兼任宫门监督，在寺旁建花厅三间，取白居易"更待菊黄家酿熟，与君一醉一陶然"之意，名之曰"陶然亭"。京中人习惯以建亭人之姓称呼，称之曰"江亭"。亭下一片空旷低洼之地，陂池水草，极望清幽，也就是北京人说的"南下洼"。这里芦苇丛生，一望无际，水鸟翔集，充满清新自然之气。这对于长期生活在都市尘嚣之中的北京人来说，无疑是一处极好的宴游休憩之所。乾嘉之时常常有文人雅士在此饮酒赋诗，也常有许多情人在此幽会，采兰赠芍。亭间廊柱、墙壁之上，多有游人题咏。

自珍和朋友们来到陶然亭时，日已过午，亭上游人渐减。他们取出携带的果品酒馔，在亭中席地而坐，边谈边饮。自珍于亭中极目四望，四周兼葭芦苇，青翠一片。微风一吹，翻涌起伏，如涛如浪，十分壮阔。自珍暗想：你看这芦苇，若是一株一茎，何等纤弱，难免随风俯仰，甚或被狂风摧折。可是，一旦丛聚一片，相互扶持，众志成城，任你雨横风狂，它也无所畏惧，甚至相壮声威，能与风暴抗衡。这社会上的小民百姓何尝不是这样？一个一个，人单势孤，便微不足道，如若万千啸聚，就成怒涛狂澜，不可遏抑！可叹世上的读书士子，竟连这芦苇都不如！他们酒酣耳热，谈起社会的种种不公，个个愤然作色；一旦需要自己挺身而出，改革时弊，却又畏首畏尾，胆小如鼠。自己虽有改革之志，但单丝独缕，人微力薄。欲求同道，但又知音难觅！

但见朋友们逸兴遄飞，觥筹交错。他们见自珍满腹心事，神情冷漠，呆呆望着芦苇出神，都以为他功名心太重，因会试落第而不快，也不与他计较，只顾自己豪饮清谈。这时夕阳西下，正是飞鸟归巢之时，成群的水鸟唧唧啾啾，时聚时散，在芦苇之上盘旋。自珍忽然发现芦苇深处，人影晃动，一会便见怯生生地走出两个人来。越走越近，原来是一老一少，瘦骨伶仃，衣衫褴褛，形似鬼魅。那老者走近江亭时，先四处张望，然后回头示意那少年进入亭中。众人正自饮酒，忽见这样一个少年不速而至，不禁惊愕。只见那孩子来到他们面前便叩头乞讨。自珍连忙把孩子扶起来，并招呼那老者到亭内坐下。大家忙把残羹剩饭集中到这一老一少面前，这二人也不答谢，立刻狼吞虎咽，大吃大嚼起来。自珍又吩咐从人到附近去买些牛肉馒头来，让他们食用。时间不长，这一老一少已经风卷残云，把饭菜收拾得干干净净。

自珍问那老者，是何处人氏，何故藏身芦苇丛中？那老者几经犹豫，看他们几个不像公门中人，方叹口气说道："老汉姓刘，祖居京郊，世代耕读。自嘉庆十八年（1813）林清率领天理教徒攻打紫禁城之后，朝廷在京郊大肆搜捕天理教徒。其实谋反作乱的人早已逃之夭夭，抓去的十有八九是无辜受害的安善良民。官府天天搜捕，老百姓谁还敢在家？这芦苇丛里道路曲折，沟汊纵横，缇骑不敢进来。所以我们白天藏身里边，傍晚出来乞讨。"

自珍道："事情已经过去十几年了，难道还在搜捕？"

老汉道："事情虽然已经过去十一年了，但官府仍然借口搜寻逃犯，时常下乡抓人。虽说今年因上天示警，风沙成灾，皇上降旨大赦，但他能管得了吗？其实哪里还有逃犯，只不过是番役兵丁借机勒索罢了。一旦被抓，不分青红皂白，必得投入大牢。等到审明，也已皮骨仅存，资产荡尽，能留条性命已是不幸中的大幸。因而无辜丧命的不可胜数，你到哪里去申冤？"

自珍和朋友们听罢，感叹不已。天色不早，这一老一少带上自珍送给他们的食品，千恩万谢，钻入芦苇丛中去了。自珍看着那密密麻麻的芦苇丛，随风起伏，仿佛隐藏着千军万马，又回头看那暮霭中的北京城，隐隐约约，楼阁参差，仿佛就在这无形的千军万马的包围之中。一种隐忧涌上心头，他拿出笔来，在亭壁上题诗一首：

> 楼阁参差未上灯，菰芦深处有人行。
>
> 凭君且莫登高望，忽忽中原暮霭生。

时值盛夏，丞相胡同的寓所里，暑热难耐，这一日，自珍独游北海。站在金鳌玉蝀桥上，临风而立，暑气全消。这桥是一色白石砌成，跨过三海，宛若一条玉龙。桥的西边是北海和中海，在浩瀚的水面上，一片绿荷亭亭玉立，湖光闪闪，如万片金色鱼鳞在不停跳动。自珍面对金碧辉映的湖光荷影，居高临下，心旷神怡，口占一绝："荷叶粘天玉蛛桥，万重金碧影如潮。功成倘赐移家住，何必湖山理故箫。"经过这一段时间的游冶，自珍的心情大有好转，胸中的刚心豪气又勃然萌发了。

"梁园虽好，不是久恋之家"，再加高堂在南，自珍决计南返，深秋季节回到上海。

五、十年我恨生差晚，不见风流种蕙人

冬天某日，自珍正在书房读书。突然有一位面如冠玉但衣履破旧的书生来到苏松太兵备道衙署，愿以晋代石砚一方以求典质。自珍见来人文质彬彬，谈吐儒雅，知非庸俗之辈，忙请入书房待茶。一经交谈，大吃一惊，原来这书生竟是苏州名士袁廷梼之子袁玉洁。

袁廷梼是乾嘉年间苏州极负盛名的大名士。他风流儒雅，豪爽好客，世代书香，而又家资巨富。袁筑园枫江，极富水石之胜，藏书万卷，百宋千元。当时著名学者钱大昕、王鸣盛、段玉裁、钮树玉都和他交往甚密，自珍的父亲龚丽正也曾经是他的座上客。自珍少年时经常听外祖父和父亲提起他的大名。后来钮树玉送了他一株红蕙花，据说这种花是顾亭林的外孙徐乾学，自山中移植。徐在康熙朝曾经做过刑部尚书，后来致仕回家，又亲手把此花栽在乾隆朝兵部尚书金士松的亭阁前。物以人贵，此花几经公卿显官栽种，随成洞庭名花。这种花也实稀奇，盛开时猩红，香艳无比，奇姿异态，清芬绝俗。袁廷梼极爱此花，亲手绘成一幅《红蕙图》，并将自己的诗集取名为《红蕙斋集》，还写了一部《红蕙乐府》供梨园子弟演唱，同时广泛征求天下名士作《赋红蕙花诗》。一时间文坛传为佳话。袁廷梼喜欢结交天下名士，轻财好义，往往为纾解别人之难，慷慨解囊。不久，他家资耗尽，流落江浙一带，又不幸得病身亡。

自珍一面款待客人，一面命人禀报父亲。龚丽正深为故人的不幸表示同情，他厚赠袁廷梼的儿子。此子非常感激龚家父子的情义，取出《赋红蕙花诗》让自珍观赏，并请自珍题诗其上。自珍推辞不过，

在诗册的后面题写了四首绝句：

香满吟笺酒满厄，枫桥宾客夜灯时。
故家池馆今何在？红蕙花开空染枝。

读罢一时才子句，《骚》香汉艳各精神。
十年我恨生差晚，不见风流种蕙人。

歌板无聊舞袖凉，江南词话断人肠。
人生合种闲花草，莫遣黄金怨国香。

眼前谁是此花身？寂寞猩红万古春。
花有家乡侬替管，五湖添个泛舟人。

自珍这四首诗，表现了一种强烈的今昔之感。他对袁氏一生的豪
爽风流而身世潦倒悲凉寄寓了深切同情。第一首想象当年袁廷梼与朋
友们赏花吟诗、秉烛夜饮的豪情盛况，与如今池馆冷落、身后凄凉形
成对比，深切表达对前辈的敬仰和同情。第二首从观赏《赋红蕙花诗》
入题，极赞当年人才之盛。第三首写往事如过眼云烟，昔年盛景一去
不返，徒令人肝肠欲断。"人生合种闲花草，莫遣黄金怨国香"，显然
是无限愤激的反语，意思是说人还是平庸为好，越是品节高尚，越多
不幸。这既是为袁廷梼也是为自己鸣不平。最后一首写物是人非，名
花虽在，斯人长逝；红蕙无主，无知音见赏，并表示身已情愿做护花
使者，穷一生心力来护持名花。自珍以花喻人，表明自己为护持名花，
保护美好事物，誓与邪恶势力斗争抗衡到底的决心。

一天，龚自珍在书房枯坐，甚是无聊。袁廷梼的儿子袁玉洁来看
他。袁玉洁对自珍说："吴中集秀班的名坤角双鸾已经来到沪上多日，
其唱腔、扮相、做工堪称三绝，我们何不听他清唱一曲？"

自珍道："家大人素不喜与优伶交往，恐怕有所不便。这集秀班来
到上海怎么没有听人说过？"

袁玉洁道："不是集秀班全班来到上海，只是双鸾自己来上海访友，故而少有人知道。当年双鸾的师父金德辉，是先父红蕙花斋的常客，所以双鸾和在下相熟。这两天听他唱了两场，唱的是字正腔圆，珠圆玉润。那扮相，真是天仙一般，脂粉队中罕有其匹。如果不卸妆，谁也想不到他竟是个须眉男儿。"

自珍被袁玉洁说得心动。他说："常听钮非石讲，集秀班曾经迎过圣驾，深得乾隆皇帝嘉许。予生也晚，未能躬逢其盛，常常感到遗憾。既然有集秀班的名角在上海，我们不妨去会会。"

于是二人一道去拜访双鸾。到了双鸾的下榻之处，玉洁轻轻叩动门环，双鸾便迎出门来。自珍一看，这双鸾确实长得俊俏：面白如玉，肌细如脂，身段苗条，一条又黑又亮的大辫子直垂过腰，一举一动都带着女性的特征。让至屋中，扑鼻一股闺阁中的脂粉气味。自珍再看那室内的摆设，也颇像大家闺秀的闺房：妆台上一面椭圆形的大妆镜，胭脂水粉齐全，还有描眉用的眉笔黛石一类。室中几案上放着一张装饰精美的石琴，墙上挂着玉箫一管。衣架上挂着钗、裙之类的演唱行头。

袁玉洁给二人引见之后，然后分宾主落座。双鸾道："久闻璱人公子大名，早想一睹风采。今日一见，三生有幸。不知公子移玉至此，有何见教？"

自珍道："敝友钮树玉非石，每每对我说，令师金前辈和他交情甚厚。金前辈生前是梨园泰斗，名满江南，乾隆皇帝巡幸江南时，曾经迎驾献艺，深蒙皇上嘉奖，令人临风想望。听说足下深得令师真传，演艺已经青出于蓝。今日特意和玉洁兄慕名相访，希望一聆清音。"

双鸾道："璱人公子既然和非石先生相善，那我们就不必见外了。先师生前一再讲，他的一身艺业，大半来自非石先生。二人虽无师生名义，实是半师半友。他们的交往，可以远溯到乾隆爷三下江南之前。"

原来苏杭一带，乾隆年间的戏曲分两大流派：一种叫清曲，只唱不表演；一种叫剧曲，重在表演，不重唱腔。清曲高雅，剧曲滑稽俚俗。钮树玉精于音律，对清曲、剧曲都深有研究。金德辉是剧曲弟子，不善歌唱。钮树玉发现他是个艺术天才，对他加以指导，把清曲和剧曲二者之长兼收并蓄，大大提高了他的演出水平。恰巧乾隆甲辰年巡幸江南，苏州的尚衣局、盐道衙门为了迎接圣驾，组织戏班子，金德辉被聘去唱正旦，一炮走红。乾隆皇帝龙颜大喜，赏给戏班很多皇宫中的绸缎和珍玩玉器。皇帝问起戏班的名字，盐政大人回奏道："江南本无此班，此乃集腋成裘也。"皇上于是亲自给戏班起了个名字"集成班"，后来又更名为"集秀班"。

袁玉洁道："听说令师金德辉一开始并不服气钮树玉的指导，可是这样？"

双鸾道："当时家师在梨园已颇有名气，非石先生又不是梨园中人，家师不知钮先生根底，当然不会服气。后经非石先生讲唱某句台词，应作什么姿势，手应当放在什么地方，脚步应当怎么走。讲得头头是道，家师一试，果然恰到好处，佩服得五体投地。"

袁玉洁又道："后来听说，钮树玉教令师一支曲子。令师学唱不得法，竟至岔了气，害了一场大病。可有这样的事？"

双鸾道："有的。家师接驾之后，名重江南梨园，难免心生骄矜。非石先生劝他说，你的名气是不小了，但艺业并未达到最高境界。明天你来，我再教你哀乐的技巧，教给你一支曲子。第二天家师如约去见非石先生。钮先生果然又教给家师一支曲谱。家师感到字字神奇。后来一家大商人宴会，邀请集秀班演唱。家师演唱了这支曲子。他唱得如醉、如梦、如倦、如倚、如眩瞥，声音细而奇谲，如天空飘过的一丝青烟，缠绵悱恻，一字作数十折，越来越不能自已，后来竟像高空中的鹣鹤鸣叫。回去后家师就累得生了病。非石先生去看望家师，他深自后悔。非石先生对家师说，上乘的技艺不能强自练习，幸亏你只练习到半道，如果练到顶点，后果就不堪设想了。家师也很后悔，于是就毁了那支曲谱。所以这支曲谱也就失传了。"

袁玉洁道："令师也算功成名就了。梨园中能成巨富的不多，何况他享年八十多岁，令誉不衰，也不虚此生了。"

双鸾让二人稍坐品茶，自己到梳妆台前很快化了妆。说也奇怪，也不过吃两盏茶的工夫，一个俊俏男儿却变成了一个妙龄女郎。只见他花枝乱颤地走到自珍和袁玉洁面前柔声说道："袁兄替我抚琴，我为瑸人公子唱一段《长生殿》吧。"

说罢，随着琴声叮叮，双鸾珠走玉盘一般唱了起来："携手向花间，暂把幽怀同散。凉生亭下，风荷映水翩翩。爱桐阴静悄，碧沉沉并绕回廊看。恋香巢秋燕依人，睡银塘鸳鸯蘸眼。"

袁玉洁一边抚琴，一边学着唐明皇帮口道："高力士，将酒过来。朕与娘娘小饮数杯。"

又听双鸾唱道："花繁，浓艳想容颜，云想衣裳光灿；新妆谁似，可怜飞燕娇懒，名花国色，笑微微常得君王看。向春风解释春愁，沉香亭同倚阑干。"

自珍接口道："妙哉！李白锦心，妃子绣口，真双绝矣！"

直到"惊变"一场唱完，双鸾方才停止。他裙钗未卸，过来给自珍和袁玉洁斟上香茶，笑吟吟地说道："献丑了！龚公子千万别见笑！"说着卸妆去了。自珍看看妆台前的双鸾不禁怔怔出神：这样的人为什么会是个男子呢？莫非他就是个女人？

自此，龚自珍不断来听双鸾唱戏，甚至晚上留宿在双鸾的寓所。一天晚上，自珍和双鸾讲起毕沅和李桂官的事来，双鸾对自珍说，历来士大夫看不起戏子，甚至玩弄戏子。但他们哪里知道戏子也是人，也是有血有肉、有情有义的人呢？毕沅和李桂官是共过患难的真朋友，可惜很多人都误解了他们。说到这里双鸾还对自珍说："官场中的交情有几个是真的？那些道貌岸然的老爷有几个胜于李桂官？苏州的两个同时在京做官的金兰弟兄，一个叫曹锡宝，是陕西道御史；一个叫吴省兰，是工部侍郎。二人同乡同年，义结金兰，并常酒食游戏，极其密切。一次曹御史发现了和珅的私弊，准备参奏和珅。他和吴侍郎商量。谁想吴某正要巴结和珅，就骗曹御史说，你先不要匆忙，待我打听好皇帝的态度后你再上本不迟。谁想他却把消息透漏给了和珅。和珅连忙把罪证销毁了。等和珅销毁了罪证，他又怂恿曹某上本，结果曹某被和珅反咬一口丢了官。后来和珅倒了台，曹御史东山再起，第一本就先参奏拜兄吴侍郎，结果吴某被罢官抄家。你说，这官场中有什么真交情？那些官老爷比我们这些唱戏的能好到哪里去了？"

自珍听得连连点头。但他终于害怕别人说闲话，更怕父亲知道他和戏子来往，也就不敢再来看望双鸾。不久双鸾也回苏州去了。

六、今年烧梦先烧笔，检点青天白昼诗

嘉庆十五年庚辰（1820），龚自珍由上海进京，第二次参加会试，途中再次游赏太湖。这次游玩，时间短促，主要是游历上次未曾游历的地方。西洞庭满山梅花盛开，湖山清香四溢。细雨蒙蒙，落英缤纷。自珍游兴甚浓，他和朋友们游了石公寺、小龙渚等地，当时赠给朋友们的诗句，生动记述了这次游历的大致情况：

西山春昼别，两袖落梅风。不见小龙渚，尚闻隔诸钟，樽前荇叶白，舵尾茶花红。仙境杳然杳，醉吟雨一篷。舟到西山岸，寻幽逶迤斜。居然六七里，无境不烟霞。遂发石公寺，还过神女家。云和风静里，已度万梅花。

元宵节前后，龚自珍抵达扬州，有诗记游说："春灯如雪浸兰舟，不载江南半点愁。谁信寻春此狂客，一茶一偈到扬州。"在扬州，自珍恰巧和宋翔凤重逢，宋也是要进京应试的。二人在扬州，稍作逗留，便结伴进京。来到京师，自珍仍寓居丞相胡同，宋翔凤则住在表兄刘逢禄家里。

在寓所稍作休息，第二天自珍便去拜会刘逢禄，顺便就公羊经学里边的一些问题向他求教。刘逢禄解答了他提出的一些问题之后，含笑问自珍道："去岁离京之后，你的诗名已经传遍京师。近来又写了些什么好诗？"

自珍道："晚生无意作诗，也无意成为诗人。所作多是触景生情，率性而为，说不上好。今后吟出比较好的篇什，一定让大人指教。"

刘逢禄道："诗发于情，这触景生情正是写诗的根本。你是性情中人，哀乐过人，正是诗人的气质。无意作诗多诗好。那些一心想作诗人的人，无病呻吟偏偏写不出好诗来。"

自珍道："大人谬奖了。"

刘逢禄仍是一脸笑容地说："你虽然具有诗人的良质美才，但我今天要劝你不作诗或少作诗。"

"这是为什么？"自珍不解地问道。

刘逢禄道："只是随便谈谈，你不必太多虑。我劝你戒诗，原因有三。一是作诗太费心神。唐代李长吉，生而好诗，每天骑孱马，背锦囊，出入于古寺荒坟，苦吟不止。他的母亲说：'是儿非呕出心血不可'，后来果然早亡。古人常说，'吟安一个字，拈断数茎须'。又道：'吟成五个字，用破一生心。'可见吟诗费心。二是一个人精力有限，不可一手画方一手画圆。方望溪，早年也十分好诗。后来，查慎行劝他'君诗不能佳，徒夺为文力，不如专为文'。于是方望溪终身戒诗，专力为文，终成桐城派鼻祖。你功名未就，应全力作好功令文，不可因诗废文。三是你性情直率，胸襟如光风霁月，每有感触，如骨鲠在喉，不吐不快。发而为诗，锋芒无隐。这样难免招人疑忌。因此我劝你少写诗，或不写诗。"

自珍听了刘逢禄的话，沉默不语，好大一阵，才问道："晚生的诗，惹出什么麻烦了吗？"

刘逢禄笑道："还不至于有什么麻烦。但京师士林是是非非的渊薮，一犬吠影，群犬吠声，极易毁人名节，不能不慎。去年你在京中写的诗，广为流传，官场中见仁见智，难免不同，很有可能影响到你的科名和仕途。"

自珍不便再问，点头说道："金玉良言，晚生记下了。"

从刘府回返丞相胡同途中，自珍一路沉思。尽管刘逢禄没有把事情挑明，但他已经知道自己的诗可能惹了麻烦。但究竟惹了什么麻烦，又无以得知。回到寓所，他心绪烦乱，晚上独自对灯枯坐，思绪如潮。这社会明明早已百孔千疮，危机四伏，但朝廷上下却仍然醉生梦死，浑浑噩噩。"国家兴亡，匹夫有责"，自己对国事不能不关心；但尚未有改革之举，仅仅发几句书生议论，却已动辄得咎。他越想越烦，越想越感到京师空气沉闷，简直令人窒息。自珍想用佛教天台宗修炼的"观心"之法来摒除烦乱，使心绪平静下来，于是，在书案上点燃起一炷香来。他盘膝而坐，目观鼻，鼻观心，极力强制自己入静，但谁知事与愿违，越坐越烦，索性一跃而起，援笔在手，又写起诗来，题曰《观心》：

结习真难尽，观心屏见闻。

烧香僧出定，哗梦鬼论文。

幽绪不可食，新诗如乱云。

鲁阳戈纵挽，万虑亦纷纷。

说来也怪，一诗吟罢，自珍心绪反而平静下来。他和衣倒在床上，一觉睡到天亮。次日，他把刘逢禄的劝告反复咀嚼，想到自己功名事小，如果累及家门就太不合适了，不如把以往的诗文检点一番，把那些有可能贻人以柄的篇什，挑选出来，趁早毁去，防患未然。主意一定，又提起笔来写了一首《又忏心一首》的七律：

佛言劫火遇皆销，何物千年怒若潮？

经济文章磨白昼，幽光狂慧复中宵。

来何汹涌须挥剑，去尚缠绵可付箫。

心药心灵总心病，寓言决欲就灯烧。

佛教认为，自然界的生灭，经历四劫：成、住、坏、空。"成劫"是由初禅到地狱界逐步形成的时期。"住劫"是世界安稳成住时期。"坏劫"是世界发生大火、大水、大风的大灾害，破坏一切的时期。"空劫"便是"坏劫"中的大火灾。世上一切都能被劫火烧毁，但自珍胸中的激情却难以烧毁，这种激情化为经邦济世的文章，和种种改造社会的构想，消磨尽了多少白天。这种思绪来时如江河汹涌，用利剑也难以斩断；消退后缠绵的余情，只有通过诗歌宣泄、排遣。无论是医国良方，还是济世的思想，都是心头的疾病，恐怕要残害自己一生，寄寓这种思想的诗文，还是一把火烧掉算了。自珍此时的满腔悲愤充分流露出来了。

说干就干，说烧便烧。自珍首先把去年春天在京中写的一些诗找出来，一火焚烧。真是积习难改，边烧边吟，不觉又成一首：

春梦撩天笔一枝，梦中伤骨醒难支。

今年烧梦先烧笔，检点青天白昼诗。

我们不妨按照惯常的理解，这"梦"正是诗人的理想，是诗人对理想社会的憧憬，是诗人改革现实的愿望。而"笔"则是反映这种理想和愿望的诗篇。毁掉了理想，焚烧了多年的心血，当然令诗人感到痛彻骨髓了。

经过一番思想上的痛苦折磨，自珍的心情又渐趋平静。什么功名富贵，看得也比较淡薄了。

七、毗陵十客送清文，五百狻猊屡送君

三月底，礼闱放榜，龚自珍果然榜上无名。这次落第，思想上有所准备，自珍心情平静得多了。按照当时规定，举人三次会试落榜，可以到吏部注册，如有机会，可得七品以下小官，也可报考中书。自珍遵照父亲的安排，参加吏部考试，被选为内阁中书。但是，他当年并未就职，不久就离京南返。自珍在途中与周仪伟同行。周仪伟，字伯恬，江苏阳湖人，嘉庆九年举人，与宋翔凤友善，经宋翔凤介绍和自珍订交。这年周仪伟已经四十三岁，诗词在江南早负盛名，曾经作过宣城训导等小官。这次会试本是破釜沉舟，不想又铩羽而归，心情格外沉重。二人同是名场失意之人，心境相同，言谈投机，一路上谈诗论政，颇不寂寥。路过卢沟桥，龚自珍在马上口占一绝《赠伯恬》：

毗陵十客送清文，五百狻猊屡送君。
从此周郎闭门卧，落花三月断知闻。

周仪伟听自珍吟罢，不禁破颜一笑，接口问自珍道："卢沟桥哪里有五百狻猊？"

自珍笑道："京中各部院衙门的把门狮子，资历那么深，难道没有子孙？京中无处安插，都安排到卢沟桥去了，一夜之间增加了三百。"闻听自珍如此解释，周仪伟出京后第一次大笑起来。

端午节前一天，二人抵达直隶交河县富庄驿。鞍马劳顿，解鞍少歇，牛肉一盘，老酒一壶，二人边饮边谈。几杯清酒下肚，满腹牢骚顿生。周仪伟说："自嘉庆九年中举，迄今十六年，每科必考，已经六上春宫，每战必败，但输得并不服气。某某一篇'破题茬'还作不好，偏偏中了进士；某某《尚书》某篇还读不断，却点了翰林。"他越说越气，不禁大骂起考官瞎眼、天道不公来。

自珍劝他道："名场俗谚'五十新进士'，兄长不可丧气，三年之后，卷土重来，说不准魁名高中，还会成为儒林美谈哩。"

周仪伟喟然长叹道："璱人贤弟，我哪像你，正当盛年，本科不中还有下科，不愁功名不遂。愚兄已经年逾不惑，哪能再受场屋折辱？这科场功名今生再也无缘了。"

自珍也不禁愤然道："这科场误了多少英杰！似兄长这样高才屡试不第，多少无能之辈偏偏高占巍科，谁知道这里面都捣些什么鬼名堂！"

周仪伟道："其中黑幕外人焉能知情？但科场舞弊之事，历朝皆有，本朝哪能这样干净？只不过上下其手，做事机密，没有大白于天下罢了！康熙朝江南士子抬财神入贡院；雍正朝河南士子罢考，张廷璐卖放考题被腰斩东市，还不都是明证？暗中情弊，我们不敢妄加猜测，但这公开的干谒拜师，用意不是明摆着的？哪位考官夹袋中没有几个弟子门生？似愚兄这把年纪，且不说薄有微名，即使是籍籍无名之辈，为一身傲骨清白，也不能轻弯这七尺之躯呀！"周仪伟越说越激动，不禁潸然泪下。

自珍听得心潮难平，但想起刘逢禄的劝告，还是勉强按下胸中不平之气，劝周仪伟道："板桥先生说'难得糊涂'，我们还是装装糊涂吧。这'功名'，你重视它，它就成为绳索，捆住你的手脚，牵着你的鼻子走；你把它看淡，它便成为过眼云烟，一钱不值，你便自由自在，无拘无束了。我们哪一天能像那天上飞鸿，离开这名利之场，只和美人经卷做伴，该多好啊！"自珍说着说着也激动起来，拿出笔在驿壁上题诗一首：

名场阅历莽无涯，心史纵横自一家。

秋气不惊堂内燕，夕阳还恋路旁鸦。

东邻嫠老难为妾，古木根深不似花。

何日冥鸿踪迹遂，美人经卷葬年华。

待自珍题写完毕，周仪伟接过笔来，依照自珍的诗韵，也题写和诗一首：

何曾神女有生涯，渐觉来年事事赊。

梦雨一山成覆鹿，颓云三角未盘鸦。

春心已属将离草，归计宜栽巨胜花。

扇底本无尘可障，一鞭清露别东华。

二人题诗已毕，扳鞍上马，又匆匆向南，晓行夜宿，饥餐渴饮。到扬州后，下马登舟，改行水路。周仪伟在扬州买绢扇一把，舟中请自珍在扇上题诗，自珍允诺，立即题写道："红豆生春绿水波，齐梁人老奈愁何！逢君只合千场醉，莫恨今生去日多。"

两天后到了周仪伟家，下榻在周仪伟的书房盟鸥馆。应周仪伟所请，自珍为盟鸥馆撰写了一副楹联："别馆署盟鸥，列两行玉佩珠帘，幻出空中楼阁；新巢容社燕，约几个星辰旧雨，来寻梦里家山。"周仪伟非常喜爱，特意请了一位有名的刻字匠人，镌刻于楹柱之上。

秋天，自珍应朋友之请前往苏州，和赵魏、顾广圻、钮树玉、吴文征、江沅同宴于虎丘。席间听说好友庄绥甲、沈锡东已经亡故，自珍不胜感伤，写诗怀念他们：

白日西倾共九州，东南词客悴然愁。

沈生飘荡庄生废，笑比陈王丧应刘。

同时赋诗一首赠给在座的朋友们：

尽道相逢日苦短，山南山北秋方腴。

儿童敢笑诗名贱，元气终须老辈扶。

四海典彝既旁达，两山金石谁先储？

影形个个照秋水，渣滓全空一世无。

此诗吟罢，自珍平静地对朋友说："这首诗是我最后的一首诗了，各位前辈作个心念吧，从此我要戒诗了。"

朋友们不知就理，相顾愕然。问他原因时，他指着江沅道："铁君先生知道。"大家又问江沅时，江沅但笑不语。

自珍苏州之游以后回到上海，写成了《戒诗五章》，其中一首颇能看出他戒诗的原因：

百脏发酸泪，夜涌如原泉。

此泪何所从？万一诗祟焉！

今誓空尔心，心灭泪亦灭。

有未灭者存，何用更留迹？

他明白地告诉人们，戒诗是为了泯灭胸中激情，求得心理平衡。因为诗情在夜深人静之时常常突然涌上心头，如源泉喷射，使自己肝肠欲裂，流泪不止。只有不写诗了，内心的冲动没有了，也就不再痛心流泪了。说穿了，他是想通过戒诗逃避现实。可是，他能逃避得了吗？诗，他能戒得了吗？

第四章　仕途蹭蹬

一、牍尾但书臣向校，头衔不称絅其词

这一年嘉庆帝驾崩，次子旻宁继位，改元道光。

道光元年辛巳（1821）正月，自珍进京就任内阁中书。这是一个从七品小官，地位略高于笔帖式。到任后，他被分配到汉票签处。汉票签处有侍读二人，中书二十七人，笔帖式若干。主要职掌有三项：一是拟缮汉文票签，把接收的满本房来的"通本"和"部本"，校阅汉文本，检查票签式样，拟写汉文草签。有应两拟者，则拟双签，有时还要附"说帖"，大学士阅定以后，再缮正签。二是记载汉文档案。除与满票签处合记丝纶簿以外，将内外官奏准施行及交部议复的章奏，别录一册，叫"外记簿"或"别样档"。三是撰拟"御制"文字。凡制诏、诰、敕及祭告祝文与谥号、封号等御制文字，均由汉票签处撰拟，大学士圈定后再进呈。

恰巧国史馆要修《清一统志》，又调自珍任校对官，这是自珍到任

后的第一份具体工作，他做得十分认真。在此之前，程同文修撰《会典》，其中理藩院部分及青海、西藏各图曾请自珍校理。这是龚自珍研究“东南西北之学”的开端。当时，边境多事，研究西北边疆地理是一门新学问，程、龚于此并负盛名。让自珍担任修《清一统志》校对官，正是出于这种原因。自珍发现旧典中错误、缺漏之处很多，于是不顾职微位卑，上书国史馆总裁，论述西北部落源流，世系风俗，山川形势，订正《清一统志》十八处错误。这封书信引经据典，足足写了五千多字。

当时任国史馆总裁的是体仁阁大学士卢荫溥，他多次听蒋攸铦、穆彰阿等人讲龚自珍如何恃才傲物，目中无人，狂妄自大。去年曾经有人把龚自珍的两首诗抄给他看，一首是《读〈公孙弘传〉》，一首是《咏马》，诗中这样写道：

三策无人礼数殊，公孙相业果何如？
可怜秋雨文园客，身是赀郎有谏书。

八极曾陪穆满游，白云往事使人愁。
早怜汗血成名后，老踞残刍立仗头。

显然这两首诗都是借古讽今，讥讽身居高位者尸位素餐，无所作为，反而是下层小官多有建树。尤其是《咏马》一首，借马骂人，更是尖刻，说名马立下大功之后，年纪大了，还站在皇帝仪仗队的前面，贪吃着残余的草料。卢荫溥看后十分恼火。他对龚自珍自然是心存厌恶、早有成见，当自珍把信双手递交他时，他一目十行地粗略一看，淡淡说道：“知道了。”就随手扔在了一边。

自珍心中很不是滋味，他想不到自己焚膏继晷、费尽心血写成的文章，竟然被人不屑一顾地置诸一旁，不由怒火中烧。但碍于尊卑上下的礼仪，他还是强抑怒火，十分诚恳地说道：“书中的谬误如果循袭不改，缺略而不补，颠舛而不问，苟简而不具，弃置而不道，回护而不变，有重修之费，有重修之名而无重修之实，后世失去借鉴，还会贻笑老中堂。恳请中堂三思。"卢荫溥越听越不耐烦，就以斥责的语气问道："不在其位，不谋其政。你知道校对官的职责吗？"龚自珍亢声答道："职校对耳。"卢荫溥冷冷地说道："知道就好，不必另外费心了。"

谁知自珍不卑不亢地说道："中堂言下之意是说自珍职校对而陈续修事宜，言之为僭。但自珍听说，自古就有士言于大夫，后进言于先进的礼仪。晚生说得不对，老中堂可以教诲，但不能禁'后进之言'。自珍于西北塞外部落世系、风俗形势、源流合分，曾少役心力，不敢自秘。还请中堂不弃刍荛之微。"

自珍侃侃而言，义正词严，说得卢荫溥一时语塞。他不愿自失身份，和职微位卑的属下多费口舌，只好冷冷地说道："五千字太多了，头衔不称。你删至两千字以内，再呈送吧。"

自珍无奈，只好应命而退。这是他初入仕途就遇到的当头一棒，满腔热情立刻降至冰点。自珍更进一步看清了这些当朝大老的嘴脸，深深感到这种腐朽的等级制度非改革不可。直到二十年后，他在《己亥杂诗》中，回忆起这件事还愤慨无比地写道：

> 东华飞辩少年时，伐鼓撞钟海内知。
>
> 牍尾但书臣向校，头衔不称絣其词。

事情已经过去十几天了，自珍心头的阴云还没有散去，这天他和另一位内阁中书冯启散值回来，一路同行，路过城北一处废园，但见满院花木，丛杂繁茂。主人正准备盖新房，需要清理地基，这些花木将被砍伐。自珍触景生情，忽然联想到自己的命运和这些花木差不多。他怜悯之心顿生，请求主人刀下留情，把这些花木送给自己。主人允诺。冯启选了一棵桃树，自珍选了一棵海棠。自珍为此作救花偈子一首：

> 门外闲亭油壁车，门中双玉降臣家。
>
> 因缘指点当如是，救得人间薄命花！

这表面看来是为花木的不幸哀伤，实际正是自珍为自己的不幸而哀伤啊！

二、五十年后言定验，苍茫六合此微官

趁嘉庆驾崩、道光登极不久的新旧交替之机，新疆维吾尔族（当时称回部）上层分裂主义分子张格尔，在外国敌对势力的支持下，在喀什噶尔（今新疆疏勒县）地区发动叛乱。原来，回疆自大小和卓木叛乱被平息之后，各地区都设有办事领队大臣，只有喀什噶尔设参赞大臣，统辖各地官吏。参赞大臣的上司就是伊犁将军。乾隆朝，回疆初定，慎选能吏，和当地回民关系和睦，相安无事。嘉庆末，吏治腐败，所选官吏多出自内廷，到了回疆只知道和当地的维吾尔族头领"伯克"相互勾结，搜刮金银珠宝，鱼肉百姓，弄得民怨沸腾。当时的伊犁将军名叫庆祥，昏庸无能，参赞大臣名叫斌静，贪婪好色，勒索奸淫，肆行无忌，尤为回部百姓所痛恨。大和卓木的孙子张格尔，流亡在浩罕国边境，日思复仇，借着人民的不满情绪，煽风点火，发动叛乱。

龚自珍时常留心国事，任内阁中书以后，虽然官职卑微，但了解国事的机会越来越多。张格尔叛乱的事情发生后，他针对当时中国生齿日繁、经济衰退、游民增多，以及边疆动乱、沙俄虎视西北边疆、外患日深的严峻现实，阅读查考了大量的资料，加上自己"东西南北之学"的深厚知识，写成了一篇《西域置行省议》的重要论著。文章提出了移民实边、足食足兵和以边安边的政策。自珍建议将新疆回部划为十四府州，并对每府每州的名称治所管辖范围都作了详细说明，其研究学问的经世致用令人叹为观止。这些建议不仅在当时具有重大的现实意义，对以后开发建设边疆、巩固西北边防、稳定西北局势也有不容忽视的战略意义。文章写成之后，自珍又发起愁来：自己官小职微，朝廷机构重叠，人浮于事，自己的意见如何能上达天听？

正当他发愁的时候，忽然听说道光皇帝已下圣旨，将斌静撤职查办，又任命永芹为喀什噶尔参赞大臣，同时任命角罗宝兴为吐鲁番领队大臣，不日即往回部平叛。自珍想起，自己十九岁时，第一次参加

顺天府乡试，中副贡时座师正是角罗宝兴。虽然时隔八年，但科举时代极重师生之谊，他也可能还记得自己，何不上书角罗宝兴，请他帮忙，把自己的文章转奏朝廷？即使不能上达天听，让这位吐鲁番领队大臣读读，也对治理回疆大有好处，若能如此，也不枉自己殚精竭虑的一番心血了。想到这里，他又立即动手给角罗宝兴写了封书信，题为《上镇守吐鲁番领队大臣宝公书》。在信中，他针对斌静等人贪婪暴虐、激成边乱、误国误民的现实，又联系乾隆时领队大臣素诚在乌什"占回之妇女无算"，笞杀其男亦无算，夺男女金银服饰无算，激起乌什回民起义的历史，希望宝兴尊重回部的风俗习惯，"不以驼羊视回男，不以禽雀待回女"，这无疑是十分正确和具有远见卓识的切实之言。只可惜自珍又看错了对象，白费了一番好心孤意。

这角罗宝兴本来就是个十分平庸之人，加上这十几年官场风气的熏染，关心的是自己的前程，哪会把国家命运放在心上？他原是满洲镶黄旗人，嘉庆十五年中进士，由翰林编修迁少詹事。这次又被任命为吐鲁番领队大臣，虽说升了官，但他心里并不乐意，满洲子弟早已养成安享尊荣的习惯，谁愿到西北苦寒之地受罪？何况宝兴自幼读书，出身翰苑清要之地，已经做了少詹事。照这样发展下去，顺顺当当，不难升为部院大臣，何必要从军异域，涉险冒死？

这天自珍带着书信和文章到角罗宝兴府邸具名求见。角罗宝兴看了名刺，倒是想起了那个广额修眉、二目炯炯、风流倜傥、才华横溢的江南少年。但八年不见如今成了什么样子？在翰苑曾见过他的诗词，尤其对那"怨去吹箫，狂来说剑"的《湘月》，他也十分赞赏，但也不断听人说他如何眼高于顶，目无余子，因此科场失意，沉浮下僚。莫非他是来投幕从军的？

既然是弟子拜师，还是在书房接见为宜。宝兴在书房等自珍以师礼参拜之后，命人看座，自珍把几样礼品和两个大信封放在桌案上。宝兴含笑问道："你这个宦门公子，自幼生在风暖水软的江南，也想去冰天雪地、风沙弥漫的回疆受罪？莫非想学张骞、班超不成？"

自珍知他误会了自己的来意，连忙起身说道："弟子虽有投笔从戎之志，但实无张、班之才，想执鞭坠镫随恩师西出国门，又怕一介书生，误了师座军机。只能恭祝恩师立功异域，早定回疆，勋名超过古人。今日拜见恩师，不为投幕从军，是有一篇文章请恩师指教，还有专为恩师赴任写的一封信，也请恩师过目。"

"啊！原来如此。"宝兴说着，拆开《上镇守吐鲁番领队大臣宝公书》。他大致看了一遍，随口敷衍道："足下所教甚是，下官此去西域，一定时时参酌信上的意见。只是这军机大事，权柄操诸庙堂，也不是区区一个领队大臣能够做主的。"

说着，他又拆开第二个信封，取出《西域置行省议》来，边看边说："足下真是有心人，对西北地理研究之精深，实不多见。但西域设立郡县，朝廷一时恐难办到。"

自珍大惑不解，问道："这难在何处？还望恩师指教。"

宝兴笑道："当今御极以来，求治心切，又深感府库拮据，力自撙节，乃至省衣减膳。今年各省钱粮，全纳者只有五省，滞纳一百万两至四五百万两者有十三省。军饷筹措尚十分困难，西域增设十四州郡，要增多少官吏？这养廉薪俸又要增加多少？这笔钱往哪里来筹措？"

自珍道："这只是一时之困。学生移民实边、足食足兵、以边安边的建议正是为解决府库不足提出的。此事开始可能会加重朝廷财政负担，但三年之后，获利就大了。"

宝兴原以为自珍是来投幕的，信封里一定装有银票礼单，谁知是这样一篇和自己毫不相干的不急之务的空头文章，哪里有心思再敷衍下去？于是不待自珍说完，就端起茶杯。自珍知道这是逐客之令，不便多坐，就起身告辞，临起身又躬身对宝兴说道："恩师得便，望把学生这篇文章转奏圣上，学生将不胜感激。"宝兴淡淡说道："好吧！"说罢，起身将自珍送至书房外。自珍怏怏去了。

自珍苦心孤诣、呕心沥血写成的《西域置行省议》交给角罗宝兴之后，却如泥牛入海，毫无消息。他知道是明珠暗投了，从此再不和宝兴来往。

永芹和宝兴虽不像斌静那样暴虐淫恶，但与斌静一样庸碌无能。张格尔时降时叛，狡计百出。败即远遁，旋又寇边，弄得他们一筹莫展。另一领队大臣巴彦图，妄逞匹夫之勇，追了四五百里，不见敌踪，不禁勃然大怒。回师行至布鲁特，见到几百牧民正在放牧，就迁怒回众，纵兵杀戮，此举激怒了当地酋长太列克。太列克亲率族中老幼两千多人，把清兵围住，杀个精光，巴彦图也因此而丢了性命。宝兴此时才想起自珍信中的话，可是后悔已晚。不久他和永芹便被撤职查办，召回京师。但宝兴和穆彰阿友善，得其奥援，不久便又复出。很可能是接受此次失败的教训，宝兴后来比较重视边防建设，曾于道光十九年上疏陈御边之策，提出剿、抚、防三条建议，并有垦边荒养兵的意见，这显然是受了自珍的影响。宝兴后来竟至做到四川总督。

自珍为此十分愤慨，后来在《己亥杂诗》中忆及此事还气愤地说道："文章合有老波澜，莫作鄱阳夹漈看。五十年中言定验，苍茫六合此微官。"

果然不出自珍所料，恰在五十年后，即同治十年（1871）沙俄趁英国走狗浩罕头目阿古柏侵入新疆之机，出兵侵占了伊犁地区。十年后，即光绪十年（1881）沙皇又强迫清政府签订了不平等的《中俄伊犁条约》。根据这一条约，沙俄从我国霸占了七万多平方公里的土地。《西域置行省议》当时虽未能付诸实现，但为后来新疆正式建省奠定了基础。自珍书中建议将新疆划为十四府州（十一府，三直隶州），这对光绪初年建省乃至民国以来的行政区划均有一定参考价值。连后来鼎鼎大名的李鸿章也极口称赞说："古今雄伟常非之端，往往创于书生忧患之所得，龚氏自珍议西域置行省于道光朝，而卒大设施于今日。盖先生经世之学，此尤其荦荦大者。"

三、吐火吞刀诀果真，云中不见幻师身

夏天到了。京师官场，明清相沿，有门生给老师、晚辈给前辈、属下给上司送"冰敬"的风俗礼节，自珍也备了一份礼单去看望刘逢禄。交谈之中，自珍把上书卢荫溥和上书角罗宝兴两次遭受冷遇的情况，告诉了刘逢禄。刘逢禄也深为自珍的怀才不遇感到愤慨。他忽然想起，军机处正有两名军机章京出缺，已有朝旨，不日就要考试选拔。他劝自珍不妨试一试。

原来这清朝的军机处，始设于雍正七年。当时连年用兵西北，往返军报频繁。因为内阁距内廷太远，雍正不便亲授机宜，又担心泄露军事机密，这年六月在内廷设了军机处，一切军机大事交他的爱弟怡亲王允祥和大学士张廷玉、蒋廷锡密为办理。乾隆皇帝登极，曾一度更名为"总理事务处"，但时间不长就又恢复了军机处的称号，命大学士鄂尔泰主持办理军机事务，后一直沿用下来。它原本是内阁的一个分支机构，因其权力愈来愈重，渐渐独立于内阁之外，和内阁并列起来。到了嘉庆年间，其实权远远超过了内阁。

军机大臣往往由大学士和部院大臣兼任，其下属办事人员叫军机章京，原由军机大臣从内阁中书中选拔。嘉庆四年改由内阁中书和各部曹司员中考试选取。由于军机处的特殊地位，章京们接近军机大臣，极易受到皇帝的赏识，擢升的机会比较多。乾嘉以来，由军机章京跻身权要的人举不胜举。可以说这是中进士、点翰林之外，取得较高官职的又一条终南门径。自珍的祖父、父亲都曾担任过军机章京，一出京外放就是府道大员，对此自珍是清楚的。同时，根据朝廷规定的报考资格，凡甲乙两榜出身的内阁中书和各部司员，都可报考，自珍正符合条件。加上两次会试失败，在内阁中又备受压制，促使他想另寻门径。所以他听取了刘逢禄的劝告，回去后就到吏部报了名。

军机章京的考试，并不像乡试、会试那样考八股文和五言八韵的试帖诗，主要考文牍、章奏和与时事有关的策论。这些内容正是自珍所长，他满以为可以顺利考取。想不到考试揭晓后，仍然名落孙山。事后听了别人透露出来的内情，使他更加气愤起来。

原来这种考试，并不像科举考试那样，试卷密封"糊名"，而是由军机大臣和某些部院大臣合议评选。军机大臣又多兼各部尚书，这样无疑对那些部曹司员出身的报考者大大有利。嘉庆年间所补章京如茅豫、任恒、何之粮等几十个人都是部曹出身，中书出身的只盛允大一人，就是这个原因。大臣们又各有所私，倾向性十分明显，都想让自己的部属亲信入选。在评阅自珍的试卷时，难免鸡蛋里挑骨头，百般挑剔。虽然他们不能不承认自珍的识见才学，但却撇开试卷内容极力贬低自珍。有的人捕风捉影，有的人抱有成见。内务大臣穆彰阿说：

"军机处机枢重地，无事不涉机密。圣上早有明训，注重选拔'庶官之敏慎者'，这'慎'字是第一条。听说龚自珍嗜酒轻狂，素喜放言高论，这种人哪能俾入机垣？"

蒋攸铦煞有介事、故作慎重地看了看自珍的试卷，皮里阳秋地说道："军机章京要求'字画端楷'，他这书法，既非欧柳，也非钟王，极不中程。怎好誊写圣谕，恭呈圣览？"

经他们两个如此一说，另有几个也随声附和，有个别持不同意见的，事不关己，也就缄口不言。就这样一番评议，自珍的试卷便被投诸纸篓中了。这对自珍又是一次沉重的打击。听到消息的这天晚上，他独坐寓中，自酌自饮，借酒浇愁。酒入愁肠，诗思又像涌泉般喷发出来，他终于又开了诗戒，援笔在手，一口气写了十五首游仙词。其中五首这样写道：

> 历劫丹砂道未成，天风鸾鹤怨三生。
> 是谁指与游仙路，抄过蓬莱隔岸行。
>
> 丹房不是漫相容，百劫修成忍辱功。
> 几辈凡胎无觅处，仙姨初摹可怜虫。
>
> 仙家鸡犬近来肥，不向淮王旧宅飞。
> 却踞金床作人语，背人高坐着天衣。
>
> 寒暄上界本来希，不怨仙官识面迟。
> 侥幸梁清一私语，回头还恐岁星疑。
>
> 众女蛾眉自尹邢，风鬟露鬓觉伶俜。
> 扪心半夜清无寐，愧负银河织女星。

第一首说自己修炼丹砂时间很久，还没有得道成仙。显然指自己久历科场，两次会试都告失败；内阁中书，官小职微，就像天风中飞翔的鸾鹤无依无靠，这只怨自己前世造化不好，命运不济；有人指点自己避开进士考试这可望不可即的海上仙山，另寻出路，去投考军机章京。全诗既写了参加这次考试的缘由，也抒发了自己心中的悲愤。

第二首是说，谁知道仙家的丹房，不是随便容许外人进入的。它需要历尽百劫，长期修炼养成忍辱受屈的功夫。这里的"丹房"显然是比喻"军机处"，"仙姨"则是暗指那些把持军机处，操纵这次考试的军机大臣。他们借考试之名培植私人势力，只选拔那些唯唯诺诺、俯首听命的奴才。像自己这样的"凡夫俗子"，是一万辈子也不会被选中的。

第三首以极形象、简洁的笔墨，讽刺新入选的军机章京那种小人得志的丑态。第一句说，这些人不过是仙家的鸡犬。第二句说，他们一旦进了军机处，就瞧不起原来衙门的同人了。第三句说，他们说的还是人话，不过高踞金床，身份不同寻常罢了。第四句则说他们的衣服穿戴也有了变化。因为军机章京可以挂朝珠，还可以戴全红的帽罩。

第四首写军机处内部防范严密，各自为政，互相监视，相互猜疑。官员们不与外间人员随便交往，以防泄露机密；内部同事中间也不交一言，整日处在紧张的气氛之中，偶一私语便遭猜忌。事实正是这样，据《会典》记载，嘉庆五年规定：军机大臣只准在军机处承写当日所奉上谕，部院公文不准在军机处办理。军机章京办事之处，不准闲人窥视。自王以下文武满汉大臣都不准到军机处找军机大臣谈话，"违者重处不赦"。为了严格执行这些规定，还每天派都察院御史一人到军机处旁边的内务府值房监视。发现情弊，由御史参奏，"候旨严惩"。如御史不认真执行，也准军机大臣参奏。

第五首则是说自己考试失败，有负朋友指点。第一句说许多人都能考上，有如尹、邢争艳（尹、邢都是汉武帝的宠妃）。第二句说只有自己孤独憔悴，沦落人间。第三、四句写有负指引的惭愧之意。话虽婉转，其抑郁不平之气溢于字里行间，自不待言。

其实军机处里等级森严，军机大臣用奴才不用人才，军机章京们忍辱受气的情形，比自珍诗中所写有过之而无不及。这确实要求章京们必须有逆来顺受的"忍辱"之功。《南屋述闻》记载："凡初入值，老班公必举一切规则详告而善导之。如师之如弟子。间或趾高气扬，动加指斥，后进亦不敢校也。"这是老资格的军机章京给新章京们"小鞋穿"。而军机大臣的气就更不好受，《军机处述》记载：乾隆年间，讷亲任军机大臣，乾隆的圣谕，往往只由他一人转述。讷亲不十分通文理，每传一旨，令军机章京汪由敦撰写，讷亲总不中意，改一遍又一遍。改来改去，最后还是选用原来的。汪由敦很苦恼，但也不敢说出来。还有和珅当军机大臣时，有个军机章京名叫胡时显，很得乾隆欣赏，正准备提拔时，他因说话不慎，得罪了和珅。和珅就想方设法压制他，打击他。胡时显越不顺从，打击越重，最后被赶出了军机处，竟然被活活气死了。

自珍的祖父、父亲都曾在军机处任职，这些掌故他不会不知，所以诗中所写绝不是凭空想象、向壁虚构的。

四、灌夫骂座非关酒，江敩移床那算狂

接二连三的打击，使自珍的性格发生了很大变化。残酷的现实使他更加明白接舆髡首、桑扈裸行、宁武子装疯卖傻、东方朔滑稽诙谐的原因。从此他更加不修边幅，头发胡须乱蓬蓬的，也不修剪；衣服破旧肮脏也不换洗；说话滑稽可笑，玩世不恭；有时甚至出入青楼、赌场。他尤其喜欢那种俗称"押宝"的赌博，但每赌必输，输尽赌资，大笑而去，从不皱眉。他为此还精研五行八卦，甚至悬太极图于室内，昼夜参详，寻求必胜之法。有一次自以为赌局中玄机已经参透，稳操胜券，不知不觉又进了赌场，进了赌场后才发现阮囊羞涩，没有赌本，只好到院中的荷花池边观赏荷花。恰巧此时进来一位富翁，曾和自珍有一面之缘，总想和自珍结交，但自珍嫌商人铜臭气重，不屑和他来往。今天见自珍独自一人在赏荷花，连忙上前奉承："龚先生真是性情高雅，与众不同，正像这荷花出淤泥而不染。那边正在吆五喝六，先生却不为所动，独自一人在这里观赏荷花，真比陶渊明还要高洁。"

自珍听得很不耐烦，正想挖苦他几句，但转念一想，改变了主意，转而说道："老兄是饱汉不知饿汉饥。你哪里知道那陶渊明'采菊东篱

下，悠然见南山'是穷极无聊、暗自发愁呢！哪里是什么闲情雅致！我在这里观赏荷花不过是借以消遣罢了。你知道，我也喜欢赌一把，并且精研八卦，有一种稳操胜算之术。原本想来一试，可惜行色匆匆，忘记了带赌资，正在后悔呢！"

那商人一听，连忙说道："这有何难？只要先生有此雅兴，我今日身上所带的银两足够咱俩尽兴玩一场。先生既有此绝招，快请进场吧！"

自珍一听，正中下怀，也不谦让，就和商人一道进了赌场。谁知他日夜参详的必胜之术竟是纸上谈兵，全不管用，那"宝官"久历沙场，诈计百出，赌场又多是同伙，自珍赌一把输一把，连连败北。时间不长，便把商人所带的银子输个精光。自珍道声"晦气"，竟自出门扬长而去。那商人目瞪口呆，哭丧着脸，也只好跟着走了。

事后他的朋友周仪伟写诗劝他说："嗤他向阳术非工，古意沉醋射覆中，何必菰蒲须担石，神仙妙手本空空。"诗中既有对自珍赌术不佳的嘲笑，也有对他的劝诫。但他哪里又能知道自珍心中的愁苦呢！

自珍还喜欢独自出游。有一天他独游丰台，丰台在右安门外，这里原是金元中都旧址，有许多古刹野寺，苍松翠柏，清幽雅静，是道光年间京都士人常游之地。他探幽访古，兴致勃勃，直到过午才在芍药丛旁选一处干净地方，席地而坐，取出随身所带的果品酒馔，罗列于面前，自酌自饮，酒酣耳热，便独自击节狂歌。过路的人把他当作疯子，他也毫不在乎。

这时一阵铜铃响，过来一个骑着瘦驴、短衣麻鞋，非工非商、非僧非俗的老者。自珍醉眼朦胧，觉得有点面熟，便起身上前，一把把他拉下驴背，邀他同饮。那人也不答话，从驴背的褡裢里取出一只煮熟了的猪腿，拔出腰刀，把肉切碎，大大咧咧地坐在自珍对面狂饮大嚼起来。正在这时，自珍的朋友汤鹏正巧路过这里，自珍便邀他入席同饮。自始至终也没有问那人的姓名，以及身份居处。那人也十分奇怪，酒足饭饱之后，双手一揖说声："后会有期。"便上驴去了。汤鹏问自珍："那人是谁？"自珍却笑道："相逢即是有缘，何必知道姓名！"汤鹏又问道："是神仙还是侠客？"自珍又笑道："可能二者都是吧！"

说罢狂笑起身，竟不顾汤鹏，独自上马去了。汤鹏以为他醉了，也不与他计较。

第二天酒醒之后，自珍又想起那骑驴的人来。几经思索，忽然醒悟："原来是他！"当下匆匆用过早点，骑马又向丰台来寻那人。到了昨天饮酒之处，哪里还有人影？自珍自觉好笑：那人不过路过这里，今天怎么还会在此？想罢快快而回。忽然想起十年前和王昙一道去西山寻访矮道人，在龙泉寺曾见过此人，那时他不过是道装打扮罢了。如今何妨再到龙泉寺看看，也许能够遇见呢？于是，他掉转马头，折而向南，信马悠悠向西山寻去，不知不觉日已正午。自珍腹中饥肠辘辘，方才想起，行色匆忙，忘了带银子，不免暗暗后悔起来。正在此时，抬头望见前面不远有一小店，就信马投店而来。店中一人五十上下，衣履整洁，颇带儒者之风。见有人投店，满面春风地迎出店来。他从自珍手中接过马缰，把马拴到门前树上，让自珍进店落座，命伙计奉茶，笑着问自珍用什么酒菜。自珍颇难为情地说道："实在惭愧，在下龚自珍出城访友未遇，行色匆忙，忘了带银两。贵店若肯赊给酒菜，过后一定加倍奉上，如若不肯，还当另投别处。"店主人听罢，朗声大笑起来，连声说道："久仰足下大名，如春雷贯耳，今日光临小店，实是小店的荣幸。也自是机缘，若不是足下西山访友，恐怕请还请不来呢。"说罢连忙命人准备酒菜。一时杯盘罗列，酒菜齐毕，主人请自珍上座，二人推杯换盏，饮起酒来。

一经交谈，自珍方知店主人是萧县人顾椒坪，是位颇有名气的诗人。早年在京中做过小官，后来因厌倦官场生活，弃官归隐，谁知竟隐居在京郊的小酒店里。早听人说，他为了结交天下名士，亲为人铡草、喂马，以求客人留诗于店。二人饮酒论诗，谈得十分投机。自珍说道："以君之才，竟然沦落逆旅，天道岂不太不公平？"顾椒坪道："在下樗栎之才，何足道哉？况且出身寒微，怎能在京师官场立足？及早隐退，才是上策呢！足下世代宦门，才高当世，尚且屈居下僚，我还有什么可惜？如今官场，一靠裙带，二靠金银，舍此，别无他途。我二者一无所有，何必作恋栈老马？归隐后，我开一小店，衣食有着，还可借此结交过往名士，乞其笔墨诗词。自觉其中乐趣，胜过官场。"

二人越说越投机。顾椒坪命人拿出笔墨来，请自珍题诗于店。自珍也不谦让，援笔于手，在店前的粉壁上留下一首绝句：

诗人萧县顾十五，马后谈诗世罕闻。
如此深心如此法，奈何长作故将军！

题诗一毕，二人重新入座。顾椒坪命人重整杯盘，继续边谈边饮。正在这时，忽听店外一声驴鸣，自珍耸然动容，不禁侧耳细听。顾椒坪笑道："刘三来也！"说话间外边走进一人，短衣麻鞋，正是自珍要寻访的那人，自珍连忙起身让座。顾椒坪道："不必客气，他是小店常客，二位早就认识？"自珍正要说话，却见那老者呵呵笑道："老朋友了！"说罢也不谦让，就在自珍上首坐下。顾椒坪忙起身去为他准备杯箸茶水。那老者笑道："真是有缘，人生何处不相逢。今天又要白喝足下的酒了！"

自珍接口道："真正是找人不如等人。上午我去丰台寻访先生，不见你的影子。正准备去西山寻你，不想在这里碰到先生！"

那老者笑道："足下寻我何事？莫不是讨酒钱？"

自珍道："先生取笑了。昨日只顾饮酒，忘了告知先生姓名，也忘了请教先生台甫，回去后颇为后悔。"

那老者道："相交贵在交心。姓名本是一个记号，知与不知，何关紧要？多少人名字写在庚帖上，义结金兰最终却反目成仇。远的不说，就说本朝李光地、陈梦雷不就是最好的例子？伍子胥过昭关的'芦中人'不知姓名，不是一样可共生死？先生的大名我是早就知道的，京师人谁不知紫垣五名士之首的龚大公子？至于我，一介草民，姓名无足轻重。如果足下一定要问，姓刘，名钟文，叫我刘三好了。"

自珍一听那人姓刘，不禁若有所失。自珍停了半晌又问道："自见足下风采，想起一位故人，不知足下可曾认识？"

刘三道："人海茫茫，但不知足下的故人姓甚名谁，何方人氏？"

自珍道："说来是我的父执。姓杨，名湛卢，镇江人。"

刘三听罢，神色凄然，忽而又平静地说道："在下倒是听说过一位杨湛卢，不知是不是足下的故人。二十年前就已经死了，足下不必再惦念他了。"

自珍听罢大失所望。但仔细品味刘三的话，又起了疑心。他再次问道："先生难道真的姓刘？"

刘三朗声笑道："足下学富五车，什么道理想不通，我姓杨、姓柳有什么关系？譬如这门前的柳树，先前如果有人说他是杨树，现在不就是杨树了？再如这小店，原来的招牌是'兴隆客栈'，如今是'仁义小店'，招牌变了，还不仍是这个小店？"

话说得已经明白不过了：刘三就是杨湛卢，杨湛卢就是刘三。无须再问，龚自珍站起身来，对着刘三躬身一拜说道："晚辈明白了。"

此时顾椒坪恰巧从里面过来，听得如坠云雾之中，摸不着头脑，半晌才说："我真以为你们是朋友呢，谁知是刚认识。"自珍忙把昨日丰台饮酒的情况说了一遍。三人又大笑起来。直到夕阳西下，自珍方告别二人回城。临别，刘三告诉他，有事可到西山龙泉寺找他。

事隔两天，自珍去逛琉璃厂。在一家破书摊上，他发现了一本残缺的《翁山诗集》。这是明末诗人屈大均的诗集，在雍正、乾隆年间曾被严加禁止。屈大均，广东番禺人，字介子，号翁山，明亡时，才十五岁，清军进攻广东，他投奔永历帝，抵抗清兵。兵败后在杭州出家为僧，三十七岁时又还俗红尘。"三藩之乱"时，又为吴三桂奔走，联络组织反清势力。失败后，他避居江浙一带，康熙三十五年去世。他的诗文怀念故国，感伤时事，反清情绪十分强烈。

自珍四顾无人，轻轻对书商说："你好大的胆子，你知道这是一本什么书吗？"书商摇摇头说："不知道。"自珍告诉他这是屈大均的文集，是朝廷明令禁止的书。那书商大吃一惊，认为自珍要借机敲诈，连连作揖打躬。自珍笑道："我只是个买书的，决不会告发你。如果你乐意，可以把这书卖给我。"那书商忙说："先生要看，只管拿走，分文不取，权当奉送。"自珍从怀里掏出一锭银子递给书商，把书揣到怀里，转身便走。刚走几步，那书商又赶了上来，拉着自珍说道："一本破书，哪值那么多银子？先生如果喜欢，我店里有一幅'野云山人'的山水画，一并给你，也就不找你钱了。"

自珍跟那书商回来，原来书摊后面就是他开的店铺，卖古书，也卖字画。只见墙壁上挂着一幅《钱塘观潮图》，气势磅礴，颇有大涤子之风。自珍轻轻问书商道："这幅画要价几何？"那书商道："先生刚才给的钱已经足够。我见先生撇下银子就走，过意不去，特意把先生请回来。京师像先生这样豪爽的读书人，实不多见。十两银子算是画价，那本破书在下奉送。"

自珍道："先生取笑了。野云山人这幅《钱塘观潮图》，岂是区区十两银子能买到的？你看那笔墨意趣，置诸大涤子的名作中，谁能分出真伪？这用墨如泼的气势，哪是宫廷画师能具有的？我看百两纹银也不算多，不然也就太轻慢野云山人了！"二人正谈论间，店外不知何时进来一人，衣饰华美，高履博带，面目清癯，二目中有一种傲然不群的神气。听自珍说罢，突然接口道："这位先生也太抬举野云山人了，他的画若值百两纹银，郎士元等宫廷名家，钱杏山、郑板桥、八大山人之作该值多少钱？"自珍闻言，转过身来，把那人上下打量了一番，冷笑一声说道："京师士林只重衣裳不重人，一点不假。足下是看画上的落款钤记，还是看画？要看落款容易之极！拿笔来！"那书商不知何意，应声取过笔墨来，自珍援笔在手略看画面，刷刷点点在画侧题上"涤子石涛作于×年×月×日"，在原落款"野云山人于×年×月×日"之后加上"题跋"二字。改毕掷笔于案，朗声笑道："经此一改，尊驾肯出多少钱？"书商和那客人一齐击掌大笑道："妙！妙极了！真可以以假乱真了！"

书商忙过来向自珍介绍："这位就是野云山人！"自珍不禁一愕，连忙说道："失敬！失敬！实在唐突了。在下仁和龚自珍。"野云山人忙道："在下泰州朱鹤年。自辽东至京师，就听人言紫薇垣五名士龚、魏、宗、吴、端木，龚舍人才居第一。今日一见，果然盛名无虚。既蒙见爱，这幅画送给足下了。"自珍笑道："却之不恭，受之有愧。我做东，三人同谋一醉如何？"朱野云也不推辞，接口道："久慕大名，今日幸会，自当一醉。"说罢二人联袂而出。那书商还要做生意，没有同去。二人选了一处清静酒馆，一直饮得酩酊大醉，方才各回寓所。

次日朱野云登门造访，特意给自珍带来一段"高句骊香"，气味淳厚芬芳，十分珍贵。自珍写了首《野云山人惠高句骊香，其气和澹，诗酬之》的五言律诗赠给他："但来箕子国，都识画师名。云是王宫物，申之异域情。和之邦政美，澹卜主心清。为报东华侣，何人讼客卿？"这一日，两人又是尽醉方休。朱野云赠自珍一联，自珍十分喜爱。他特意到琉璃厂请高手精心裱糊，悬挂在大厅里。此联曰："灌夫骂座非关酒，江敩移床那算狂。"后来朋友们说，入门但见此联，就知道是龚自珍家。

五、此事千秋无我席，毅然一炬为归安

光芒四射的珍珠，尘封土埋，也难以掩盖它的光辉。龚自珍在修《清一统志》中所表现出来的学识和才能，在京师学者中产生了重大影响，他们都对这个年轻的学者刮目相看。著名学者、翰林编修秦恩复就十分佩服龚自珍。

秦恩复，江苏扬州人，乾隆五十二年中进士，尤精校勘之学。他手校刊刻各书，时号"秦板"。这天他亲去丞相胡同街拜访龚自珍。两人谈艺论文，也谈时事，十分投缘。自此二人无三日不相见，在一起抄书、校勘，相处融洽。秦恩复同情自珍的遭遇，爱惜自珍的才气，深恐其被摧残埋没；自珍十分敬重这位前辈，盛赞其"心光湛然，而气味沉厚，温温然耐久长"。秦恩复家中收藏有两件十分珍贵的文物：一件汉代古镜，一只汉代熏炉。他平常秘不示人，这天专门请自珍过府观赏。自珍看后写有《柬秦敦夫编修二章》，借物喻人，赞主人的品质，也写二人的友谊：

君家有古镜，曾照汉时妆。三日不相见，思之心徜徉。愿身为镜奁，护此千岁光。

君家有熏炉，曾熏汉时香。三日不摩挲，活碧生微凉。愿身为炉烟，续续君子旁。

自珍生性豪爽，胸襟磊落，前后与姚莹、汤鹏、陈奂、张际亮结

为朋友，经常作诗唱和。这些人都是一时才俊，"皆慷慨激励，其志才气，欲凌驾一时"。他常常听朋友们在一起谈论起兵部郎中姚学塽的人品学问，心中十分钦敬。尤其听魏源说姚学塽"尤工制义（八股文）"，立意出自经典，"高古渊粹，而语皆心得，使人感发兴起"。甚至说他的文章应该与宋代欧阳修、王安石、三苏的文章"并垂百世"，远远在清代名儒李光地兄弟之上。并且魏源说："盖自制义（八股文）以来，一人而已。"他又听陈奂说，姚学塽在京师当了十几年官，没有宅第，常年住在僧寺中。魏源自己就曾和他在顺治门外的水月庵当过邻居，两人十分相熟。自珍决定和陈奂一起去访姚学塽，写诗给陈奂说："枯庵有一士，长贫颜色好。避人偕访之，一睹永相保。"

姚学塽，字晋堂，一字镜堂，浙江归安人，嘉庆元年中进士，时任兵部郎中。他为官清廉，清贫自守，在京中为官十年，不携眷属，寓居在破庙里。公事之余，以文酒自娱。朝中达官显贵，很少有人认识他。他曾经担任过贵州乡试的主考官，门下弟子有赠送钱财礼物的，坚决不受，只有送酒时才接受。出门的时候，从不乘车坐轿，常常步行，一个小童背着衣囊跟着。冬天穿的破衣袄，羊毛已经快脱落完了，只剩光光的皮子。当他踽踽独行在大街上的时候，成群的儿童常常跟在后面指指点点地嘲笑，他也毫不在意。所住的僧房里，纸窗布幕，破屋风号，霜华盈席，他仍然危坐不动。闲暇时候，就到相邻的寺院里寻花看竹，寺中的僧人都说，就是佛教中的苦行也不过这样清苦笃行，怡然自得。

这一天秋高气爽，自珍带着这几年写的八股文两千多篇，和陈奂一道去水月庵拜访姚学塽。水月庵是一座不大的寺院，寺中僧人很少。山门已经十分破旧，金漆剥落，匾额上书"水月禅林"四个大字。院中修竹苍翠，落叶满地。东厢两间僧房，便是姚学塽下榻之处。相见之后，陈奂向姚氏介绍了龚自珍。龚自珍极道仰慕之情，随后取出自己作的功令文，向姚氏请教。开始时姚学塽对自珍文章的识见、辞采极口称赞。看着看着，他忽然严肃地对自珍说道："我的文章着墨不着笔，你的文章笔墨兼用。"

自珍不禁一愣，略一思忖，恭恭敬敬地问道："晚生愚鲁，这

'笔''墨'之意具体指什么，还望明示。"

姚学塽道："墨者，文辞也；笔者，为文旨趣也，足下文章着笔太重，篇篇有为而作，处处针砭时弊，力逾千钧，势挟风雷。科场之中，司命之官，谁敢轻易推许？"

自珍听罢默然不语，他停了半晌才说："晚生明白了。原来科场中那些不疼不痒的模棱两可之作，才是好文章！"

姚学塽但笑不语。自珍和陈奂告辞出来，一路上心中五味翻腾，是悲愤？是难过？是失望？是悔恨？他自己也说不清楚。回到寓所之后，自珍取出以往所写的功令文，全部一火焚之，只字不留。事后他回忆起这次拜见姚学塽的经过，曾愤然写道："华年心力九分殚，泪渍蟫鱼死不干。此事千秋无我席，毅然一炬为归安。"自珍对那种空洞无物、徒具形式的八股文可以说厌恶到极点了。

自珍既厌恶功令文，就全身心投入到他的"东西南北之学"中去了。在修《清一统志》和撰写《西域置行省议》的研究基础上，他开始撰写《蒙古图志》。全书凡三十篇，计表十八，志十二，并附图二十八。体制庞大，规模宏伟。因为撰写《蒙古图志》，不可避免会遇到蒙古语言方面的问题，他于是又同时研究起蒙古语言中的音韵学来。时间不长，就写成《蒙古声类表序》，深受时人推崇。他的朋友程恩泽说："六书小学（文字学）与四裔之学（边疆地理学）两不相涉也，乃因……等韵中番（蒙古）一门，忽触其所撰图志，暇日聊以意推之，推之而毕通也，学恣哉！"于此可见自珍治学的天赋异禀。

这一年，他还撰写了《平定罗刹方略》。其中突出三大历史事件：首先是沙俄从十七世纪中叶开始入侵我国黑龙江流域；其次为康熙命都统彭春等击败沙俄侵略者；最后是尼布楚条约的签订。在短短半年内，完成如此众多的研究和著述，其精力、才识是十分惊人的，从中也可以看出自珍的远见卓识和爱国热情。

腊月间，自珍的同年苏州人彭蕴章来到京师，准备参加次年的会试，寓居在京郊圆通观。彭蕴章，字咏莪，善诗文。除夕之夜，二人一起在园通观守岁。彭蕴章拿出自己刚刚刻印的诗集让自珍观看。二人边读边切磋谈论，直到天亮。蕴章请自珍为他的诗集题序，自珍提笔在其诗集的扉页上题诗一首：

亦是三生影，同听一杵钟。

挑灯人海外，拔剑梦魂中。

雪色惮恩怨，诗声破苦空。

明朝客盈座，谁信去年踪？

彭蕴章连称好诗，评论道："这'挑灯人海外，拔剑梦魂中'一联足靡辛稼轩之垒，化用'醉里挑灯看剑，梦回吹角连营'之意，而不着痕迹，真是妙极！有你这一首五言诗作序，拙作真是满卷生辉了！"

第五章　书楼被火

一、著书不为丹铅误，中有风雷老将心

　　道光二年壬午（1822），为庆贺新皇登极，朝廷照例开恩科取士。龚自珍第三次参加会试。出闱后等候放榜。这一段时间，举子们最难以度过，人人为自己的命运担心，既焦灼不安，又寂寞难耐；既盼这一天，又怕这一天。龚自珍"曾经沧海难为水"，心情倒平静得多。这一天，吴嵩梁邀请年轻的士子们到崇效寺集会赏花，以消磨这难耐的时光，与会者有十四人，龚自珍也参加了。席间吴兰雪首唱一诗，汤鹏和了一首，龚自珍填写了一阕《一萼红》，夏玉延次韵。可惜与会者大多心绪不佳，时间不长就纷纷离去。自珍的这首词后来也散失了。

　　榜发后，龚自珍仍然榜上无名。他又全身心投入到自己的"天地东西南北之学"中去了。他从程同文处借来一部《西藏志》，参阅和宁的《西藏赋》与松筠的《西藏寻边记》，撰成《最录〈西藏志〉》，他高兴地说，"百余年后西藏之事备矣"。接着由近几十年京畿水患不断，

给人民带来的巨大灾难，联想到京畿水利建设的重要，他又转入了水利方面的研究。他把沈联芳著的《邦畿水利说》全书详加校勘，弥补其中缺失，纠正其中错讹，又撰成《最录〈邦畿水利图说〉》。

道光元年正月十八日，我国西北上空，出现了彗星。道光帝为此七日之内两下谕旨，惊呼"上天垂象，所以示儆"，警告臣下"实心实力"以感动上天，消灾避祸。一时间封建顽固势力到处鼓噪，宣扬"天人感应"的迷信思想。自珍写信给钦天监博士陈杰，建议他请命于主管钦天监的郑亲王乌尔恭额，取出钦天监关于彗星的历史档案，撰成一书，"以摧汉朝天士之谬说"，进而批驳甚嚣尘上的"天人感应"学说。他认为彗星的出现，与日蚀一样有规律可循，可以推算。他在这封信中还批判了春秋时代裨灶、梓慎宣扬的唯心主义五行学说，说他一生最厌京房的《易》和刘向的《洪范》。这封信反映了龚自珍朴素的唯物主义思想。在内阁，他和守旧顽固的学士和侍讲们展开了激烈的争辩。他那滔滔雄辩掷地有声，常常使他们十分难堪。

闰三月，自珍又撰写了《拟厘正五事书》，上书大学士卢荫溥等人。书中就文献整理与文化教育等问题提出了五条建议，其中第五条论述科举制度的弊病，抨击八股取士尤为激烈。他在致卢荫溥书信中这样写道："今世科场之文，万喙相因，词可猎而取，貌可拟而肖。坊间刻本，如山如海。四书文录士，五百年矣；士录于四书文，数万辈矣。既穷既极，阁下何不及今天子大有为之初，上书乞改功令，以收真才。"

自珍在这里明确指出，这种"万喙相因"、以抄录四书五经注疏为能事的八股文，不可能检验出一个人的真才实学，选拔出真正的有用之才。他并断言，这种考试制度"既穷既极"，已面临穷途末路，必须加以改革。可惜，他把文章交给昏庸保守的大学士卢荫溥、蒋攸铦，无异于对牛弹琴，永远也不会被他们采纳，更不可能上达天听，只会增加他们的仇视和嫉恨，招致他们的诋毁和迫害。

这一年，宋于庭和包世臣也参加了会试，他们和自珍一样落了榜。这天他们相约一道来向自珍告辞。他们看了自珍这一个多月来写的文章，赞叹不已，唯有钦佩。

包世臣说："这才是真正经邦致用、利国利民的好文章，是真正千古不朽的名山事业。"

宋翔凤也说："可惜这样的好文章，不能置诸庙堂，只能藏于林泉，让后人去发浩叹！"

自珍却道："你忘记《石头记》中那副联语了？'玉在匮中求善价，钗于奁内待时飞'，能够见用于后代也不错嘛！"

宋翔凤道："不知道要等到何时啊！前途太渺茫了！"

自珍送他们来到郊外，设宴为他们饯行。正当三人饮酒话别的时候，过来一个挑担卖烧饼的老汉。自珍问他烧饼的价钱，那老汉说："两枚铜钱一个。"自珍说："给我们每个人来两个吧！"等到那卖烧饼的老汉把烧饼送到面前时，三个人面面相觑，不约而同地现出了苦笑。原来那烧饼薄薄的，大小和巴掌差不多。包世臣道："这烧饼快要和铜钱一样大了！"那老汉闻言，放下担子，对他们说："先生们嫌烧饼做得小，你们知道小的原因吗？我年轻的时候，一个铜钱一个烧饼，烧饼又圆又大又厚实，像十五的月亮。如今两枚铜钱买一个烧饼，烧饼小得和铜钱差不多了。不要说先生们嫌小，连我自己也觉得难为情。但这是没法子的事呀！"

自珍不解地问道："这是为什么？"

那老汉道："乾隆爷在位时，白银每两合铜钱千文；嘉庆爷登极时，白银每两合制钱两千文；当今万岁爷登极后，白银每两合制钱三千文。银价涨了三倍，米价从乾隆爷在位时到现在涨了六倍还多。你说，这烧饼怎能不越做越小呢？"

三人听得连连点头。自珍又问道："依老人家看，这银价和米价为何涨得这样快呢？"

那老汉道："三位没有看到，这京城内外鸦片烟馆有多少？乡里人有个歌谣，叫作《烟鬼经》：'东堂屋，西堂屋，都来进我的烟葫芦；南坡田，北坡田，一个晚上吸个完。'那'福寿膏'比黄金白银还贵，一斗灿灿白米，还换不了一个'烟泡'，白银还不都交成'福寿膏'了？这'福寿膏'都是洋人从海外运来的，那白银不是都流到海里去了？"

老汉的这一番话，让三个饱学之士听得目瞪口呆。他们怎么也想不到一个卖烧饼的老汉居然把事情看得这样洞明雪亮，讲得如此鞭辟入里！卖烧饼的老汉说完话，挑着担子走了，三个人却再也没有心思饮酒，小烧饼尝也没尝，便纷纷起身作别。自珍写诗二首，作为临歧赠别：

投宋于庭翔凤

游山五岳东道主，拥书百城南面王。
万人丛中一握手，使我衣袖三年香。

投包慎伯世臣

郑人能知邓析子，黄祖能知祢正平。
乾隆狂客发此议，君复掉罄今公卿。

送别宋翔凤、包世臣二人，自珍回到寓所，天已黄昏。这晚上，又是一个难眠之夜。卖烧饼老汉的影子，无论如何在他心头拂之不去。他提起笔来，写了一首儿歌式的《谣》：

父老一青钱，馎饦如月圆；儿童两青钱，馎饦大如钱。盘中馎饦贵一钱，天上明月瘦一边。噫！市中之馎兮天上月，吾能料汝二物之盈虚兮，二物照我为过客。月语馎饦，圆者当缺；馎饦语月，循环无极。大如钱，当复如月圆。呼儿语若：后五百岁，俾饱而玄孙。

这末尾一句，借用《孟子》"五百年必有王者兴"的话，暗示社会的大变革一定要发生，理想的社会一定会到来。自珍对现实的严重不满，不知不觉又流露出来了。

二、津梁条约遍南东，谁遣藏春深坞逢

四月中旬，龚自珍的父亲龚丽正来到北京，与林则徐同时被引见、

召对。道光皇帝询问了龚家的家世，尤其对龚丽正兄弟二人的情况询问得十分详细，他对龚氏弟兄同是进士出身，同朝为官深为嘉勉，使林则徐非常羡慕。这时自珍的叔父龚守正已经官居左都御史。引见一毕，龚守正在家中设宴招待哥哥和林则徐，并让自珍特来侍宴，顺便结识林则徐。

林则徐年长自珍七岁，但已经官居四品，放了道台，在当时官场中是少见的后起之秀，前途无量，令人侧目。这正是龚氏弟兄让自珍和他结识的深意。林则徐虽然年轻，但官阶和自珍的父亲相等，算是自珍的父执。他在杭州做官清廉有为、勇于任事，官声极好，素为自珍所敬仰。

林则徐在杭州也早就听说自珍的才名，今日一见果然谈吐不凡。自珍见林则徐并不以身份、地位骄人，平易和蔼，也就不再拘谨，二人自自然然地谈论起来。林则徐对龚自珍的"天地东西南北之学"非常赞赏。他肯定地说，国家方当四方多事之秋，自珍的学问一定大有用处。自珍忽然想起那天送宋翔凤、包世臣出京时卖烧饼的老汉所说的话，问林则徐："朝廷屡有明令，鸦片何以屡禁不止？"

林则徐略一沉思，开口答道："朝廷虽有明令，但海禁废弛，仍挡不住鸦片入境之源。譬如溪流，源头没有堵塞，下游仍要源源流淌。康熙二十四年，开广东澳门、福建漳州、浙江宁波、江苏云台四处口岸，雍正时又增开浙江定海，乾隆二十二年曾缩小为广州一口。事实上，西洋船舶仍不断到沿海贸易，以后禁令弛缓，闽、粤各港又多以半官半私形式和番商贸易，这几年鸦片走私猖獗，朝廷不得不屡申禁令，但走私已相沿成习，因而收效甚微。去年十二月，两广阮制台拿办鸦片囤积商叶恒树，圣上又诏令严禁，听说稍好了点。但如果没有一大批真心实意办事情的人，恐怕仍难彻底解决这一难题。"

自珍听他对此事知道得如此详细，十分佩服。自珍又问道："听说林大人在杭州禁烟颇有成效，都具体采用了哪些办法？"

林则徐笑道："哪能说得上'颇有成效'？只不过是稍微好一点而已。所用之法，也不过是关闭鸦片烟馆，劝百姓不吸食鸦片罢了。这些都只能治标，是扬汤止沸，难以治本。"

自珍道："大人以为如何方能治本？"

林则徐道："只有朝廷严律令、动重典方可。"

自珍忙接口道："大人何不奏明圣上，动用重典？"

林则徐道："阮尚书官居一品，手绾两省兵符尚且无可奈何，在下区区一道员，何足道哉？如今吸食鸦片者，京官占十之一二，外官占十之二三，刑名钱粮师爷幕宾占十之五六。小小烟馆，背后皆有靠山；烟商个个财大势雄，手眼通天。这些人朝廷不动重典治得了吗？那么多朝中大老对此事睁只眼闭只眼，或轻描淡写，或缄默不置一词，朝廷肯动用重典吗？"稍停之后，林则徐又说："另外，我国海岸绵延千里，不加强海禁，律令只是一纸空文，鸦片断难禁绝。听说，云南、四川、两广民间已有种植罂粟的，如此蔓延下去，更加不可收拾啊。"说罢摇头叹息不止。

龚丽正见自珍不谈官场的事情，只顾和林则徐谈论鸦片，心头颇感不快。但见客人谈兴正浓，也不便申斥儿子。直等他们谈到此时，方有机会插进话来。他对林则徐说道："林大人休要见笑，下官只此一子，却疏懒轻狂，至今功名未就，还望今后多多提携。"又转面教训自珍道："今日林大人在此，机会难得，不多多请教些经邦济世的学问、科场仕进的道理，却专拣些不关紧要的事情烦扰林大人，不怕林大人见笑吗？"

林则徐闻言接口道："阇斋公说这话就不对了。令郎关心的正是关系到国脉民命的大事情，怎么能说不关紧要呢？我看令郎学问、才识绝非凡庸可比，正是国家栋梁之材。至于说科名、官职，哪能和真才实学相提并论呢？"当时席散，自珍仍回丞相胡同街寓所。临去，父亲又千叮咛万嘱咐，要他暂时不要旁骛其他学问，要认真读好四书，做好八股，迎接明年的正科会试。

自珍这次和林则徐的会面，是他们友谊的开始。自此，在风云变幻的政治斗争中，二人因见解相近，友谊越来越深。

次日，林则徐和龚丽正并辔出京，结伴南返。一路上谈诗论政，很觉投机。到东阿时，林则徐写了两首七律《东阿旅次赠龚阇斋观察丽正》赠给丽正，其中有一首这样写道："分符曾忝郑公乡（君杭州人），邻照还瞻召伯棠（龚时任江南海上道）。东阁谁知迟捧衽，北辕才喜共停装（壬午四月入都，晤君于山东逆旅）。班荆野店三更月，侍漏宓闼五更香（引见、召对皆同日）。最喜承恩频顾问，一门花萼总联芳（召对时垂询贤昆季甚悉）。"

由此可见，林则徐与龚家父子，已非泛泛之交。而林则徐后来任钦差大臣，前往广东，龚自珍自告奋勇，也就不算唐突冒失了。

三、贵人一夕下飞语，绝似风伯骄无垠

自珍送别父亲，自此白天去内阁当值，散值回来在寓所读书，静下心来，生活倒也充实自在。这天散值回到寓所刚刚坐下，老仆禀报说自琮三爷来了。自珍颇感意外，连忙起身出迎，刚站起来，自琮已经进了院子。

"三哥几时进的京？"自珍一边说活，一边拉着自琮走进客厅。

自琮落座后说道："我同内兄一道进京，已经十几天了。后天就要回杭州，今天特来看看兄弟。"

自珍一边奉茶一边问道："三哥如今作何营生？这番进京干什么来了？"

自琮一边接过茶盅，一边说："还是六叔照应，给了百两银子做本钱，开了个茶叶店，生意倒也兴隆。内兄要进京捐官，让我做伴。我也顺便带了点茶叶来京贩卖。这几天事情已毕，怕你嫂子挂念，正准备回去。"

自珍道："我住这地方十分背静，三哥还怎么寻找到了？"

自琮道："昨天去拜会八叔，听他老人家说，六叔刚刚离京，可惜晚去了一步，没有见着。八叔说兄弟住丞相胡同，我就一路寻来了。"

自珍忙命老仆去准备酒菜。一时齐备，兄弟二人便在客厅一边饮酒一边话家常。自珍见他面色黄中隐隐泛着青色，不禁说道："三哥现在还吸鸦片烟吗？"

自琮连忙说："哪能还吸？自从那次蒙兄弟设法为我戒烟，就再没吸过一口，如今我也是有家有口的人了，再吸还有脸面见六叔和兄

弟吗？"

自珍忙说："不吸就好。我是见三哥面色不好，怕三哥又吸上瘾了。"说罢又给自琮斟酒。

自琮道："兄弟的好意，我哪能不知道？面色不好是因为一路上饮食不太注意，来京后又不太习惯北方水土，常闹肚子。回到老家后，稍加将养，很快就会好的。"

自珍道："三哥难得进京一次，不妨多玩几天。手中若不宽余，我这里有银两，只管来取。"

自琮忙说："谢谢兄弟好意，我身上银子多着呢，用得着，我再来找兄弟了。"

喝了一阵，自琮不胜酒力，停杯不饮，自珍也不勉强。自琮当晚就住宿在自珍书房里。次日一早，自珍要去内阁，自琮沉睡未醒，自珍不便惊扰，交代老仆，好生照顾，说罢就到内阁去了。自琮醒来，已是日上三竿的时候，草草漱洗已毕，对老仆说，他有急事，不能久留，来不及和自珍当面告辞，请仆人代他致意。说罢也匆匆出门去了。

自珍散值回来，见书房里的书籍被翻得乱七八糟，觉得奇怪。一加检点，近年来的一卷诗文和从琉璃厂书市上买来的那本残缺不全的《翁山文集》竟不翼而飞，不禁起疑。他问老仆，今天何人进过书房？老仆说，自从自琮少爷走后，家中没有来客，更无人进过书房。自珍也就不再多问。他想，也可能是自琮客中无聊，或是喜爱这些诗文，拿去看看，自家兄弟也不算什么大事。他哪里知道迫害的魔爪又一次向他暗暗伸来。

原来这龚自琮，那次在上海自珍为他戒掉鸦片之后，勉强过了一年就旧病复发，重新吸食起来。说来也怪不得他，那次外出贩卖茶叶，独自住在一家客栈里，心绞疼突然又发作了。他实在忍受不了疼痛的折磨，只好去一家烟馆抽了一阵鸦片。也真灵验，吸过鸦片之后，病立刻就好了。从此他又重复过去的老路。据说这种"回头瘾"是无论如何再也戒不掉了。

因为吸鸦片，茶叶店赚钱再多也不够开销，他就常常去内兄陈文俊家借钱。"吃人家的嘴短，拿人家的手软"，他渐渐成了陈文俊招之即来、挥之即去的奴仆。这次陈文俊进京捐官，他就充任仆从跟着来了。

陈文俊的靠山主要是已经升任协办大学士的穆彰阿。这几年，陈文俊不断来穆家走动，夏天"冰敬"，冬天"炭敬"，从不忘记，渐渐成了穆府的熟客。这天来到府前，不用通报，他径直进了穆彰阿的书房。

请过安，穆彰阿示意让他在一旁坐下。陈文俊察言观色，见穆彰阿面色不豫，便小心翼翼地问道："看恩师面色忧郁，莫非心中有什么不快？说出来，学生若能为您老人家分忧，一定万死不辞。"

穆彰阿道："说来也是不在话下的小事一桩。还是因为你那个同乡龚自珍，这个人你知道，一向恃才傲物，狂妄自大，是京师出了名的'龚呆子'。去年军机章京没有考上，也不反躬自问，自己配不配进军机处，反而心存怨怼，凭着有几分诗才，写了十五首小游仙词，指桑骂槐，辱骂军机大臣。今年恩科落第，又写了《拟厘正五事书》，谤讪国家抡才大典。偏偏有些朝廷大臣只看到他对四裔之学有点研究，撰写了《蒙古图志》等书，便认定他是不可多得之才，说军机处嫉贤妒能，你说气人不气人？"

原来自珍去年写的小游仙词，在京中流传很广，军机章京考试的内幕也越传越肮脏。一天镇国公容斋居士裕恩竟然当众问穆彰阿，仙家鸡犬肥不肥？可否赏给一只或分一杯羹？惹得众人哄堂大笑。王鼎、刘逢禄、戴敦元还说，龚自珍的《西域置行省议》《平定罗刹方略》《蒙古图志》《西藏图志》都是当世奇书。连这样的人都不能做军机章京，真不知什么人可以做？一时弄得他和蒋攸铦、曹振镛等人难以下台。回来之后，穆彰阿越想越气，他简直不敢相信，龚自珍哪里来的这么大的精力和学问？但又否定不了这一事实。他想，若能从龚自珍的藏书里或诗文中寻找到点什么违禁东西，就好堵住众人悠悠之口，便可制服龚自珍。他把自己的想法告诉了陈文俊。陈文俊立刻说道："这有何难？再演一出蒋干盗书不就行了？"

穆彰阿道："这蒋干往哪里去寻找呢？"

陈文俊道："眼下正有一人，扮演蒋干是再好不过了。"接着他便把龚自琮的情况向穆彰阿详细介绍了一番。二人如此这般密谋之后，一条连环计便策划出来了。

这天龚自琮的鸦片烟瘾发作，走进一家烟馆，躺在烟榻上正在过瘾，外头进来几个顺天府的差人，不由分说，便把他捆绑起来。推推搡搡地来到顺天府，一顿板子把他打得鬼哭狼号，然后将他投进了大牢。第二天他的内兄来看他，告诉他说，近来皇上有旨，对吸食鸦片者要从重治罪。龚自琮听得面无人色，苦苦哀求内兄想办法救他，并要内兄去请龚守正帮忙，陈文俊答应而去。第三天陈文俊又来探监，龚自琮急不可耐，问他见到龚守正没有，陈文俊叹口气说，见倒是见着了，但是龚守正不肯帮忙，还说龚家没有你这样不争气的东西。龚自琮又恨又气，大骂龚守正六亲不认，猪狗不如。他又要陈文俊去找龚自珍。陈文俊说，龚自珍官小职微，即使想帮忙，也未必帮得了，何况还未必肯帮忙。正当龚自琮绝望的时候，陈文俊劝他不要着急，容他再去想想办法。临行还特地用一锭银子买通狱卒，让龚自琮到一间小屋子里过了烟瘾。龚自琮内心的感激自然不必说了。下午，陈文俊又来探监时一脸喜气，不待自琮开口，就连声说：“贤弟有救了！贤弟有救了！”接着从怀里掏出一张纸来，在铁窗前一晃说：“这是穆大人的手令，贤弟稍等片刻，我去见典狱官，一会就放贤弟出去！”果然时间不长，典狱官就跟陈文俊一同前来，命狱卒打开牢门，放出了龚自琮。

出了监狱，一路上陈文俊告诉自琮，这次多亏穆大人帮忙。他说穆彰阿如何仗义豪爽，心地善良，乐于解人之困；还说为了解救他，穆彰阿如何亲自去顺天府向知府大人求情。陈文俊说得绘声绘色，听得龚自琮感激涕零。接着，陈文俊带他去拜谢穆彰阿。龚自琮一见穆彰阿就扑通一声跪倒在地，叩谢救命大恩，直把穆彰阿当作重生父母、再造爹娘。他向穆彰阿表示：今后只要有用得着他的地方，水里，水里去；火里，火里去，肝脑涂地，在所不辞。

穆彰阿却笑着说，脱人于难是君子的本分，他施恩于人，并不图报。穆彰阿又吩咐下人给龚自琮十两纹银，让他将养身体。龚自琮感动得五内俱沸，千恩万谢地跟着陈文俊出府去了。

三天之后，陈文俊告诉自琮，穆彰阿素仰自珍的才名，想看看自珍的诗文，却又放不下大学士的架子，想让自琮到自珍寓所去一趟，把自珍的诗文借来一观。陈文俊告诉他，自珍近年因屡试不第，性情有点古怪，诗文不愿借给大臣们观看，只有如此这般才能"借来"。他又给自琮列了一个书目，说若见有书目开列的书籍一并"借来"。自琮满口答应，陈文俊又一再叮咛，方让自琮去了。

陈文俊把龚自珍的诗文和那本《翁山文集》交给穆彰阿，穆彰阿大喜过望。他指着龚自珍诗文里《夜读〈番禺集〉书其尾》那两首诗说："这就足够了！看龚自珍这孙猴子还有什么神通！"陈文俊看时，只见这两首诗如此写道：

灵均出高阳，万古两苗裔。

郁郁文词宗，芳馨闻上帝。

奇士不可杀，杀之成天神。

奇文不可读，读之伤天民。

穆彰阿仍把自珍的诗文和那本《翁山文集》交给陈文俊保管。按照他的安排，三天后让龚自琮去顺天府出首，告发龚自珍藏匿违禁书籍。如果龚自琮不肯出首，就由陈文俊代替。

这天，自珍散值回来，恰巧刘三来访。自那日在顾椒坪店中一别，倏忽已经一年，今日相见，自珍十分高兴，拉着刘三就去醉仙居酒楼喝酒。正要出门，却见魏源神色慌张地赶来。自珍大喜，说道："默深来得正好，我们三人都去，不醉不休。"魏源也不说话，一把把他拉到屋里，低声说道；"大祸临头，尚且不知，居然还有心思喝酒。你近来丢了什么东西没有？"

龚自珍一听，哈哈大笑起来。"我有什么值钱东西，你还不知道？值得如此大惊小怪？"

魏源又急又气，说道："亏你还笑得出来。你的诗文呢？可有一本《翁山文集》？"

自珍一听，知道事情确实关系重大，便不再儿戏。他说道："前几天族兄自琮来访，可能是他拿去看了。这有什么关紧？究竟出了什么事情，把你急成这个样子？"

魏源看了看刘三，欲言又止。自珍道："但说无访。我来介绍一下，这位便是我经常说起的刘钟文，刘三。这位是我的好友魏源，魏默深。都是自己人，有什么事只管说吧。"

魏源说："毛病正出在那本《翁山文集》上。听说不久便有人到顺天府出首。"

自珍道："不会吧？自琮和我是未出五服的堂兄弟，他不怕株连到自己？"

魏源道："刘礼部会打诳语？我上午去拜见他，他让我立刻过来给你透信，好做准备。"

刘三道："人心隔肚皮，虎心隔毛衣。害人之心不可有，防人之心不可无。龚自琮和你是同族的弟兄，照常理不该害你。但他要是为财所诱惑被人要挟呢？"

魏源颔首："刘三老兄说得极是，还是提防点好。"

自珍道："怎样提防呢？我总不能闻风先逃吧？"

刘三道："这样吧，我先去会会这位龚少爷，探探口风，看看究竟是怎么回事。关键是把书寻找回来。书要能找回来，无论何人想凭空诬陷都不那么容易了。"说罢一抱拳，就出门去了。

事情原来是这样的。穆彰阿和陈文俊商定之后次日早朝，兴冲冲来到朝房候驾。正好曹振镛、蒋攸铦、刘逢禄等人都在朝房，穆彰阿和蒋攸铦说话，故意让刘逢禄听。穆彰阿说："有些人硬说龚自珍才高八斗、识见不凡，谁想竟是个狂妄透顶、目无法纪的无知之辈。"刘逢禄正要反驳，却听他又说道："不日就有知情人到顺天府出首，告发他藏匿违禁书籍。到时候看有哪位义薄云天、胆大包天的好汉，不顾自己的身家性命和头上的顶戴，去为他做护法尊神？"曹振镛接口道："穆大人这话可有根据？不知龚自珍藏匿何书？"穆彰阿道："确有根据，听说是屈大均的《翁山文集》。"曹振镛摇头叹道："年轻人少不更事，罪有应得。可惜龚守正兄弟也要吃带累了！"刘逢禄听得心惊肉跳。下朝后，恰巧魏源来拜访他。他连忙让魏源给自珍报信，早做准备。

这几天，龚自琮可算交了好运。每天有酒有肉有银子花，还有人管鸦片烟吸，他真有点乐不思蜀了。这天晚上，他刚从一家烟馆过足了烟瘾出来，忽听身后一阵铜铃声响，过来一只毛驴。他连忙让到一旁，不想从毛驴上跳下一人，夜色中难以看清面目，只见此人一身短衣，腰插单刀，来到他面前拱手问道："足下可是杭州龚自琮少爷？"自琮随口答道："正是。先生是谁，怎么认识在下？"那人说道："你的内兄陈举人有要紧事找你，让我来请足下，快快上驴走吧！"自琮一听，不及细想。那时京城赶脚驴的极多，他也不虑有他，翻身骑上驴背，那人在驴后轻击一掌，毛驴便四蹄生风，在黑夜里疾驰起来。走了一阵，自琮觉得方向不对，欲待要问，那人只管催驴急行，并不答言。不一时，毛驴便到了城南丞相胡同。自琮心知不妙，滚下驴背，转身想跑，哪里还来得及？那人上前，一把抓住他的脖颈，如鹰抓小鸡一般，把他提进了自珍寓所。此时他的心情反倒平静下来：不就是一卷诗文，一本破书吗？又不是什么值钱的东西。我兄弟平日挥金似土，哪能把这点小事放在心上？想到这里他便泰然走进客厅。只见自珍和一个身材魁伟的汉子，满脸冰霜地坐在客厅里，见他进来，冷冷瞥了他一眼，既不让座，也不答话。然后二人起身，让那个赶毛驴的人坐了上座，把自己冷落一旁。自琮受不了这种冷落，自己拉了一把椅子坐下，看看沉默不语的自珍，开口说："兄弟怎么变得这么小气？为了一本破书，竟派人像抓贼一样把哥哥抓来，是什么道理？"

自珍一听冷笑一声说道："你还有何脸面问我？我究竟有什么亏负你的地方，是何人指使你如此陷害我？"

自琮不服气地说道："兄弟怎么这样说话？就算三哥不对，私下拿了你一卷诗文和一本破书，也说不上是陷害你呀？哥哥也是欠了人家的人情，把你的诗文借给人家看看，过后就还给你。这是什么大不了的事情，兄弟竟如此怨恨哥哥？"

魏源听龚自琮话中有蹊跷，连忙递给他一杯茶，慢慢对他说道："自琮三哥不要着急，有话慢慢说。你们兄弟之间可能有所误会，你把个中情由说清楚了，误会不就消除了？"

自琮呷了一口茶，把来龙去脉讲了一遍，事情的因果及穆彰阿的阴谋已经大体清楚。自珍又气又怜又无可奈何地望着自琮说："好糊涂的三哥呀，你不知不觉被人当刀枪当毒药，杀了你的兄弟，你还蒙在鼓里，叫我怎样说你呢？"

自琮仍是一脸茫然，说道："这有何难？兄弟既然觉得这些东西不便为外人观看，我这就去取回来，还给兄弟不就结了？"说罢起身便走。

魏源连忙让他坐下，知道内情一时也难以给他讲清楚。只好对他说："事情已不像三哥所想的那么简单。现在只请三哥实说，这书现在何人之手？是在穆大人府中，还是在陈文俊手里？"

自琮说道："听内兄说，穆大人日理万机，一时无暇细看，又让内兄带了回来，过两天再送过去。现在诗文和书都还在内兄住处。"

刘三听着他们说话，一直在一旁静静听着，至此插言说："陈文俊住在何处？"

龚自琮道："住在崇文门西边鑫盛客栈。"

刘三起身道："三位只管品茶，我去去就来。"说罢走出客厅，又消失在沉沉夜幕里。

陈文俊正在灯下起草首告自珍藏匿违禁书籍的状纸，忽听门外一阵敲门声。他开门一看，见门外站着一人，短衣短裤，非农非商，并不认识。正要开口询问，却听那人道："足下可是杭州陈举人吗？"陈文俊应声答道："足下深夜造访有何贵干？"那人道："足下有一亲戚，姓龚，在烟馆得了急病，特来请先生过去一趟。"说罢转身去了。

陈文俊闻言，提起灯笼，吹灭了灯，反身锁上房门，出了鑫盛客栈，急急忙忙到烟馆去了。等他走远，刘三从黑暗处纵身而出，从"百宝囊"中取出一串钥匙，轻轻打开陈文俊的房门，闪身进屋。一晃"千里火"点亮油灯，肉眼一看，果然有龚自珍的诗文和那本《翁山文集》。他急忙重新把书包好，将包裹挎在身上，出了陈文俊的住房，又反身把门锁好，腾身一跃，上了墙头，然后飘身而下，出了鑫盛客栈，赶回丞相胡同去了。

自珍和魏源正等得焦急，一见刘三回来，连忙起身相迎。见刘三把书放到桌案上，众人心中一块石头才算落了地。二人觉得龚自琮不宜在此久留，自珍和魏源又仔细交代了一番，刘三牵出毛驴，连忙送他回鑫盛客栈去了。

陈文俊去鸦片烟馆寻龚自琮，烟馆中人说，他已经过了瘾走了。陈文俊心中纳闷，只好回店。离店门不远，看见一个人影蹒跚而至，走近一看，正是自琮。陈文俊问他哪里去了，自琮捂着肚子，装出一副疼痛难忍的样子，只是摇头，陈文俊扶着他进了客店，打开自琮的房门，点亮灯，扶他上床休息。自琮才忍着疼痛说："从烟馆出来，心绞痛突然发作，实在难以忍受，只好躺在一家店铺的屋檐下。恰巧过来一个赶毛驴的老汉，我给了他十文铜钱，让他回店给兄长捎信。但等了很久，也不见你去接我，只好忍着疼，挣扎着摸回来了。"说罢又呻吟起来。

陈文俊转身回到自己的住房，点亮油灯，马上发现床头上的蓝布包裹不翼而飞，立刻大吃一惊，找遍屋内踪迹不见，不由吓出了一身冷汗。他仔细回忆，临出门时包裹明明还在床头，里边的书，写状纸时还翻阅过。临出门时房门上了锁，刚才回来，锁钥未动，抬头看窗户，连一个小孔也没有，根本不可能有人进来。百思难解，连忙来到隔壁自琮房中，只见自琮已经酣然入梦，连忙把他叫醒。他问自琮："我房间的东西你拿了没有？"

自琮一听，立刻没好气地说："我什么时候拿了你的东西？出门时，你还在家，回来时和你一道，你屋里东西不见了，怎么就怀疑起我来了？真是人穷路窄，连自己的大舅子也瞧不起，想怎么作践就怎么作践！"

陈文俊连忙说："快别啰唆了，那东西不见了！"

自琮故作不解地问道："什么贵重东西，是金银还是珠宝？"

陈文俊道："是那两本书！"

自琮道："这就奇怪了。不是好端端放在你的枕头边吗？啥时间不见了？"

陈文俊道："我也知道你不会拿，可东西丢了，不能不和你商量商量。这可叫我怎么去向穆大人交代？"

自琮道："穆大人倒好交代，东西又不是他的，干他什么要紧？难的是我怎么向自珍兄弟交代。"

陈文俊知道他还蒙在鼓里，也不便向他点破，只好说："反正事已至此，我们两个都难交代，明天早点回杭州去吧。京城真是个是非之地。"说罢为自琼关上门，回自己房中去了。

这一夜，陈文俊无论如何也再难以入睡。想来想去，只有一个人值得怀疑：就是那个赶毛驴的老汉。但这样机密的事情他如何知道？莫非是神仙，是剑侠？也许是龚家福祚绵长，龚自珍不该倒霉。但明天穆彰阿追查起来，自己可要倒霉了。更令他痛心的是，三千两银子已经交到穆彰阿手里，他已经答应，不日就可捐个县令。不想煮熟的鸭子又飞了。这且不说，穆彰阿如果说自己和龚自珍串通一气如何得了？想来想去，还是三十六计，走为上策。看到窗纸发白，他赶紧起来，唤醒自琼，结算了店钱，也不去穆府告别，就急急忙忙赶回杭州去了。

三天以后，不见陈文俊来府回话，穆彰阿心头颇为不快。他派人去陈文俊下榻的鑫盛客栈传唤，谁知陈文俊两天前就已经出京回杭州去了。穆彰阿心中大怒，但又无可奈何。他始终不明白陈文俊为何中途变卦，但手中没有真凭实据，他也难以给龚自珍横加罪名。他深悔那天不该让陈文俊把书再带回去。

再说龚自珍那天晚上送走龚自琼，刘三回来时已经鼓打三更。当晚三人同宿自珍房中。自珍感慨地说："'百无一用是书生'，今日之事若非刘三哥援手，后果不堪设想。"刘三说："这点小事算得了什么？年轻时快意恩仇，杀一个半个恶人，从不皱眉。如今岁数大了，豪气远不如当年了。"魏源说："我看刘三哥英风仍不减当年，若从军边关，定能建不世奇勋。"说着说着，刘三已发出了鼾声。龚、魏二人不便惊扰，也都不再说话。不久魏源也已入梦。只有自珍心潮难平，悄悄披衣起来写了一首诗，题为《送刘三》："刘三今义士，愧杀读书人。风雪衔杯罢，关山拭剑行。英年须阅历，侠骨岂沉沦？亦有恩仇论，期君共一身。"

第二天，魏源、刘三告别龚自珍。临别，魏源对自珍说他和邓传密将一道赴古北口杨芳军中，一方面做幕僚，一方面教杨芳的儿子读书。自珍非常羡慕他有机缘结识杨芳这样的名将，并且很想结识邓传密。于是二人约定，魏源动身之日，自珍去为他送行。

魏源和邓传密动身之日，已是秋冬之交。自珍如约送他们至京郊。这邓传密是安徽怀宁人，乃著名书法家邓石如之子。他自幼喜欢书法，颇得乃父真传，但平生厌恶八股文，所以连个秀才也没有考上。他和自珍一见如故，彼此都有相见恨晚之感。他早就听魏源说过自珍的情况，既佩服自珍的才学，又同情自珍的遭遇。邓传密说："读兄长'怨去吹箫，狂来说剑'，'挑灯海外，拔剑梦魂中'和'气寒西北何人剑，声断东南几处箫'等诗句，常以为兄长是虬髯客、李将军一类人物，今日一见，才知兄长如此儒雅，正应了李太白'身不满七尺，心雄万夫'的话。"

自珍笑道："愚兄生平好动，但实未出塞一次。今日见你和默深，从名将出长城，书剑磊落，真令人羡慕不已。自古以来读书人做记室、参军的很多，但真正有这种机遇的又有几个人呢？希望将来二位贤弟从边塞归来，我们重逢之时，听你讲述塞上风光，让愚兄分享一二也就够了！"

真是酒逢知己千杯少。三人饮酒谈心不知不觉日已西斜，魏邓二人该动身了，只得依依惜别。魏源紧握着自珍的手说："今日一别，不知几时才得重逢。小弟承兄长爱护，不啻手足。兄弟也要向兄长敬进一言。兄长襟怀坦白，酒席谈论尚有未能择人者。促膝之言，与广众异；密友之争，与酬酢异。如果不择地而言，恐贻人口实，为宵小所害。"

自珍连连点头，说道："兄弟之言，愚兄谨记。今后当缄舌裹足，杜绝诸缘。"

邓传密接口道："能清不能浊、能宝不能市者，危之道也，也望兄长思之。"

自珍道："二位贤弟的话都是金玉良言，隆情高义，愚兄永记在心。我也祝二位一路顺风，立功边疆。"

穆彰阿陷害龚自珍的计划虽然落空，但"龚自珍藏匿违禁书籍"的谣言却越传越盛。这谣言像初冬北方的寒风，如刀似剑，刮得人寒彻骨髓。三人成虎，众口铄金，吏部考绩竟据此把龚自珍列为京察三等，就差一点没被摘去头上的七品顶戴。这使自珍悲愤莫名，又有冤难以申诉。

十月二十日夜晚，他独自坐在书房里，手捧日前邮差送来的家书，心思如钱塘潮涌。听着窗外呼啸的风声，心驰神飞。他想起唐代大诗人李商隐咏《风》的名句："迥拂来鸿急，斜催别燕高。已寒休惨淡，更远尚呼号。"心中悲苦难言，烦躁莫名。北京城的寒风，比起荆湘秋风来不啻猛烈百倍，自己心中的悲苦比起李商隐来又何止强过百倍。听窗外风声如猛虎怒吼，似四轮飞驰，它冲破重关，横绝边塞，卷地而来，于是天气骤寒，使京城一夜间炭价十倍。他由家书想到母亲和妻子吉云夜半拥灯而坐相思成梦的情景，心中感到无比愧疚。慈母、贤妻都盼望自己早日功成名就，衣锦还乡，可自己至今却仍然沉沦下僚，一事无成。尤其想起近来穆彰阿之流对自己的迫害打击，更加愤恨填胸。他深刻反省自己，觉得自己怀才不遇的原因，主要是生性倔强、真淳，平日放浪形骸，嬉笑怒骂，语惊四座，但难免得罪当朝权贵。他责备自己未能慰藉亲人，虽有满腹不平之气，也不敢大快意气，宣泄心中的愤懑与愁苦。他倍加思念风酥雨腻的家乡，实在难以入寐，又只好像以往那样，借诗来排遣。他提起笔来，写了一首题为《十月廿夜大风，不寐，起而书怀》的古风：

　　西山风伯骄不仁，虩如醉虎驰如轮；排关绝塞忽大至，一夕炭价高千缗。城南有客夜兀兀，不风尚且凄心神。家书前夕至，忆我人海之一鳞。此时慈母拥灯坐，姑倡妇和双劳人。寒鼓四下梦我至，谓我久不同艰辛。书中隐约不尽道，惝恍悬揣如闻呻。我方九流百氏谈宴罢，酒醒炯炯神明真。贵人一夕下飞语，绝似风伯骄无垠。平生进退两颠簸，诘屈内讼知缘因。侧身天地本孤绝，矧乃气悍心肝淳！欹斜谑浪震四座，即此难免群公瞋。名高谤作勿自例，愿以自讼上慰平生亲。纵有噫气自填咽，敢学大块舒轮囷。起书此语灯焰死，狸奴瑟缩偎帱茵。安得眼前可归竟归矣，风酥雨腻江南春。

四、吴回一怒知天意，无复龙威禹穴心

　　陈文俊带着龚自琮匆匆出京，一路上垂头丧气，提心吊胆，生怕

穆彰阿派人追来。到了扬州，弃鞍马，登舟船，心神才安定下来。静下心来以后，仔细思索事情的前因后果，仍百思不得其解。一路上看着只知道吃、喝、吸、睡的龚自琮，心中有说不出的讨厌。如果不是看在同胞妹妹的份儿上，有几次他都想把他推到江心里去。一天晚上，船泊镇江，龚自琮要上岸去过烟瘾，陈文俊独自一个人在船上想心事。越想越乱，难得要领，直到深夜还难以入睡。龚自琮过罢烟瘾回来，一倒下便酣然入梦。陈文俊又妒又气，心想真是庸人厚福，这种无用的东西偏偏能吃、能喝、能吸、能睡。陈文俊正想入非非的时候，却听见龚自琮梦中呓语："自珍兄弟，不是我有意害你。是陈文俊的主意，他要我偷书给穆大人。你千万不要怪我……"陈文俊一听，大吃一惊，想再听时，他却又翻身呼呼睡着了。陈文俊心头豁然明亮。他用力拍了一下自己的脑袋，暗骂自己："笨蛋！糊涂！这是早该想到的事，怎么偏偏没有想到！龚自珍丢了书，自然会想到龚自琮；找到这个窝囊废，还有什么弄不清楚？然后让那个赶脚驴的来骗自己出去，趁自己出去再派人把书盗走……"想到这里，他不禁杀心又起，真想把龚自琮一掌打死。但转念一想，归根结蒂使自己如意算盘落空，白白扔了三千两银子的罪魁祸首，还是龚自珍。要不是龚自珍把书找回，自己何以鸡飞蛋打！他暗暗咬牙切齿道："龚自珍呀龚自珍，我岂能与你善罢甘休！骑驴看唱本，咱走着瞧吧！"

次日清晨，龚自琮睡醒，刚翻身起来，陈文俊就关切地问道："昨夜江上风寒，贤弟睡得好吗？"

自琮道："我又不想什么心事，当然睡得香甜。大哥整日心事重重，当然睡不好了。"

陈文俊道："傻兄弟，愚兄有什么心事？还不都是为了你吗？"

自琮不由一愣，问道："都是为了我？"

陈文俊道："正是。一路上恐怕惊吓了你，为兄提心吊胆，不敢对你明言。直到今日，我估计大难已过，才敢对你说破。"

龚自琮道："什么大难？我怎么一点也不知道？"

陈文俊笑道："你粗心了！我们一出京城，那个赶毛驴的老汉就远远在暗中跟着我们。为兄何等眼光，虽然那晚上只见过一面，但我一眼就认出了他。他发现行踪被为兄识破，立即又交代一个同伙跟踪我们。过卢沟桥时，身后那黑色毛驴上的彪形大汉便是他的同伙。"

自琼道："你怎么知道？"

陈文俊道："愚兄这双眼睛是干什么的？能吹进一粒砂子吗？何况他的江湖春典切口我都知道。亏我见机得早，暗中送了他百两纹银，他才答应放我们一马，转身去了。"

龚自琼听得半信半疑。他问道："他跟踪我们做什么？我们又和他无冤无仇。"

陈文俊道："你好糊涂啊，他们都是你那本家兄弟龚自珍雇的杀手，要杀你灭口呀！"

有了上次的教训，龚自琼不肯轻易上当。他冷笑一声说："他为什么要杀我灭口？恐怕是要杀大哥你吧？"

陈文俊道："我们两个是一根绳子拴的两个蚂蚱，当然为兄也难幸免。但主要还是要杀你灭口。"

龚自琼仍然不信。他问陈文俊："那是为什么？"

陈文俊道："还不是为那本破书！你至今还蒙在鼓里呀。那本书是雍正、乾隆、嘉庆和当今皇上三令五申销毁的禁书，是前明屈大均的《翁山文集》。你无意中偷给别人看，等于告发了他，他能饶你？要不是这样，他为什么兴师动众把你抓去？"

龚自琼不由一愣："你怎么知道他们抓我？"

陈文俊道："我有什么不清楚？他们抓你，又让那个赶驴的放你，我全知道。要不是怕他们伤害兄弟，我能不去向穆大人禀报？"陈文俊叹了口气，又继续说道："愚兄一心为你，你偏偏胳膊肘向外扭，和人家串通一气，欺哄于我，真叫我难过。要不是为了我那可怜的妹妹和外甥，我真想不管你的死活，独自一走了之。"陈文俊说罢又摇头叹息起来，竟然难过得流下了两滴泪。

龚自琼深为感动。既然他什么都已知道，也就不再隐瞒，他把那天晚上自己如何被抓，如何被放，一五一十都告诉了陈文俊。末了他又问道："我真不明白，书既已找回，他还要杀我做什么？"

陈文俊道："龚自珍大逆不道，藏匿违禁书籍，朝廷能不追究？穆大人能不追究？既要追究必要证据。朝廷一旦找到你这个人证，龚自珍仍然难逃法网。只有杀你灭口，人证物证都没有了，他才安然无事。你想他能不杀你？”

陈文俊一席话，说得龚自琮六神无主，心慌意乱。他又问道：“他们为什么不杀了我，反而送我回店？”

陈文俊道：“京城之内，天子脚下，人多眼杂，他能不有所顾虑？”

龚自琮道：“到了江南，他就不再追杀了吗？”

陈文俊道：“那也未必，我看龚自珍绝不会善罢甘休。何况他父亲身居上海兵备道，要杀你还不是像掐死一只臭虫？”

龚自琮听得不寒而栗。他以乞求的眼光望着陈文俊问道：“那怎么办呢？我马上去向六叔求情，让他老知道我是无心之过，请他饶恕。”

陈文俊冷笑道：“他能舍了独生儿子饶你这远房侄儿？他比他弟弟龚守正心肠好吗？他对你这个吸食鸦片的不肖侄子那么爱惜？你和龚自珍反正是只能保全一个，你看他会怎样选择？我劝你还是不要自投罗网为好。”

龚自琮越听越怕，万般无奈，扑通一声跪在内兄面前，泪流满面地哀求内兄想办法救他。陈文俊连忙把他扶起，慢慢说道：“容我慢慢想办法吧，现在只好走一步说一步了。到家后，你先回去看看妹子和外甥，然后就来见我，千万不要向他们透漏一点口风，免得惊吓了他们。事不宜迟，迟则生变。龚自珍派人赶到江南，事情就麻烦了。”龚自琮焉有不听命之理？到家之后，将家事稍作安顿，第三天就来见陈文俊问计。陈文俊告诉龚自琮，你和龚自珍反正是生死存亡之搏，有他无你，有你无他。先下手为强，后下手遭殃。他指给龚自琮两条妙计：一是到龚府投毒，二是到龚府放火。若能害死龚自珍的父母，龚自珍必得丁忧回乡。然后由他去京中活动，使龚自珍永远开缺，事情就万事大吉了。龚自琮觉得到龚府投毒不易得手，决定相机去龚府放火。九月二十日夜晚，月黑风高，龚自琮终于溜进了上海苏松太兵备道衙署的后花园，在龚自珍的藏书楼放了一把火，当他仓皇逃跑时，却被一个老年妇女拦住了去路。他在火光中定睛一看，却是自珍的姑母。他连忙跪倒在地上，请求姑母饶命。自珍的姑母狠狠地打了他一记耳光，他趁姑母气得浑身乱颤之时，夺路逃命去了。一时火光冲天，借着初冬的风势，大火蔓延起来。等到大火被扑灭，藏书楼和衙署已被烧毁了大半。

龚自珍在北京得到家中遭到火灾的消息，已经是十月底，妻子何吉云在信上告诉他，藏书楼失火，所藏书籍五万多册尽被焚毁，并延及衙署大半。母亲惊吓过度，卧病在床，所幸父亲和儿女无恙。自珍接信后心痛欲绝，立即到吏部请假，准备南下省亲。不少人劝他说，幸补一缺，请假后又要开缺。明年到京按规定，又不准随补，一定要扣足一年，才能补缺，这样功名就耽误了一年。也有人说明年春天就要会试，来回千里奔波难免荒废学业，影响大考。也有人说，事已至此，即使回去也于事无补。自珍忧心如焚，这些话哪里听得进去？他说，哪有怕耽误功名就不回去省视父母之理？宁可不要功名，也不能不顾父母安危。

鉴于上次龚自琮盗书引起的风波，自珍考虑离京后，寓中书籍必须有一个可靠的人照管。他写信给古北口的邓传密，告诉他家中的不幸，并希望他能够赶回北京，为自己管理书籍。邓传密接信之后，立即交代了幕中事务，兼程赶回北京。自珍安排妥当，即刻动身南归，冒着冷雪严寒，日夜倍道，三十三天后赶回上海。

自珍的父亲因衙署火灾，受到降一级留任的处分，朝廷责令他以自己的薪俸修复衙署。火灾之后，万事丛杂，许多善后事宜需要处理，每天还有大量日常公务，他深感人手缺乏，力不从心。幸亏自珍回来，帮助他很快把事情处理得有了眉目。自珍的母亲，卧病在床，幸亏有他的姑母帮助，妻子何吉云精心照料，病情已有好转，又加上自珍回来后晨昏在侧，心情渐渐好起来，到了年底已经基本痊愈。

这天晚上全家人聚在一起，又说起火灾的经过，龚丽正说准备处分几个玩忽职守的下人。自珍的姑母劝哥哥不要处分下人。她把那天晚上看见龚自琮的情况讲了一遍。自珍听罢，立刻捶胸顿足痛哭起来。他觉得事情完全是因为自己引起的，父母遭受这么大的灾难，完全是因为自己的不孝。他要去找龚自琮拼命，把他缉拿归案，问他为什么三番两次和别人联手害自己。全家人苦苦相劝，方才使他平静下来。他把龚自琮京中盗书的事情也告诉了父母和姑姑。全家人无论如何也参详不透龚自琮何以如此仇恨自己一家。父母和姑姑都认为家丑不可外扬，传扬出去有损龚家百年声誉，于祖宗脸上无光，自珍只好作罢。这一夜自珍一直长吁短叹，母亲和姑母也陪着他流了一夜泪。这事情一直成为龚自珍椎心泣血毕生难忘的隐痛。己亥年辞官归里，路过秀水县碰到他的七叔父龚绳正时，他还写诗说：

> 天教梼杌降家门，骨肉荆榛不可论。
> 赖是本支调护力，若敖不馁怙深恩。

这"梼杌"原是传说中颛顼帝的不肖子，不可理喻，屡教不改。后来多指家中的坏人。这里当然指的就是龚自琮了。

家中诸事粗定，自珍提起笔来给邓传密写了一封信，告诉他回上海后的情况及心情，其中一段这样写道："兄冒三十三日之冰雪，踉跄而归，家严、家慈幸皆无大恙。家慈受惊不小，儿子等几乎不救。痛定思痛，言之心骨犹栗。而奇灾之后，万事俱非，或者柳子厚所云：黔其庐、赭其垣以示人，是以祝融、回禄之相我也。此事颇有别情，患难起于家庭，殊不忍言。然外间固有微闻之者，未卜足下曾闻之否？兄暂得依恋膝下，以度残年，而试期又迫，正月初旬即须买棹北上，相见甚迫……"

这次火灾对自珍的打击实在太大了。自此之后，他每年的九月二十八日都要郑重祭奠这些被焚毁的书籍。《己亥杂诗》中，他还伤心地回忆说：

> 十仞书仓郁且深，为夸目录散黄金。
> 吴回一怒知天意，无复龙威禹穴心。

诗意大概是说，我有一间十仞左右的藏书楼，充实而又深邃。为了丰富里面的藏书，曾花费了不少金银。谁想火神发怒，把我的书焚毁了十之八九。我知道老天爷的用意，从此再也没有做藏书家的心思了。诗中的"吴回"也就是火神，又称"祝融"；"龙威禹穴"是指藏书丰富的地方。自珍所收藏的多是"七阁"（国家的图书馆）未收之书，耗费了自珍很多心血，研究蒙古地理的资料也全部被烧光了。这对自珍对国家都是一种无可挽回的巨大损失。

五、一种春声忘不得，长安放学夜归时

道光三年癸未（1923）又是大比之年。一开春，龚丽正不顾自己年老体弱，又催自珍进京参加会试。自珍屡试不第，功名心早不如以前炽烈，又见父母身边都需要有人照顾，实在不忍远离。恰巧程同文来访，请他为阮元年谱作序。阮元是程同文会试时的座主，程同文也就是阮元的门生。程同文深知龚自珍的人品、才学，极力向这位功高名重的退休大学士、兵部尚书、曾任两广总督的阮元推荐龚自珍，龚自珍也十分敬重仰慕阮元，于是就答应下来。

赴京前，他在上海撰写了《阮尚书年谱第一序》。在这篇序言中，他盛赞阮元注重武备、加强海防的功绩，指出英国殖民主义者名为贸易，"实乃巨诈，拒之则叩关，狎之则蠹国"，必须严加戒备，"备戒不虞，绸缪未雨"。这在当时外侮日深的情况下，有着重大的现实意义。龚自珍在鸦片战争的十七年前，对英国侵略者就有如此认识，这种先见之明确实令人佩服。阮元对自珍的序文十分欣赏，自此两个年龄悬殊、身份地位也有天壤之别的一老一少，交成莫逆。魏季子《羽琴山民逸事》里说：自珍生性简傲，于俗人多侧目，所以忌妒他的人很多。阮文达公告老还乡后，有人以琐碎的事情请他帮助，他就装作耳朵聋故意打岔。只有龚自珍来到扬州看望他，一谈就是一天一夜。扬州人都讥讽说："阮公耳聋，见龚则聪；阮公俭啬，交龚必阔。"两人听了这些话，都大笑起来，毫不在意。

此事完毕，龚自珍父命难违，只好又负笈北上。二月到达北京。他和邓传密相会，互道别情。不久邓传密又往古北口去了。由于叔父龚守正的安排，自珍很快补了缺，又去内阁任职。每天散值回来，就

在寓中温经看书，准备应试。他常常想起上年穆彰阿等人对自己的迫害，心中阵阵作痛。他知道有这些人当道，自己很难有出头之日。尽管行前父亲和母亲一再叮嘱，要他学会委曲求全，但他实在不愿违心行事。他决心坚守气节，不向邪恶势力低头。当晚他坐在丞相胡同的书斋里，感到十分沉闷。来到院子当中，仰望夜空，星河灿烂，京师之夜，万籁无声，四周一片死寂。他又回到书房，提笔写了题为《夜坐》的两首七律：

其一

春夜伤心坐画屏，不如放眼入青冥。

一山突起丘陵妒，万籁无言帝座灵。

塞上似腾奇女气，江东久陨少微星。

平生不蓄湘累问，唤出姮娥诗与听。

其二

沉沉心事北南东，一晌人才海内空。

壮岁始参周史席，髫年惜堕晋贤风。

功高拜将成仙外，才尽回肠荡气中。

万一禅关砉然破，美人如玉剑如虹。

第一首诗的大意是说，春夜里与其伤心地独坐在书房的屏风前胡思乱想，还不如到院中放眼夜空，观星看斗。由于自己名声太高，识见常在众人之上，就像一山突起，要被丘陵忌妒那样遭人嫉妒。遥望北方，仿佛有"奇女之气"升腾，我想起汉武帝巡狩河间，望见这种奇气，结果真的有美女在那里，现在这种"奇女之气"是不是预示边塞隐有奇才异士呢？在江东一带，少微星早就陨落了，因而敢于发表不同意见、议论朝政的人也就没有了。我平生不像屈原那样胸中积蓄了许多问题，希上天解答，我只想把思想变作诗歌，唤出月中嫦娥。诗中那种才高招忌的苦闷，希望朝廷重视人才、理解自己的愿望，表达得十分强烈。

　　第二首紧接第一首"唤出姮娥诗与听"而来，抒写自己的心事。诗人的心事并不在于个人的成败得失，而在于天下四方之忧，他尤其盛叹人才的匮乏。自珍年过而立，才以举人的身份任内阁中书，修《清一统志》时任校对官，勉强位列史官，可惜在他少年时就染上了晋贤嵇康、阮籍等人无视礼法、指摘时政的习气。他希望自己的成就超出登坛拜将的韩信、功成身退从赤松子修仙的张良，但不幸才气却消磨在回肠荡气的诗词之中。诗的最后说，万一有一天缚束限制人才的层层关卡被打破了，他就会像如玉的美人遗世独立，像匣中之剑那样气贯长虹。

　　这年会试，龚自珍和他的朋友魏源、宋翔凤、吴虹生、端木国瑚都未考中，只有汤鹏进士及第还点了翰林。朋友们京师重聚，同登酒楼饮酒。酒半，宋翔凤取出一幅《高楼风雨卷子》让自珍题诗。自珍为他题写了一阕《齐天乐》，词中有"相逢怕竟闲文字，替卿疗可春病。难道才人，风风雨雨埋却半生幽恨"等语，倾诉了自珍在现实的打击下抑郁不得志的苦闷，以及为解脱这种苦闷而产生的消极避世思想。他说："参禅也肯，笑有限狂名，忏来易尽"，并约宋翔凤一同归隐。端木国瑚也要出京，自珍也写了一首诗为他送行：

> 天人消息问端木，著书自署青田鹤；
> 此鹤南飞誓不回，有鸾送向城头哭。
> 鸾鹤相逢会有时，各悔高名动寥廓。
> 君书若成愿秘之，不扃三山置五岳。

　　端木国瑚，字鹤田，号青田一鹤，又号大鹤山人，和自珍、魏源齐名内阁，精于《易》，著有《周易指》等。自珍对人向来不轻易称许，只有和端木谈论《易经》时，心领神会、豁然开朗，他大加赞许端木，说他的讲解闻所未闻。二人都因名高遭忌，所以自珍劝他，著作写成之后要保密，最好藏在三山五岳，免遭人妒。

　　因为火灾之中自珍的文集大半焚毁，他决定重新收集编订刊刻。朋友们聚罢星散，自珍便积极着手这项工作。五月间自编嘉庆十九年（1814）以来的文章为《文集》三卷、《余集》三卷。六月间又刊刻《无著调》《怀人馆词》《影事词》《小奢摩词》四种词作，计一百零三首。后人评价这些词"绵丽飞扬，意欲合周（邦彦）、辛（弃疾）而一之"。他也觉得词作集刊后，算是了却了一桩心事。看看案头新刻的著作，自珍心中百感交集，写下了题为《漫感》的一首诗：

> 绝域从军计惘然，东南幽恨满词笺。
> 一箫一剑平生意，负尽狂名十五年。

　　七月末，自珍的母亲段夫人，终因火灾惊吓成疾，未能治愈去世。自珍得到噩耗后，五内俱焚，立即告假丁忧，南归奔丧。他九月初回到上海，傍晚到苏松太兵备道衙署门前，只见素灯高挂，魂幡低垂。自珍踉跄奔入，见妻子何氏拉着六岁的儿子龚橙身穿重孝在二门外等候，不禁悲从中来。他强咽悲泪，先去向父亲请安，只见父亲短短半年，竟然须发全白，面容枯槁，苍老得面目全非。他再也忍不住内心的悲痛，扑通一声跪倒在父亲面前，泣不成声："不孝儿回来迟了！……"

　　自珍跌跌撞撞来到灵堂，但见黑漆棺木一口，挽幛白幔中母亲的遗像宛若生前，摇曳烛光里仿佛看着匆匆归来的儿子微笑。自珍不禁肝肠寸断，头昏目眩，一声"娘啊！"刚喊出口，便一头栽倒在灵堂里，昏厥过去，吓得何氏夫人和儿子龚橙立刻哭叫起来。龚丽正也闻声过来，见状慌了手脚，连忙命人去请医生。自珍的姑母连忙拉住哥哥和何氏，止住大家不要慌乱，她把自珍揽在怀里，又是拍打胸口，又是揉搓喉咙，然后用指甲掐住自珍的鼻下人中穴。折腾了好大一阵，方见自珍悠悠醒来。醒来后又是抚棺大哭。他想起自己小时体弱多病，夕阳里每闻锡箫之声，便惊悸昏厥。母亲把自己揽在怀里，轻轻拍打，悠悠摇晃，彻夜不眠。稍大之后，母亲实是自己的第一位发蒙老师，灯光下，母亲一边教自己读吴梅村的诗，一边做针线。入塾后自己逃学入法源寺，在竹林里挂烂了衣服，擦破了皮肤，母亲心疼得暗自流泪。长大后自己科场蹭蹬，母亲牵肠挂肚。尤其是去年那场大火，使母亲惊吓成病，这实在是自己的罪过。为了自己的功名，母亲不顾沉疴在身，催促儿子进京……母亲一生为自己吃了多少苦，付出了多少心血？可是自己长大成人后，很少在堂前行孝，特别是这次重病，自己未能一日在床前侍奉汤药，甚至未能见母亲最后一面！这一切全是为了功名利禄，可这功名至今未就，使母亲难以瞑目九泉！自珍越想越痛，越思越悔，越愧悔越悲伤，直哭得声嘶力竭，昏厥再三。妻子何氏、儿子龚橙也陪着大哭。但她们与其说是哭段夫人还不如说是哭自珍。

龚自珍任人劝说，但总难止悲痛，最后他的姑母只得去请哥哥来劝侄儿。谁知自珍一见父亲来到灵前，反而更加悲痛，竟然"哇"的一口吐出鲜红的血来，血泪一时染红了白色孝衣。这可吓坏了全家人。龚丽正忙命人把自珍架出灵堂，然后声泪俱下地说："儿呀！你只顾哭你母亲，就不顾老父和妻子儿女了吗？"自珍的姑母也再三劝说，自珍方勉强止住了悲泪。

晚上，自珍坚持要为母亲守灵。妻子何吉云、父亲、姑母都害怕他过度悲伤，毁了身体，都说段夫人已经过了五"七"，没有再守灵的礼节。但自珍坚持说，儿子三年不离娘怀，难道儿子就不该在母亲灵前守三夜吗？全家人无奈，只好依从了他。但父亲说，如果听见哭声，就过来陪他。他答应父亲不再哭了。

这一夜龚自珍又好像回到了童年。他偎依在母亲的棺材旁，就像儿时偎依在母亲怀里。他的双手不停地抚摸那黑色棺木，轻声呼唤着母亲，眼泪无声地滴落在母亲的灵前……

第二天早上，何吉云来灵堂看自珍，却见自珍仍呆呆地爬跪在母亲灵前，如醉如痴，胸前的孝衣早已血泪湿透。她轻轻跪在自珍旁边说道："你读书万卷，什么道理不明白？人死难以复生，这普通的道理你竟想不透？如果一死能够赎回婆母，我也决不惜一死。但这可能吗？母亲临终还拉着橙儿的手，说看橙儿就好像看见儿时的你，希望我们把橙儿教育成才，为祖宗争光。难道你就不顾我们的橙儿了吗？母亲还交代要我们好好孝敬公爹，难道你就不顾年高体弱的父亲了吗？你这样不爱惜自己，母亲九泉有知，能够瞑目吗？"

听了妻子温声细语的劝解，龚自珍终于点头。但他已经四肢麻木，无力站起，何吉云立刻喊人，把他架出了灵堂。

七天之后，自珍亲奉母亲的遗骸回杭州安葬。灵船沿着长江水西行，到了镇江沿大运河南下。一路上自珍端坐在母亲灵前，一改往常风流倜傥、言议英发的习惯，沉默不言，只是望着滔滔东逝的江水出神。沿岸的山树云烟、桨声帆影，再也难以引起他的诗思逸兴。自入仕以来，连遭挫折，特别是一年多来的沉重打击，使他陷入了迷茫。这次母亲的去世，更使他精神崩溃，万念俱灰。去年他曾向江沅坦露过自己的苦闷，江沅劝他学佛，希望他从佛经中寻求解脱。在京师他也曾向容斋居士裕录请教过佛学中的问题，参加过一些礼佛活动。但是强烈的报国愿望，很难使他皈依佛门，成为虔敬的佛门弟子，如今他觉得已经四面楚歌，身隔绝境，只有灵山一条路了。

三天后，灵船到了杭州。他把母亲安葬在花园垠祖父匏伯先生的坟墓旁边。安葬完毕，自珍亲手在母亲的坟墓四周栽种了五十棵梅树，希望不畏严寒的梅花常年陪伴母亲。他又聘请了两位忠厚可靠的远亲朱大发、洪士华为母亲守墓。一切安排妥帖，他便到苏州访江沅去了。

第六章　入空学佛

一、如何从假入空法，君亦莫问我莫答

道光四年（1824），自珍居丧在家。春暖花开之时，他和妻子何吉云一道去苏州拜访江沅。他自幼生长在名刹林立、高僧众多的杭州，这种环境对于他"幼信转轮，长窥大乘"不无影响。自珍十一岁随父入京，十六岁时"侍亲居京师法源寺南，尝逃塾就寺门读书"，"稍长保姆携之入寺，辄据佛座嬉戏，挥之弗去"。他当时虽对佛学不很了解，但关于佛教中生死轮回之说，已经印入他幼小的心灵。母亲逝世前不久（六月二十日），他在北京曾经给铁君写了一封信，谈到他的佛学"自见足下而坚进"，把江沅教给他的佛学称为"无上法宝""无上医王""万劫息垠"。可见他在此之前已经对佛学有了一定研究。

自珍到苏州江沅家中时，恰巧苏州另一位佛学研究家贝墉也在，二人正在切磋《大方广圆觉修多罗了义经略疏》（也叫《圆觉经略疏》）。这贝墉是前边我们提到的红蕙花斋主人袁延梼的门婿，是一个

秀才，好藏书，书斋曰"千墨庵"，因嗜古好佛，不事生产，其家甚贫。他和江沅都受学于彭绍升。彭绍升，乾隆三十四年进士，也是苏州人，曾被授为知县，但辞不就任，却广读佛经，精研佛学。他法名际清，号知归子。江沅已经得知龚自珍的母亲去世的消息，他劝慰自珍说："三年前虎丘一别，至今才得见面，确实想念。年内接到华函，知道你佛学进境很快，十分高兴。太夫人魂游莲国，迹升极乐，足下也不可过分悲伤。世人本无生死，死只是对骨骸、肌肉这皮囊而言；对灵魂来说，死即是生，生亦是死，本无区别。太夫人仙逝实在是一种大解脱。"

自珍黯然道："话虽如此，但作为人子，丧亲之痛，仍不免痛彻骨髓。生死大关要真正勘破，实在是不容易。"

贝墉接口劝解道："这只有皈依我佛，真正悟得《法华》三昧，大彻大悟的人，方能勘破，足下一定知道《传灯录》上记载的庞家父女的事情吧？你看那庞灵照父女是不是勘破了生死？"

自珍颔首。原来《传灯录》上有这样一则故事：襄州居士庞蕴，字道元，为修炼佛法，将珍宝数万投入襄江。襄阳刺史前去探望他，他对刺史说："但愿空诸所有，慎勿实诸所无。"庞居士有一女儿，名叫灵照，也精通佛法。父亲将要圆寂，让灵照到屋外看一看日色早晚，天当午时，来向他禀告。灵照对他说，日已中矣，但日蚀了。庞居士闻言，出外观看，灵照却乘机坐上父亲正坐的蒲团，双手合掌而亡。庞居士笑着说："我女儿捷足先登矣！"

自珍又问道："何谓三昧？"

贝墉道："三昧梵语又叫'三摩地'。《大乘义章》说，以体寂静，离于邪乱，故曰'三昧'。《智度论》上又说'善心于一处住不动'，即是三昧。"

"我看就是屏绝一切心障，炼出一个单纯的念头，且以全身心贯注之？"

江沅笑道："瑵人果有慧根，正是这个意思。"

自珍又问："怎样才能悟得三昧，大彻大悟？"

江沅道："欲得三昧，应修《法华经》，读诵大乘，令此定慧与心相应，成办诸事，无不具足。智者大师教人以十项法门：一曰严静道场，二曰净身；三曰净业；四曰供养诸佛；五曰礼佛；六曰六根忏悔；七曰绕旅；八曰诵经；九曰坐禅；十曰证相。"

自珍道："智者大师这十项证法之门，倒也不难做到。做到这十项，就可身入正果了吗？"

江沅和贝墉一齐笑了起来。江沅接着说道："初祖达摩六朝时从天竺到中土。梁武帝是个笃信佛教、诚心礼佛的国君，曾多次自己舍身入佛门。他每入一次，臣子们则将他赎回一次。武帝慕初祖之名，特请他来到金陵，问他说，朕登极以来，建立寺院、剃度僧人不可胜数，并且舍身入寺多次，该有多大功德？初祖说道，这只是人天小果，有漏之因，如影随形，虽有实无。武帝不明白，又问道，如何才是真功德呢？初祖答道，净智圆妙，体白空寂，是为功德，不以世求。武帝听了心中十分不悦，心想，难道我做了那么多善事都是白做了？而后，气得拂袖而去。这样，初祖才一苇渡江，去到嵩山少林。可见智者大师的十种证法之门只是修习的十种方法，至于能否修成正果，还要看缘分。'佛度有缘人'也正是这个意思。另外，还要看修习的道行深浅。"

自珍又问道："'佛度有缘人'，什么是有缘呢？"

贝墉笑道："比如你我今日相识便是缘；见面之后切磋佛学更是有缘；如果今后足下竟因今日见面谈经而修成正果，那更是有缘了。"他如此说罢，三人大笑起来。

江沅告诉自珍，钱林已经致仕还乡，他在佛学上研究造诣很深，自己正准备去拜访他。于是两人约定同去拜访钱林。

这钱林，字东父，号金栗，信佛后又号"△①庵居士"，是嘉庆十三年进士，官内阁侍读学士。这年已经六十五岁，但保养得法，仍然红光满面，鹤发童颜，确有点仙风道骨的仪态。他原是浙江仁和人，是自珍的同乡先贤。自珍与之见面后，先道仰慕之情，接着便向钱林请教。他问钱林："先生近来修习什么佛经？"

---

① △：音伊，佛经中的字。

钱林答道："正在诵读《大智度论》。"

自珍问道："先生是礼天台智者大师的了？"

钱林道："我并不专信一宗、专礼一佛。你知道，佛，即佛陀，这是古天竺国梵语的音译。如果意译，也就是智者，这个'智'，包括三个方面：一是佛能知道一切；二是佛能使别人和他一样，也能知道一切；三是佛的智慧是无与伦比的。佛门里正觉、圆觉、等觉就是这三项含义。佛祖释迦牟尼，名叫悉达多，是净饭王的太子。他的传人名曰'龙树'，又名'龙猛'。天竺大乘佛学后来分为两大派。一派以龙树、提婆为首，称为'空宗'；一派以无著、世亲为首，称为'有宗'。空宗传入中土后，自魏晋到南北朝，都处于优势。龙树撰写的《大智度论》成为天台宗的重要经典。但龙树的《十二门论》和《大智度论》里边的《中论》又是'法性宗'（也就是三论宗）崇奉的经典。可见万流同源，各派原是一家。这些派别都是佛学传入中土之后，因解释经义和修习的法门不同而产生的。比如禅宗，原来也崇奉龙树，神秀就强调'守意''观心'。天台宗的智𫖮提倡自心修炼，也重在'观心'；三论宗的吉藏提倡'观辨于心'，这些都无不源于印度的空宗。万卷佛经，各宗各派，心法不一，但主旨一样。"

自珍忙问："主旨是什么？"

钱林答道："那就是佛祖六年苦修，在菩提树下悟出的道理，如何解脱人世痛苦。"

自珍急不可耐，连忙接口问道："如何才能解脱？"

江沅笑着答道："这就要去佛经中寻求答案了。这正像你们读四书五经的人，张口闭口'经邦济世、治国平天下'，难道这些治国之道，都是照本宣科，一句话能说完的吗？"

自珍十分失望，又陷入茫然。钱林笑着说："佛法无边，绝不是我等功德浅薄之士能够一下子讲透彻的。乔松寺慈风长老是得道高僧，我和铁君都是他的俗家弟子，如果足下乐意，明天我们一道去乔松寺如何？"

自珍忙道："那太好了！只是有劳二位了。"

钱林道："佛祖贵为太子，抛弃荣华富贵，遍访名师，苦苦修行，普度众生。初祖面壁十年，唐三藏远涉异域。我们这算什么苦，什么劳？"

江沄道："明天三月初八，正是我和△庵要去听经的日子，正好同去。"

自珍忽然问道："钱先生法号'△庵'是什么意思？这'△'该怎么读法？有人读'伊'，有人读'某'，究竟何者为好？"

钱林忽然大笑起来："你这文字学家、校勘专家又犯了考据癖了！'△'音'伊'不音'某'，这是佛经大乘经中的字。梵文中三点本不连接，译入中土后连成三角状了。三点横则像火，竖则为水。这三点不横不竖则为既不像水又不像火，正是佛家宽厚仁慈之意。"

自珍听得暗暗点头，心想钱学士真是有道之士，既精于文字之学，又深通佛法。他想这佛学也的确是博大精深，若能按照自己治学的老方法"以字说经，以经解字"来加以研究，理解得可能会更好。紧接着自珍又问道："先生号'△庵'，贝居士斋名'千墨庵'。自珍今尚无号，先生可否为我从佛经中觅一字为号？"

钱林略一沉思说道："用'定'字如何？"

江沄道："妙极了！'定'即是禅，禅即是静虑。静虑即心往一境，安静思虑。《瑜伽师地论》中说，静虑专注了，便能深入思虑义理，也即通常说的'入定'，这是修法少不了的。"

自珍道："多谢二位赐以佳号，自此我便以'定庵'为号了。"

这天，自珍和江沄在钱林家中用过斋饭，又谈论了一通佛法，方才告辞。

阳春三月，杂花生树，莺飞草长。自珍、江沄、钱林三人结伴前往杭州城东乔松寺去拜访慈风长老。乔松寺在西湖东边吴山半坡。三人穿行在绿树掩映、落英缤纷的上山石径上，春风拂面，花香扑鼻；听林中好鸟相鸣，看花间蜂蝶飞舞，不觉心神俱醉。自珍觉得有一种武陵人误入桃花源的感觉，和京师东华门内阁值房的压抑、丞相胡同寓所的沉闷，真有壤霄之别。

三人边走边赏吴山春色。忽见迎面过来一男一女。每走三步，便要转过身去，跪下叩头三下，然后再转身前行。自珍感到奇怪。他问钱林和江沅道："这一男一女是干什么的？"钱林道："他们是从乔松寺还愿回来。三步一回首，回首三叩头，是表达对诸佛的依恋和虔敬。"说话间二人已到面前。自珍连忙上前问道："二位是从乔松寺还愿回来的吗？"

那男的接口答道："正是，敢问三位也是进香还愿的吗？现在早过辰时，怕头炷香是赶不上了！"

自珍道："我们是吃斋的居士，要到寺中听长老讲经。二位还的是什么愿啊？"

那男的道："我母亲不幸去年忽生奇病，疼痛难忍，已经卧床两三个月，百药无效。我和内人在佛前许愿，百日内菩萨保佑我母亲病体痊愈，我定为菩萨重塑金身。这乔松寺的菩萨果然灵验，我母亲如今已经痊愈，我夫妻特地还愿来了。"

自珍道："你们这样三步一回首，回首三叩头，几时才能到家？不觉得苦吗？"

那女的笑着说道："这有什么苦？如果不是菩萨保佑，我婆母每日疼痛难忍，呻吟呼号，要受多大罪？我们吃这点苦算什么？我们家离此不过三十里，三天之后也就到家了。有的人千里迢迢，还不以为远呢？"夫妻二人说罢，又一路叩头下山去了。

自珍叹道："难得他们有如此孝心，礼佛如此虔诚，菩萨当然要保佑他们了。"

江沅道："灵山虽远，虔心可通，礼佛有多种多样的方式。这不过是村夫村妇、贩夫走卒礼佛的方式罢了。钱塘有一仕女，其母因眼疾失明。这女子在佛前许愿，如果菩萨保佑他母亲双眼复明，她以心血书写《妙法莲华经》一卷，献诸佛前。后来她母亲果然双眼复明如初，这女子真的每天以钢针刺入胸膛，滴血为墨，书写了一部《妙法莲华经》，这卷经书，如今就供奉在乔松寺。"

自珍听了，深悔母亲生病时没有来佛前许愿。他不无悔愧地说："自珍枉读万卷诗书，竟不如村夫女子。若早蒙二位指点，也到佛前为家慈许愿祈福，家慈也许不致溘然长逝。"说罢黯然神伤。

钱林道："往者不可谏，来者犹可追。如今足下何不到佛前许愿，求菩萨保佑令堂不入轮回，早升天界？"

自珍道："二位以为我许何愿为好？"

江沅道："慈风长老正准备刊刻《圆觉经略疏》，要我和△庵助刻。我二人正感力薄，你是有名的校勘专家，何不帮我们完成这项功德？"

自珍闻听大喜，连忙说道："如此甚好。待会儿见到慈风长老，二位可以告诉他，我可充任校勘之役，同时捐资二十两，以备刻经之用。还望他为家慈在佛前多祈冥福。"

三人边谈边走，不知不觉已经来到乔松寺。自珍抬头观望，但见松柏森森，如城如廓，环绕着一座寺院，使古刹更显古老幽静。山门巍峨，额书"乔松禅院"四个苍劲古朴的魏碑大字。春光艳阳里，依山借势，一片金灿灿佛殿庙宇，气象雄伟。春风里，阵阵钟声在山林间回荡，又给人一种庄严肃穆之感。

三人走进山门，知客僧连忙迎住。因为江沅、钱林都是寺中常客，不须寒暄，便把三人迎进客堂。三人坐定，执事僧人奉上茶来。江沅向知客僧介绍说："这位是定庵居士，上海苏松太兵备道龚大人的公子。"龚自珍忙说："仁和龚自珍，久仰宝寺之名，特来拜佛。"知客僧双手合十，口宣佛号道："阿弥陀佛！失敬！失敬！小僧净凡，是本寺知客，久仰龚居士大名，欢迎光临。慈风长老正在做功课，三位稍坐品茶，我这就去禀报。"说罢转身去了。

不多时，知客僧回来，说慈风长老有请。三人便随同知客僧转过大雄宝殿东侧，穿过一条长廊，便到了方丈门口。只见一个老年僧人，身披大红金线百衲袈裟，白布长筒袜子，方头皂色僧鞋，颈挂念珠，双手合十，迎在门口。自珍瞧这鹤发童颜的老和尚，心中暗赞一声："好个得道高僧！"不用说这就是本寺主持慈风长老了。正赞叹间，却听慈风长老笑呵呵地朗声说道："阿弥陀佛！昨夜佛前蜡烛喜花连爆，今日果有贵客。老衲慈风迎候来迟，还望三位檀越恕罪！"

自珍三人连忙上前见礼。礼毕，自珍说道："仁和龚自珍久慕长老大名，无缘拜识。今日一见，足慰平生渴念。老禅师佛法深远，还望多多教诲！"

慈风道："相见即是有缘。不必客气，快请到方丈品茶吧！"

三人进屋，落座后就有执事僧人献上茶来。自珍打量慈风长老的方丈，并不十分轩敞，颇似读书人的书房。正中几案前供着一幅《佛祖灵山讲经图》，释迦牟尼宝相庄严，座下五比丘、十大弟子各具情态，栩栩如生。东边墙上挂着一幅观音菩萨柳枝洒水图。画中的观音大士，十指纤纤颇类唐人笔下的仕女，柳枝轻扬，净露滴落，仿佛就要洒到室中人的面上。西边墙上挂着一幅达摩一苇渡江图。画中的初祖，相貌威猛，神情严肃，二目凝神远望，似乎要走入座中来。东边靠墙并排放着两个大书橱，架上满是经卷图书。南边窗下书桌一张，桌上有笔墨纸砚文房四宝。西边禅床十分破旧，上面只铺着一张草席，席上放着一条黑色夹被。床头墙上挂着一幅装裱素雅的行书《江城子》：

飞来小岭削芙蓉，树青葱，石玲珑，断堑横桥，疑与石梁通。林籁寂时溪水静，云影里，出疏钟。

山僧定起万缘空，石床中，落花重，雨过门前，多少虎狼踪。天地不知何岁月，看草木，自春冬。

看下边落款是"有逸庵山僧济日"。自珍暗暗称奇，正琢磨词中的意蕴和书法的风格时，慈风长老浅浅一笑，对自珍说："这是老衲的师父济日长老的手泽，因而倍加珍惜。居士看家师这词和字写得如何？"

自珍道："字写得不错，洒脱而有章法，清秀中不乏劲健阳刚之气。我想令师一定是位英华内敛之士。但就词的意蕴来看，似乎俗念未了，彻悟中尚有牢骚。自珍末学后辈，妄加评议，让您见笑了。"

慈风道："居士果然好眼力，见地不凡。家师在皈依佛门之前，正是一位失意的英雄，实不相瞒，他老人家是一位前明遗民。居士是否看到词中'雨过门前，多少虎狼踪'一句，才猜想家师尘念未了的？"

自珍道："正是。这也难怪，追求了半生的事业，您让他如何放得下？"

慈风道："不过家师后来还是真的彻悟了。自入佛门之后，一心向佛，从未再涉尘世一步。他尤其精研三论，终于从假入空，悟得三昧真谛。"

自珍问道:"何谓从假入空?何者为假,何者为空?"

慈风笑道:"龙树菩萨《中观论》曾说,众因缘生法,我说即是空。亦为是假名,亦是中道义。这便是天台三观的根据。一切万法皆无自性,故为之空;皆有假象,故为之假;空假不二,故为之中。"

自珍道:"在下愚鲁,长老能否讲得再浅显点?"

慈风道:"居士听说过五祖传法的故事吗?"

自珍道:"听过的。"

慈风道:"这个故事很能说明何者为空。初祖达摩一苇渡江来到少林,面壁十年,终于入空启慧,明心见性,修成正果。圆寂后传衣钵给二祖慧可;二祖传三祖僧灿;三祖传四祖道信;四祖五传至五祖弘忍。五祖有门下弟子千人,其中首座高足名叫神秀。五祖本想传衣钵于神秀,命座下弟子各念一偈,谈谈自己对佛法宗旨的认识。神秀当众念了一偈语:身是菩提树,心如明镜台;时时勤拂拭,莫使沾尘埃。五祖听了并不满意,只是未置可否。这时一个春米、劈柴的苦役僧人站了起来,对五祖说:我有一偈,能否念给师父和师兄们听听?众僧都窃笑不已。但五祖说,你念吧,大家听听何妨?那苦役僧人便不慌不忙地念道:菩提本无树,明镜亦非台;佛性常清净,何处有尘埃?五祖一听,大吃一惊,但不露声色地说:今晚五更,你来见我吧!

这苦役僧人就是六祖惠能。惠能俗家姓卢,早岁家境十分贫寒,卖柴为生,后入寺中做苦役,春米、劈柴、烧火做饭。他当夜五更去见五祖,五祖便把衣钵传给他,并给他一纸包,命他带回柴房拆看。他带回柴房后,拆开一看,包内却是五个粳米和一枣一梨。六祖立刻明白五祖的用意,当夜五更便带着衣钵逃跑了。神秀发觉后,立即派人追赶,但已经追赶不上了。六祖便逃往岭南开山立派,成为禅宗南派的开山之祖。从此,中土佛教便有了南北之分。龚居士,依你之见,神秀和六祖惠能的偈语有何不同之处?"

自珍沉思之后道:"神秀的偈子把佛事比作菩提树、明镜台,仍是有物可循;六祖不承认菩提树、明镜台的实际存在,这就显得更空,更净,更能体现佛法中'万法皆空'的宗旨,所以五祖便选他为衣钵传人。不知是不是这个意思？"

慈风笑道："龚居士果然慧根非凡，这便是'空'的含义了。下面我们再来说假。华严宗的法藏禅师，为了给弟子讲何者为假，特取宝镜十面，八方安排，上下各一，相去一丈开外，面面相对。中间置佛祖金身一尊。然后以一炬照耀，镜中互影交光，佛祖无数金身一齐出现在各镜中。弟子们由此而知何者为假。居士能否明白？"

自珍答道："只有中间那尊佛祖金身是真，其余镜中佛祖的影子全都是假。"

慈风仍然笑吟吟地说："居士只说对了一半。中间佛祖的金身也非佛祖，难道不是假的？世上万物虽目可见其形，耳可闻其声，手可得之体，但都不过是镜中的幻影罢了。只有灵山我佛，无影无形，却于鸿冥之中无时无处不在，方是真的。"

自珍道："经禅师一说，于我心有戚戚焉。"

慈风长老又说："智者大师在《修习止观坐禅法要》中说，能了解一切诸法皆由心生，因缘虚假不实故空。尔时，上不见佛果可求，下不见众生可度，是名从假入空观，也叫作二谛观。"

自珍道："大师的意思可是从有念入于无念，从有生入于无生，便是从假入空了？说白了，也就是把源于尘世的一切念头都收敛起来，脑子里什么都不想，便是从假入空了？在下愚见，让您见笑了。"

慈风微微点头道："灵山不远，佛在心中。居士慧根深远，已经踏上灵山之路，实在可喜，焉得不笑？"说罢指着室外阳光道："只顾和居士说法，忘记斋饭了。"言罢，连忙起身，命人准备斋饭。

时间不长，斋饭送来。油煎糯米粑，红枣米粥。四碟小菜：豆角、腌辣椒、香菇、豆腐乳。斋饭虽然清淡，自珍觉得比京师酒楼的山珍海味还甘美。吃着斋饭，江沅、钱林把自珍准备捐资助刻《圆觉经略疏》的事告诉了慈风和尚。慈风长老高兴得连念弥陀，称赞自珍做了一件功德无量的大好事。慈风和尚并答应在自珍的母亲周年忌日时，为她诵经三日。饭罢，慈风长老陪着三人在乔松寺内随处转悠观光。但见天王殿、罗汉堂高大壮阔，各殿内大小佛像涂金绘彩，斋堂僧舍朴素净雅。尤其是那满院松柏，苍翠翁郁，使寺院处处清幽静谧。站在这里，使人觉得世上从来没有明争暗斗、尔虞我诈、嫉妒陷害、冷酷残忍、邪恶肮脏；从来就是充满友爱和睦、祥和温馨、善良诚实的桃花源。眼前只有清风、云影、寺僧、佛法，耳边只有钟声、经唱、松吟、鸟鸣。他仿佛已至西方极乐世界，自己已经修成正果，成为四大皆空的金身罗汉。这是他在京师从来未曾感受过的境界。什么名场失意、迫害之苦、丧亲之痛，一时间全消失得无影无踪了。

夕阳西下，乔松寺内上下一片金光。三人看看日色，方依依告别慈风长老。老和尚送至山门，自珍说道："送客非佛事，长老留步吧。"慈风却笑道："不送非佛智，三位慢行。"江沅、钱林不禁又大笑起来。江沅说："二位临别又斗起禅机来了！"自珍不禁愕然，忙问道："禅机何在？"慈风道："居士路上参详吧！"

走在路上，自珍又问钱林说："长老的话究竟含有什么禅机？"钱林道：《宗镜录》说，'破立一际，遮照同时'。'遮'是空观；'照'是假观。空即假，假即空。不送是送，送是不送，不正是佛法应有之意？"自珍恍然大悟，不禁也笑了起来。若干年后，自珍弃官南归，重访慈风，回忆起这次乔松寺之行，还写诗说："我言送客非佛事，师言不送非佛智。双照送是不送是，金光大地乔松寺。"

自此，自珍便常来乔松寺，潜心校勘《圆觉经略疏》，并跟慈风长老学佛，同江沅、贝墉、钱林切磋佛法。在自珍的母亲逝世一周年忌日到来之时，《圆觉经略疏》刻印完毕。自珍又撰写了一篇《重刻〈圆觉经略疏〉后序》。在慈风长老率乔松寺僧众为自珍的母亲诵经做法事时，自珍亲撰愿文，与妻子何吉云题名于愿文后面。文曰：

大清道光四年，佛学弟子仁和龚自珍同妻山阴何氏敬舍净财，助刊《大方广圆觉修多罗了义经略疏》成，并刷印一百二十部，流传施送。伏因先慈金坛段氏烦恼深重，中年永逝，愿以此功德，迥向逝者，夙业顿消，神之净土。存者四大安和，尽此报身，不逢不若。命终之后，三人相见于莲邦，乃至一生补处。

《圆觉经略疏》刻印完毕，自珍回到家中，在居室之内设一神龛，把南岳大师和六祖惠能供奉于一处，并用檀香木刻了一尊观音菩萨，朝夕礼敬。后来，他还撰写了一篇《南岳大师画像赞》，称颂智者大师道："南岳不兴，则龙祖之论息，文师之名灭。抑南岳不作，则天台孰辟之？永嘉孰证之？而终南念佛三昧孰授之？诸师益将无证，震旦如长夜也。"自珍不仅把智顗当作普救众生的救世主，甚至认为没有他，中国还要像漫漫长夜一样漆黑一团。自珍认为《妙法莲华经》自鸠摩译成汉文传入中国以后，屡经传抄，多有错乱讹误，遂决心重新校勘刻印。他要以虔诚的文字跋涉孤诣苦心来报答佛祖对他的护佑和恩典。

二、乞貌风鬟陪我坐，他身来作水仙王

龚自珍过罢母亲的周年忌日，和妻子何吉云暂时居住在杭州马坡巷旧宅，每天在家里校勘佛经，研习佛法。以他的学识和悟性，时间不长，佛学已经很有根底。他在佛教界的知名度越来越高，不少寺僧还请他去讲经说法。

这天受凤凰山圣果寺僧众之托，江沅来邀请自珍去圣果寺讲经。他这天讲的是《大庄严论经》。他说，一个人来到世上，本来是纯洁的，随着年龄的增长，种种邪念就产生了。这正是人们相互启发、彼此影响的结果。只有信佛的人多了，人人心中消除了邪念，这种相互启发影响越来越多，世上也就没有欺诈哄骗了。一只小猫，第一次独立出去觅食，它问老猫，什么东西可以吃呢？老猫说，你不必担心，出去之后，世人自会教给你的。于是小猫出去了。一天晚上，它来到了一家厨房，听见夫妻二人在谈话。丈夫对妻子说鱼要盖好，肉要锁进橱柜里，馍要放进带盖的笼子里，因为这些都是猫顶喜欢吃的。小猫听了立刻明白：鱼肉和馍馍都是好吃的东西。他讲得清浅明白，通俗易懂，善男信女们都听得饶有兴趣，津津有味。

讲罢经，自珍走出法堂。突然一个梳着双丫鬟的小姑娘来到面前。小姑娘一脸稚气，年十五六岁，眨着一双机灵的大眼睛，望着自珍问道："佛祖真的能够普救众生，使一切人脱离苦海吗？"

自珍笑道："佛法无边，当然能够。不过还要看机缘。小姑娘，你

问这些干什么？"

小姑娘道："我家老太太得了重病，我家小姐为了给母亲治病，接受了人家的钱财，如今知道上了坏人的当，却已无可奈何。母女两个万般无奈、走投无路，让我来寺里烧香拜佛，祈求佛祖保佑。恰巧碰到先生讲经，顺便向先生讨个明白。"说罢，匆匆转身出寺去了。

自珍和江沅出了圣果寺，看着日色尚早，自珍道："天下名山僧占多，这话一点不假。你看这'南朝四百八十寺'，哪个不在名山？今天秋高气爽，我们何不在这凤凰山到处走走看看？"

江沅道："你既有此雅兴，我当然唯君马首是瞻。"二人说罢，便穿林拂花，信步向山顶登来。

原来这凤凰山在杭州城南，距城十里。山坡和缓，山顶平旷。圣果寺就在凤凰山东麓，背山临水。南宋时，这里被圈入禁苑，筑有皇城，依山建造了一片宫殿楼阁。元兵灭宋后，西域僧人杨琏真迦，奏请元世祖忽必烈，把这座行宫改为寺院，名之曰圣果寺。元朝末年，张士诚重筑杭州城，又把圣果寺隔在城外。虽然几经沧桑，但圣果寺因为建造在皇城旧址之上，许多佛殿仍保留着皇宫风貌，所以其规模宏伟，仍属世所罕见。

二人登上山顶，极目四望，双髻峰果然像美女头上的双丫髻，并立峰巅。山势自双髻峰向两侧延伸，左边直到西子湖畔，右边掠过钱塘江边，形似一只展翅欲飞的彩凤，屏蔽了半个杭州城。山色青苍如碧，山冈云气萦绕山腰。此时正值深秋季节，满山青藤渐苍，枫叶初染，为这只大凤凰披上了一种赤橙黄绿青蓝紫的七彩新装。山上山下硕果满枝，远处农田金谷涌浪。山林间人影隐现，已有山农在采摘果实。东风一吹，满山花香、果香。面对这如画的秋景，自珍不禁脱口吟出苏东坡那著名的诗句："一年好景君须记，最是橙黄橘绿时！"

自珍正自忘情间，忽听东边山林间断断续续传来老年妇女的哭泣声。声音不大，但却打破了凤凰山的静寂，也使沉醉在诗情画意里的龚自珍醒过神来。他和江沅立即循声下山而来。二人到了山腰一处林木丛密的平地，只见树下一老妪坐在地上，怀中抱着一个年轻女子边喊边哭，树上丝绦挽成的绳结在山风中晃荡。旁边站一个丫鬟模样的小姑娘，还有一个五十岁左右的山农，面前放着一副担子。那小姑娘一眼看见自珍和江沅，便喊叫起来："二位讲经的先生也来了，快来救救我家小姐吧！"自珍一看，正是圣果寺见到的那位小姑娘。二人快步上前，却见那山农摇头叹息道："造孽呀！若不是我路过这里，这姑娘还不是死定了！我上山来想摘一担橘子进城去卖，一进这片林子，就见这姑娘在树下徘徊。男女有别，我不便走近，就到别处去了。正在这时，这个小姑娘搀扶着这位老太太寻上山来，打听他家小姐，我连忙把她们领来。这小丫鬟一进林子便大声呼叫'救人哪！'我连忙进来，见这位姑娘吊在树上，那小丫鬟拼命往下拉，老太太在地下哭。我说，小姑娘快松手吧，你这不是帮她送死？我赶紧把她从树上卸下来，若晚来一步，恐怕就没命了！"

那小丫鬟被那山农说得不好意思起来，红着脸说道："我人小力薄抱不动姑娘，不往下拉，能有什么法子？"

江沅问道："你们是哪里人氏？这姑娘为何要寻短见？"

那丫鬟说道："我们家就在山下的凤凰村，离这不远。我家老爷姓潘，在湖南做过知县。后来老爷不幸病故，家道就败落下来。去年我家老太太又害了一场大病，没钱请郎中买药。我家姑娘去向一家远亲告借，那家亲戚原先不肯借给银子，后来送来了十两银子，接着便给姑娘提亲，说府衙的陈师爷新近死了太太，准备续弦。只要姑娘答应了这门亲事，老太太请医看病，百年后养老送终，全不用发愁。还说，陈师爷英俊潇洒，年龄也不大，人品又好。我家小姐为了给母亲看病，答应说，等母亲病好后和母亲商量商量再做决定。后来一打听，这陈师爷不仅太太没有死，而且已经娶了两房姨太太，并且年龄已经六十开外，还喜欢寻花问柳。我家太太哪肯把独生女儿往火坑里推？只好忍痛把宅子典押出去，把银子还给那家亲戚。谁知那家亲戚翻脸无情，硬说那银子是陈师爷下的聘礼，亲事已经定下来了，愿意不愿意由不得你们。前天又派人来说，后天花轿就来抬人。我家太太小姐弱女寡母能有什么办法？上午打发我去圣果寺拜佛，不想回来不见了小姐。我和老太太上山来寻，却见小姐正要寻短见。幸亏这位大叔相救，要不真的没命了。"

自珍和江沅听了也不由叹息起来。见那母女只是痛哭流泪，自珍开口说道："一味地哭有什么用？总得想个办法呀！"

那小丫鬟闻言扑通一声跪在地上说："我家太太年迈，小姐年幼，我又是个没有用的，三个弱女子能有什么办法？二位大爷是讲经念佛的居士，快积德行善，救救我家姑娘吧！"

自珍和江沅忙把小姑娘拉起来。自珍心中暗暗称赞：好个忠心事主的小丫鬟！这时那母女也止住了哭声，只是仍在流泪。自珍问他们道："陈家说你们接受了他的聘礼，可有三媒六证？"

那姑娘从母亲怀里挣扎着站起来，轻掠云鬓，对着自珍、江沅和那山农福了一福，用衣袖揩干眼泪说道："多谢三位君子垂怜孤女。那陈家哪有什么三媒六证？我母女从来没有见过他陈家的人，借钱还钱的全是我表兄，和他姓陈的根本不相干。只不过他仗着官府的势力罢了！"

自珍又问道："你表兄是什么人？陈师爷又是什么人？"

那女子道："我表兄姓龚，是我母亲娘家的远房侄儿。那姓陈的是知府衙门的刑名师爷，名叫陈文俊。杭州人都喊他陈举人。"

自珍不听则罢，一听"陈文俊"三字，一股无名怒火腾地从胸中燃起。多日修习佛法，渐渐淡漠的是非之心又勃然复苏。他心中暗暗骂道：又是这俩狗东西！我倒要看看你们有多大神通！略一沉吟，自珍说道："姑娘请放心吧。我和知府裕大人薄有交情。我这就去面见裕大人，求他出面调停。谅那陈文俊不会不给府尊一个面子，断不敢上门抢亲。宅第是存身之所，典当出去，你们母女、主仆何处栖身？我这里有纹银二十两，你们先拿去把宅子赎回。千万不可轻生，快快回去吧。"说罢，把银子递给那丫鬟。那丫鬟正在犹豫时，自珍把银子往她手里一塞，转身去了。那姑娘连忙从丫鬟手里夺过银子边追边喊："二位居士请留步！小女子还有事请教！"

自珍闻声站住。转过身来，只见那女子云鬓蓬松，衣衫不整，从后面追来。自珍这才发现那女子竟然这样美丽！端的是眉似远山、目如秋水，桃花如面，秀发如云。他不及细看，姑娘已到跟前，对着二人飘然一拜，然后说道："萍水相逢，不敢接受先生赠银。先生好意，薄命女子心领神受，只是银子还请先生收回。另外，还要请教先生尊姓大名，仙乡何处，异日好登门叩谢。"

自珍道："姑娘多心了。世上小人不少，但毕竟还有君子。银子只管收下，在下绝非施恩图报之人。适才听姑娘说外家姓龚，在下也姓龚。现在无暇细说，我要赶紧去见知府大人。待这事情平息之后，还有见面之日。说不定我们还有点亲戚关系呢！有什么事情可到城东马坡巷找我。姑娘请回吧！"自珍说罢头也不回地匆匆去了。

姑娘怔怔地望着自珍和江沅去远，方转过身来。这时丫鬟搀扶着老太太已到跟前。那姑娘自言自语，嗫嗫说道："世上真有这样的好人吗？"山农挑着担子刚好擦肩经过，接口道："也许是寺里的菩萨下凡吧？"边说边挑着担子也下山去了。丫鬟道："上午老太太让我去圣果寺拜佛，这位先生正在法堂讲经，声音洪亮，滔滔不绝，讲得比说评书还好听。寺里的和尚说，他叫什么定庵居士。"老太太道："居士是信佛的读书人的称号，并不是他的名字。"姑娘接口道："刚才我赶上去问他，他说他也姓龚，和外祖父家同姓，还说，有事到城东马坡巷找他。"

杭州知府是自珍顺天乡试的同年裕谦，蒙古人，嘉庆二十二年进士。自珍与他见面后说了事情的经过，并告诉裕谦，陈文俊品行极坏，要斟酌使用。裕谦笑着告诉他，陈文俊是穆彰阿所荐，不好辞退，自己心中有数就行。自珍走后，裕谦立即命人传唤陈文俊，婉转告诉他，要注意品节名誉，强纳潘家姑娘为妾的事不要提了。陈文俊唯唯而退，他不知道知府大人何以知道自己纳妾的事。但他掂量轻重，知道这位知府大人在朝中颇有奥援，得罪不得，只好命龚自琮讨还银子，再也不敢提纳妾的事了。

那被救的姑娘确实和龚家沾亲。屈指算来，那老太太还是自珍的姑姑，那姑娘当然是自珍的表妹了。自珍的曾祖龚斌，有一次子，名叫澡身，字雪浦。雪浦有一庶出的女儿，嫁给钱塘潘家，就是这位潘老太太。潘老太太生母去世很早，嫡母和嫡出的兄弟姐妹对她颇为歧视，因而嫡庶不同的兄弟姐妹关系很不好。潘老太太出嫁又早，接着丈夫亡故，家道败落，只剩下孤女寡母，她很少回娘家去，所以和娘家人并不熟悉。这件事情过去之后，老太太多方打听，听说赠银解难的竟是自己的娘家侄儿，心头感到十分温暖，对娘家的种种恩怨纠葛一时都化为乌有。她决定带着女儿凤云、丫鬟梅云，五十年来第一次回娘家看看。

来到马坡巷龚家门前，她又踌躇起来：龚家人丁兴旺，小辈们都已儿女成行，自己一个也不认得，该先找谁呢？正在犹豫时，门口出现一个五六岁的孩子，面似满月，眉清目秀，一双大眼，黑白分明，水灵灵的，身穿一身绿色缎面夹衣，乌黑的发辫直垂过腰，十分可爱。老太太忙拉住孩子问道："你是谁家的孩子？这是你家吗？"那孩子闪着水灵灵的大眼，打量了老太太一眼，然后说道："我姓龚，这里不是我家，又是我家。你找谁？"老太太笑吟吟地说："你姓龚，我也姓龚。这里不是我家，又是我家。我找龚自珍。"那孩子被老太太逗得笑起来。他对老太太说："那是我父亲。我该怎样称呼您呢？"老太太道："我是你父亲的姑姑，你说，你该怎样称呼我呢？"那孩子一听，立刻跪下给老太太叩头，口中说道："给老姑奶请安！"老太太连忙把孩子拉起，心头热乎乎的，暗赞一声：好懂事的孩子！正要再问话时，那孩子却挣脱了手，边跑边喊："老姑奶来了！老姑奶来了！"

龚自珍正在书房抄写《妙法莲华经》，妻子何氏正在挑选七彩丝线，准备绣制一幅观音大士柳枝洒水图。听见儿子的喊声，当作真是姑母来了，夫妻连忙迎出书房。出来一看，不禁一愣，原来是前几天在凤凰山救下的那个姑娘和她的母亲，还有那个小丫鬟。自珍笑道："稀客！稀客！原来是三位来了，快请进吧！"何氏不知是哪里亲眷，也不便相问，上前搀着老太太进了书房。落座后，何吉云献上茶来。老太太笑吟吟地说道："今天我带着全家，贸然登门，并不全为致谢，是来认亲来了！"

何氏望望丈夫，一脸不解。自珍满脸笑意，说道："自珍年幼，六岁即随父母客居京师，家中老亲旧眷多不相识。此次回家守孝，又没有来得及到亲友家探望，还望老人家恕罪。龚家是杭州望族，族中昭穆宗支颇多，不知老人家是祖中哪一支，自珍该怎样称呼？"

老太太道："你说的全是实情。老身已经五十年没有走过娘家了，晚辈们哪能认得？你的曾祖魂北老人，身后三子，长曰敬身，次曰澡身，三曰湜身。不知府上是哪一脉相传？"

自珍道："自珍本生祖吟瞿公，嫡祖匏伯公。"

老太太笑道："那你是我六哥丽正的儿子了。如此说来我是你姑母。你可听你父亲说过，你二祖父有几子几女？"

自珍道："听父亲说，二祖雪浦公有三子二女。一女远适福建，一女适钱塘潘家。两位姑母出嫁甚早，那时自珍尚未降生。"

老太太道："我正是你嫁到钱塘潘家的姑母。"

自珍夫妻连忙重新给姑母请安。老太太又叫过女儿给表兄、表嫂见礼。她指着女儿对自珍夫妻说："你表妹名叫凤云，年已及笄，是潘家的单根独苗，今后还望侄儿和贤侄媳多多关照。"

何吉云忙拉过凤云坐在自己身边。她已经听自珍说过陈家逼亲的事情，越发同情凤云的遭遇。今天一见凤云端庄秀丽，美艳如花，更加喜爱。凤云见何氏雍容贤淑，平易近人，也就不再拘谨。她见何氏针线笸箩里彩线粉呈，正准备绣制什么，便问道："嫂嫂要绣什么？可打好了图样？"

何吉云道："我正准备绣一幅观音大士柳枝洒水图。图样已经画好了，正不知如何搭配色彩。"

侍立一旁的丫鬟梅云接口说："我家小姐是刺绣的行家，最会配色线。夫人何不让我家小姐替你来绣？"

何氏笑道："这正应了那句老话了，求人不如等人。既然表妹是刺绣的高手，何不趁此机会教教我？"

凤云道："嫂嫂不要听这丫头瞎说，我那两下子是上不得台面的，断难入嫂嫂方家法眼。"口里谦虚着，手中却已拿起针线，飞针走线地刺起来。同时还和何氏拉呱："嫂嫂，你看这观音大士手中的柳枝，宜用深绿；这柳叶呢，嫩绿中还要带点鹅黄；这水滴，就不能光用绿线，加点银线才显得晶莹。"

何氏见凤云如此灵慧，更加喜欢。她连连夸赞道：《拾遗记》中说，魏文帝曹丕的妃子薛灵云，擅长针黹女工，虽在帷帐里，不点蜡烛，夜间也能裁衣、绣花，宫中号为'针神'。我看妹妹也和那薛灵云差不多了。"

凤云道:"嫂嫂好学问,三皇五帝的事情都知道。像我这样斗大的字识不了一升,再不会做点针线活,还有一点用处吗?"

那小丫头梅云又道:"我也不知道薛灵云是谁,反正我觉得她无论如何也巧不过我家小姐。我家小姐晚上不点灯,一边话家常一边刺绣,一个晚上能绣一双枕衣呢!"

何氏笑道:"那你家姑娘也成针神了!"

老太太见他们姑嫂初次见面就无拘无束,这样投缘,十分高兴。自珍偷眼看妻子和表妹并肩而坐,正如环肥燕瘦,各有风韵。妻子仪态端庄,略显富态,正是少妇之美;凤云正当妙龄,貌如三春之花,一颦一笑惹人爱怜。他看着看着不禁意马心猿,想入非非了。

又拉了一阵家常,何氏要下厨做饭,凤云和梅云一定要到厨房帮忙。何氏劝止不住,于是三人一同来到厨下。梅云洗菜,何氏掌刀,凤云烹调,不一时做好几样荤素菜肴。宾主一齐入席,共进午餐。席间何氏又一再夸赞凤云心灵手巧,针线茶饭样样都好。何氏说:"谁家后生能娶表妹为妻,真是积了八辈子阴德了。"一句话说得凤云粉面通红,低下了头。

老太太叹气道:"说什么阴德不阴德的,只要能嫁一个知冷知热、心地善良的男人就好,能嫁一个像他表兄一样的女婿我就放心了!"老太太口没遮拦,说得自珍、凤云都不好意思起来。

何氏却道:"他有什么好?肩不能挑,手不能提,功不成,名不就。妹妹要嫁个这样的男人可倒霉透顶了!"

吃罢午饭,潘家母女告辞。临行何氏把那幅观音洒水图交给凤云带回去绣。凤云答应绣好以后亲自送来。

十天之后,凤云带着绣好的《观音大士柳枝洒水图》重来马坡巷。这天自珍应几个朋友之请出外饮酒方归,醉卧书房。何吉云带着橙儿和阿辛回山阴省亲去了。自珍平日酒量甚豪,千杯不醉。但自母丧之后,戒酒多日,不想今日一饮,竟然酩酊大醉。回来后,口干似火,喝了一盏凉茶,腹中冷热交会,呕吐起来,弄得衣衫、被褥尽是酒污。凤云主仆走进书房,只觉酒秽熏人,但见满屋狼藉。自珍烂醉如泥,躺在床上，浑身衣衫酒痕斑斑，肮脏不堪。凤云主仆，掩着鼻子把屋中收拾干净。看到自珍浑身污秽、衣衫肮脏的样子又犯起难来。欲待要走，又心中不忍。一经思忖，立刻和梅云动手，把自珍的衣衫脱下，让梅云去洗。正在这时，自珍醉中又喊口渴，凤云见暖壶中尚有茶水，连忙倒了一盏，扶他坐起，把茶送到他嘴边，让他饮用。饮用一毕，凤云又服侍他躺下，为他盖好被褥。这时自珍仿佛燥热难耐，掀开被褥，露出胸膛。凤云偷眼看自珍两颊带酒，眉峰高耸，鼻直口方，棱角分明的面庞，虽已微有髭须，但眉宇间英风豪气仍然凛然隐现，不禁心旌摇荡。她怕自珍酒后着凉，俯身为他盖被子，当她挪动自珍的胳膊时，自珍却趁势把她搂入怀里，口中说道："吉云，你什么时间回来了？陪我躺下好吗？"凤云知道表兄误把自己当作了表嫂。她挣扎了几下，未有挣脱，便索性不再挣扎，也不言语，只是把粉颈紧紧偎依在表兄的胸膛上……

梅云洗完衣服，一脚踏进书房，连忙退了回来，心头不禁突突狂跳。她略一回神，立刻快步把大门掩上，插上了门闩。

直到黄昏，自珍酒醒。他睁眼一看，发现偎依在怀里的竟是表妹凤云，不禁大惊，连忙起身坐起。凤云娇羞满面，低头不语。自珍道："愚兄酒后心迷意乱，实在愧对表妹和姑母。这如何是好？表妹什么时候来的？同来的还有何人？"

凤云低头道："这也难怪表兄。表兄酒醉，凤云未醉。我这条命由表兄救下，小妹心中常有报恩之意，那日一见就已心生爱慕。今日也算有缘，总算和表兄已有肌肤之亲，虽死不憾。今后的事，表兄随意处置吧。"

自珍重把凤云揽入怀中，手拂她的秀发，轻吻她的粉面，然后说道："贤妹既已坦露心迹，愚兄何必矫情掩饰，那日一见，我也对表妹十分爱慕，只是不敢宣示罢了。我是有家室、儿女的人，况且已经三十五岁，只怕误了贤妹。如今我又在丧中，人言可畏。你表嫂虽然贤惠，但一人之爱要分给两人，也难心甘情愿，还需要和她商量。姑母她老人家，心意如何，尚未知晓。这一切还望贤妹三思。"

凤云柔声轻语："我还三思什么？既然以身相许，反正今后活是表兄的人，死是龚家的鬼，随定表兄了。"

自珍道："既然表妹心意如此，我也决不辜负表妹。不管有多少难处，我也要三媒六证迎你进门。"

天色不早，自珍、凤云依依难舍。梅云再三催促，自珍方送主仆二人上车去了。

次日一大早，自珍备置了一份礼物，前去凤凰村看望姑母，算是上次潘家母女马坡巷认亲的回拜。老太太十分高兴。梅云摆上茶果、点心，扶老太太佛堂念经去了。凤云引自珍来到闺房。这是一幢两层小楼，对面便是凤凰山。二人拉开窗帘，凭窗远眺，圣果寺的佛殿庙宇就在眼前，寺钟不疾不徐地缓缓传来。天蓝如镜，凤凰山起伏绵延，恰以姑娘弯弯蛾眉。"古人也真会比方，把姑娘的蛾眉比作远山。但究竟是眉似远山呢，还是远山似眉呢？"

凤云嫣然一笑道："表兄是读书人，咬文嚼字惯了。我哪里懂得这些？如今山和人都在你面前，仔细看看，还不就知道了？"

自珍故作认真地轻扶凤云双肩，对她的眉毛仔细看起来，边看边评论说："我看表妹的眉毛正是比着凤凰山长的；这凤凰山呢，又恰像表妹的双眉。这里正是双髻峰！"说着猛然在凤云眉心吻了一吻。凤云立刻娇弱酥软地躺在自珍怀里。自珍怀抱着香温玉润的表妹，轻声问道："问过姑母了吗？"凤云答道："母亲已有此意。对表兄的人品、何氏嫂子的人品都很满意。但还有所顾虑。"

自珍道："顾虑什么？"

凤云道："杭州人有句俗话，'宁可侄女随姑，不可姑女还乡。'就是说，外甥娶舅家的女儿可以，侄儿娶姑母的女儿不行。"

自珍道："这是谁立的规矩？在大清律吗？"

凤云扑哧一笑："故老相传的规矩，还有什么道理？据说人丁不旺，后代多有残疾。"

自珍道："我偏不信！"

凤云道："不信就听凭表兄了！"

自珍道："姑母同意贤妹做二房吗？"

凤云道："母亲说，夫妻贵在知心，名分其次。官宦人家三妻四妾本是常事，只要表兄待我永远如此就行。"

自珍紧紧地把凤云搂在怀里，二人拥抱在一起，相携进入帷帐。

等到梅云和老太太从佛堂出来，二人已经整理好衣衫，品茗说话。见姑母进来，自珍满面含羞向姑母求亲，不想姑母一口应允。老太太说："我不重名分，重的是人品。你祖父，你父亲，到你都是咱龚家的人尖儿。把你表妹托付给你我放心！回去告诉我六哥，虽是二房也要三媒六证明媒正娶。其余我全不在乎！"

自珍道："姑母放心，十月侄儿服孝期满，我就回上海求父亲央媒提亲，按姑母说的去办。"

下午自珍和凤云一道去游西湖。二人雇了一辆轿车，车帘低垂，相拥而坐，出了涌金门先去孤山，后去天竺。一路上二人携手并肩，边走边说，穿林践草。自珍不禁对凤云道：随意悠游。

自珍告诉凤云初婚时携美贞游苏小墓、游花神庙、泛舟西湖、醉酒填词的往事，凤云听得悠然神往。她央求自珍道："既然段家表姐和何家嫂子都游过花神庙、水仙祠，今日何不带小妹一游？"

自珍道："那有何难？我们不妨现在就去。"

于是二人又沿着苏堤，跨过虹桥，向花神庙走来，路上自珍又向凤云讲述花神摄取魏生魂魄的故事，凤云不禁害怕。她依着自珍的身躯，说道："美贞表姐莫不是也被花神勾去了魂魄？这花神庙好可怕啊，我们不要去了！"自珍看天色不早，点头同意。二人便直接去了水仙祠。

这水仙祠在苏堤之旁，第三桥西，也叫水仙王庙。庙始建于梁武帝时期，迄今已逾千年。庙中祀水仙花神十二，且有水仙王，但见水仙花神风采各异，一个个美艳绝伦。晚风自湖上吹来阵阵荷香，使庙外庙内氤氲芬芳。自珍见那水仙王，长须拂胸，并坐的水仙娘娘，姿容妙曼，年约二八。回头再看表妹凤云，酷似座上的水仙娘娘，不禁笑出了声。凤云不知何故，忙问道："表兄笑什么？"

自珍道："你看这水仙娘娘像谁？"

凤云道："谁也不像。"

自珍道："表妹回去照照镜子就知道了！"

凤云道："表兄不要亵渎神明，我哪有那么好看？"

自珍道："这叫情人眼里出西施。表妹你看，仙界人世都有这般阴错阳差。那水仙王已经长须飘胸，水仙娘娘也不过表妹这样年龄。老夫少妻，不正像你我？"

凤云道："若真能像水仙娘娘那样永远陪伴着水仙王，常伴表兄，小妹也就心满意足了！"

自珍道："倘若表妹真做了水仙娘娘，我便来做这水仙王，永远陪表妹坐在这里！"

一句话说得凤云心甜似蜜，头和自珍偎倚得更紧了。二人从水仙庙出来，天已黄昏。晚风吹拂，荷香袭人，凤云衣裙飘扬，自珍觉得不知香从湖中水面上来，还是从凤云身上来。他仿佛真的携手水仙娘娘在湖边遨游，心驰神飞。回到凤凰村时，天色已晚，当夜留宿在凤云闺房。

此次西湖之游，使自珍永生难忘。后来他在梦中又与凤云同游西湖，醒后写了一首《梦中述愿作》：

湖西一曲坠明珰，猎猎纱裙荷叶香。

乞貌风鬟陪我坐，他身来作水仙王。

不久，自珍偕妻子何氏带着儿女从杭州回上海。路上他把那日醉酒，意乱神迷误把表妹当作妻子的事告诉了何吉云，并说和凤云已有夫妻之实，希望妻子谅解自己，并帮助自己保全表妹的名节，娶凤云为妾。这意外的变故使何氏十分伤心。自珍百般抚慰，并答应开春带她和儿女一同进京，凤云过门后留在上海照顾父亲。何吉云生性贤惠，又知道生米已煮成熟饭，无可挽回，不如做个顺水人情，于是点头答应。到家后夫妻二人禀明父亲，龚丽正见儿媳尚不反对，自己也就答应下来。只是说，开春就是会试之年，为了不使儿子荒废学业，须待一年之后续娶。自珍得到父亲的答允，立即派媒人去潘家提亲。约定一年以后择日完婚。潘家一家高兴异常。梅云俏皮地对凤云说，明年小姐就可以当新娘了。

三、一卷临风开不得，两人红泪湿青山

龚丽正丧妻之后，日益厌倦官场生涯，渐萌退志。他在昆山买下了康熙朝吏部侍郎徐秉义的一处宅院，让儿子一家居往。这就是后来的羽琌山馆。这里风景清幽，正好读书礼佛。昆山徐秉义，其兄徐乾学，是康熙九年探花。其弟徐元文，却是顺治十六年状元，文华殿大学士。兄弟三人，人称"昆山三徐"。他们的舅舅，则是鼎鼎大名的顾炎武。

这天，自珍正在书房读书，著名书画家王应绶来访。他赠给自珍一幅春山美人扇面，画中有王烟客的《九友图》，自珍十分珍爱。他填写了一阕《南乡子》赠给王应绶：

相见便情长，只有瑯玡大道王。三百年来文物感，苍茫，身到亭亭九友旁。

梅雨好凄凉，浣我丹青一扇香。袖里珍擎怀里握，收藏，合配君家赋九行。

十月间，自珍服孝期满，勉强拿起笔来，写下《补题李秀才增厚梦游天姥图卷尾》：

李郎断梦无寻处，天姥峰沉落照间。

一卷临风开不得，两人红泪湿青山。

这李秀才，名增厚，本是昆山人，幼年丧父，由母亲含辛茹苦抚养成人，平常没有离开过母亲一天。因为赴京会试，远离母亲半年。李秀才擅长丹青，凭想象画了一幅《梦游天姥图》，画中所画山水，并非天姥山，也不是李白《梦游天姥吟留别》的诗意，只是因为"姥"和"母"意义相近，借此表达对慈母梦牵魂绕的思念。自珍新遭丧母之痛，和李秀才心意相通，所以难免泪湿青山了。

这一天晚上，自珍做了一个奇怪的梦。梦里有人给了他一枚玉印，里边包含着一个朱红色斑痕。十二月二十九日，他在街上果然见到一个人手持一方玉印求售。自珍嗜古成癖，又是鉴赏古物的大行家，接过玉印，迎着日光一看，竟然和梦中见到的一模一样。只见印上有四个字，乃是先秦鸟篆，文曰："婕妤妾赵"。末尾的"赵"字，鸟喙三，鸟趾二。他断定是汉成帝妃子赵飞燕之物，名曰汉凤钮玉印。售者要价七百两，自珍并不讨价还价，倾尽家底，以六百九十七两三钱购回。他以为是稀世之宝，喜不自胜，写了五律四首。第一首曰："寥落文人命，中年万恨并！天教弥缺陷，喜欲冠平生。掌上飞仙堕，怀中夜月明。自夸奇福至，端不换公卿！"一时许多文人学者前来品评鉴赏，并赋诗吟咏此事。

转眼到了年底，自珍见院中红梅开放，不禁又触动了思亲之情。他想起母亲平生最爱梅花，所居之地都要种植梅花，每年除夕神案上也都要供奉梅花。为此，自己在母亲坟前栽种了五十株梅花，希望这些不畏风雪严寒的梅花常伴母亲。他又想起十四年前，父亲外放徽州，举家南迁，自己曾在府衙种了几十棵梅花。曾经，厅中正在宴客之时，窗口忽然飘进缕缕清香，人们惊喜地发现院中梅花开放了，主宾一齐观赏。如今又是梅花开放之时，幽冥之中，母亲可看到了吗？想着想着，自珍提笔写下了一首诗：

> 一十四年事，胸中盎盎春。
> 南天初返棹，东阁正留宾。
> 芳意惊心极，愁客入梦频。
> 娇儿才竟尽，不赋早梅新。

一想到开春自己又要进京，距离母亲的坟墓更远，不能常到母亲坟前祭扫，他心中更觉悲伤。于是又写了一首：

> 燃蜡高吟者，年年哭海滨。
> 明年除夕泪，洒作北方春。

> 天地理忧毕，舟车祖道频。
>
> 何如抱冰雪，长作庐墓人。

除夕晚上，他按照以往的习惯，案上点燃两支蜡烛，供上红梅、牡丹各一枝，读汉书守岁。看着看着，不觉沉沉入梦。梦中他重返杭州马坡巷旧宅，母亲和姑母正在谈话，大概是重叙那场大火给家中带来的不幸。自珍慌忙上前问候，一跤跌倒，醒来却是南柯一梦。他心中不禁充满哀伤，提笔写了一首诗，记述梦中情景，题曰《乙酉除夕，梦返故庐见母亲及潘氏姑》：

> 门内沧桑事，三人隐痛深。
>
> 凄迷生我处，宛转梦中寻。
>
> 窗外双梅时，床头一素琴。
>
> 醒犹闻絮语，难谢九原心。

诗写好，天已大亮。新的一年又开始了。

四、气寒西北何人剑，声满东南几处箫

道光六年丙戌春天，龚自珍带着妻子儿女进京。他在北京宣武门外的槐市街安排好眷属，已是二月上旬。自珍离京已经三年，京中近况急待了解，他决定先去拜访刘逢禄。恰巧魏源也刚来到京师，二人便结伴前往。一到刘府门上，家人便出来说，朝命已下，刘大人主考本科会试，三天前已杜门谢客，二位请回吧。二人闻言亦喜亦忧：喜的是刘逢禄与自己交谊甚厚，为人正直，喜欢提携后进，且教自己研习今文经学，学术、政治主张和自己都很接近。这无疑对自己考试大有好处。忧的是朝中新旧势力势同水火，刘逢禄素为守旧势力所忌，他所好者必为政敌所恶。二人和刘逢禄的关系，朝野共知，难免遭受池鱼之灾。宋代苏轼兄弟的遭遇，唐代李义山的命运，他们都很清楚，难免忧心忡忡。

　　二人怏怏回到槐市街龚家住宅，何吉云为他们端上酒菜，两位挚友便海阔天空地谈论起来。酒逢知己千杯少，不知不觉已到黄昏。魏源正要起身告辞，门上来报，刘礼部府上有人来访。二人慌忙出迎，一看，原来是刘逢禄的书童。这个书童说，奉主人之命，给二位送来《公羊春秋》各一卷。主人传话说，要二位静心养气，潜心读书作文，为国求贤他将不遗余力。话一说完，书童就匆匆去了。龚魏二人深感刘逢禄的知遇和关怀，又揣摩了一阵刘逢禄送书传话的用意，不知不觉夜已三更。当晚魏源便留宿龚家。

　　三月，丙戌科会试开始，龚、魏一齐入闱。三场九日，出闱后二人颇感轻松，都觉得自己文章做得不错，想到有刘逢禄主持公道，断然不会有什么意外。但放榜之后，二人都意想不到地又双双落榜了。

　　刘逢禄心中也很难过。他已知道二人是吃了自己的挂累，遭了无妄之灾，考试结束之后，特意邀请二人到自己家，进行抚慰。原来这次会试，主考并非一人。房考多人，分校各省试卷。刘逢禄分校浙籍士子考卷六十份，其中一份他一眼便看出是自珍的文章。文章写得见解精辟，气势汪洋恣肆，语言劲峭雄健，切中时弊，情感溢于言辞。他还看到湖南士子试卷中的九十四号，五篇论文文笔高妙、冠绝全场，断定是魏源的卷子。他极力推荐这两份卷子，其他几位主考却不置可否。他怕别人猜疑自己别有情弊，也就不便多言，心想，公道在人心中，像这样的好文章，无论任何人评阅，也绝对不会落选。但他万万没有料到，也猜不透是何人做了何种手脚，却把龚、魏二人的卷子抛入遗卷之中。刘逢禄非常忿恨小人误国害贤，十分惋惜二人的落榜，写了一首《题浙江、湖南遗卷》的五言古风，称道自珍的文章有五丁开山的神力，辞采如"朝霞喷薄作星火，元气蓊郁晕朝暾"，使人"骨惊心折且挥泪"，深受感染。这样的好文章，意想不到竟会"铩翮投边尘"。他称赞魏源是"国士无双长沙子"，称赞他的文章"暗中剑气腾龙鳞"。他鼓励他们不要灰心，相信"翩然双凤"一定会飞上"碧空"，"会见应运翔丹宸"。

　　科举时代，科场中的秘闻素为人们所关切，刘逢禄的诗不胫而走，很快传遍京师士林，一时龚自珍、魏源声名鹊起，几乎无人不知。起初龚自珍和程同文都以精通西北史地之学而著称，人称"程龚"。自丙戌科会试之后，京师文人则以"龚魏"并称。自此之后二人同在内阁任职，关系更为密切。

四月的一天，龚、魏二人正在自珍书房闲聊，门外有人持阮元书信来访。相见后互通姓名，此人原是河南固始县举人蒋湘南。这蒋湘南，字子潇，自幼丧父，家中十分贫寒。风雪严寒中，母亲教他读书。他天分极高，过目成诵。他的叔父奇其才，为他买了大批书籍，他一读就懂，有不懂之处，负笈千里，拜名师求教。如此悟性，如此好学，当然学识渊博，名声也越来越高，竟然受到名重当世的阮文达公青睐。道光乙未年，仪征张椒云主考河南乡试，临行去拜访阮元。阮元说："中州学者无如蒋子潇，摸索不得，负此行矣。"张椒云想详细询问，恰巧来了客人，不便再问。来到河南，他也不敢向别人打听，考虑到阮元既然称道，一定是博学好古之士。于是告诫同考官说，文章特殊的，不管如何狂傲，都不要轻易抛弃。后来果然发现一份卷子，文章瑰玮，但不符合八股规程。张椒云勉强把他置诸榜末。后来拆封，果然是蒋湘南。后来林则徐和张椒云开玩笑说："想不到你竟然得到一个大名士做门生！"可见蒋湘南多么受人推重。但他这个人脾气倔强，生性刚直，一向和人落落寡合。今日和龚自珍、魏源却一见如故，言谈极其投机，后来遂成莫逆之交。直到自珍己亥年南归后，还有诗写到二人的情谊：

> 问我清游何日最，木樨风外等秋潮。
> 忽有故人心上过，乃是虹生与子潇。

进入夏天，自珍的心情一直郁郁寡欢。友人谢阶树、陈沆相继去世，使他深感哀伤。自珍一生名场失意，最瞧不起那种以科名傲视他人的人。谢阶树是嘉庆戊辰科榜眼，翰林院学士；陈沆是嘉庆二十四年状元，翰林院编修，但他们从不以巍科高占傲视别人，多次亲到自珍寓中，请教学问方面的事情。陈沆还曾把自己的《白石山馆诗》交给自珍评点。这种平易、真诚的态度使他们结下了深厚的友谊。自珍写了《二哀诗》悼念他们，诗前小序盛赞谢阶树"德量尤深，莫测所至"；称赞陈沆"修撰闭门，有更定之志"，二人"皆以巍科不自贤"。对他们的"忽然同逝"，自珍痛惜不已。

秋天里，程同文也去世了。自珍亲到城西古寺哭祭。程同文是自珍父亲的老友，是自珍的前辈，也是自珍研究"天地东西南北之学"的指路人。自珍幼年时候，程龚两家是邻居，自珍的父亲和程同文上朝同去，下朝同归；程是龚家的座上常客。自珍的父亲生性严肃，程同文则生性豪爽，二人一谈就是一整天。程同文的夫人吴玖弹琴吟诗样样精通，琴声如佩玉叮当，清脆悦耳。这一切都给龚自珍留下了深刻的记忆。他写了三首七律奠于程同文灵前，第一首这样说道：

> 忆昔先皇己未年，家公与公相后先。
> 家公肃肃公跌宕，斜街老屋长赢天。
> 闺中名德绝天下，鸣琴说诗锵佩瑱。
> 卅年父执朝士尽，回首鬐虲中悁悁。

后两首则着重追述自己和程同文在京交往的情形，称道程同文的学识、人品、成就，表达自己的哀痛之情。

祭罢程同文不久，自珍漱口时不觉掉了一颗大牙，使他更感到年华易逝，人生无常。他十分郑重地把这枚牙齿埋在院里的花树下，并作了一首诗，题曰《堕一齿戏作》：

> 与我相依卅五年，论文说法赖卿宣。
> 感君报我无常信，瘗向垂垂花树边。

一个深秋的夜晚，龚自珍独坐在书房里，想起几个月来，老朋友们一个一个地凋谢，年轻一代又是如此地难以崭露头角，社会上政治黑暗、百弊丛杂，自己壮志难酬，功业未就，心绪又像潮水一样翻腾起来。他提起笔来写下了题为《秋心》的三首七律。通过对亡友的怀念，抒发自己伤时忧国的悲哀，表达自己对顽固守旧的官僚们排斥、压抑人才的无比愤慨。

夜已经深了，还不见自珍回房安歇。何吉云悄悄来到书房，轻轻走到丈夫身旁，为他加披了一件衣衫。她拿起书案上笔墨淋漓的诗笺轻声念道：

> 秋心如海复如潮，但有秋魂不可招。
> 漠漠郁金香在臂，亭亭古玉佩当腰。
> 气寒西北何人剑，声满东南几处箫。
> 斗大明星烂无数，长天一月坠林梢。
>
> 忽筮一官来阙下，众中俯仰不材身。
> 新知触眼春云过，老辈填胸夜雨沦。
> 《天问》有灵难置对，《阴符》无效勿虚陈。
> 晓来客籍差夸富，无数湘南剑外民。
>
> 我所思兮在何处？胸中灵气欲成云。
> 槎通碧汉无多路，土蚀寒花又此坟。
> 某水某山迷姓氏，一钗一佩断知闻。
> 起看历历楼台外，窈窕秋星或是君。

何氏念罢，轻轻叹息一声，劝慰丈夫道："秋心如潮似海，于世何补，于己何益？逝者已矣，谢学士、陈编修、程大理他们既已作古，灵魂也难以招回，徒自哀伤何益？他们虽死，品节仍像郁金香一样芬芳，像古玉一样美好，留在世上，也留在我们心里。这也就够了，还是回房休息吧。"

自珍同妻子来到院里，抬头望天，指点着星空给妻子看，他幽幽地说："古人曾说剑光紫气，能照彻夜空，直贯牛斗。你看，西北的白光是不是剑气？程大理一死，懂得西北史地之学的，宇内还有几人？你再看东南一宇夜空沉沉，有没有醒人心神的箫声？《淮南子》上说，百星之明，不如一月之光。可这天空偏偏无数星斗灿烂，一轮明月却坠落林梢。这不正像斗筲之徒窃踞高位、俊彦之士沉沦埋没吗？"

何吉云知道丈夫为怀才不遇心中痛苦，劝他道："科第功名何必强求？自古怀才不遇者也非一人。读了那么多佛经，这一层，还勘不破？"

自珍紧紧握住妻子的双手说："夫人之心，我焉有不知之理？但做一个职微位卑的小官，面对昏庸无能的上司随从俯仰，我实在感到委屈。满眼新知如春云过眼，个个升迁；老辈们又一个个逐渐凋零。我心中有许多疑问，即使上天有灵，也难以给我作出解释；我纵有千条万条的治国安邦妙计，那当政大老也不会采纳，说了等于白说。你说能不令人憋闷吗？"

何吉云道："咱家一早便宾客盈门，湘南剑北的都有，那些穷朋友都可交谈，何必要和那些官场中利欲熏心之徒谈论伤神？"

自珍仰望星空，像自言自语，又像讲给妻子听："你说我智慧变作灵气，化作满天云霞。传说汉代的张骞坐着从天河漂来的木排，一直到达牛郎织女身旁。可惜这条通天之路和考进士、点翰林、进军机的道路一样，又窄又小。这条路上埋葬了多少有为之士啊！你我夫妻真不如早早到那青山绿水无人之处隐居，与世隔绝，隐名埋姓，终老山林。死后一钗一珮埋葬荒山，省去多少烦恼。吉云，你看那楼台之外，天穹深处，一颗美丽的秋星，是不是你呢？"

何吉云见丈夫过分伤感，故意逗趣说："那才不是我呢！"自珍道："那是谁呢？"何吉云道："那是你日思夜想的凤云表妹吧？"

自珍终于破颜一笑，夫妻双双回房去了。

五、秋风张翰计蹉跎，红豆年年掷逝波

潘凤云自龚家下聘之后，一直沉浸在幸福的等待之中。每当闺中独处之时，她就幸福地回忆起和表兄相处的美好时光。马坡巷表兄的熏人酒气，闺中小楼的凭窗远眺，水仙祠的耿耿誓愿，一幕一幕都无数次地从心上掠过，令她刻骨铭心。每次回忆都会令她激动万分。这些甜蜜的情景还常常幻化成绮梦，使她如痴如醉。她记得表兄曾经说

过，进京之后，中与不中都会寄回书信向她报告消息。但屈指算来，五月已过，却不见表兄有片纸只字寄来，令她十分失望。白天苦等了一天之后，临睡她就偷偷地把一枚南国红豆投入插花的美人瓶中，默默祷念一番。这天晚上她背着梅云偷数了一下瓶中的红豆，已经两百多颗，不由幽幽叹了口气，无可奈何地回房休息。

但她躺在床上无论如何也难以入睡。三更以后，沉沉入梦。梦中表哥已经中状元，披红插花，骑着高头大马，正在御街夸官。成群天仙般的姑娘簇拥着，跟在后面。她在旁边连连招手，表哥明明看见了她，却头也不回地扬鞭过去了。她伤心至极，又回到水仙庙边，对着水仙娘娘哭诉。正在这时，表嫂何吉云带着儿女路过这里，对她非但不加劝慰，还指着她的鼻子嘲笑道："你这蹄子，勾引了你表兄，让他抛弃了我。今天你也尝尝一个女人被丈夫抛弃的滋味！我被抛弃，还有儿女做伴，你落到了什么呢？"她又急又气，正要和表嫂争辩，却一梦醒来。醒后，她发现枕头被泪水浸湿了一半。躺在床上寻味梦境，又胡思乱想起来。她想，莫非表兄真的负心要抛弃自己？她又觉得这是对表哥人品的否定，没有根据。莫非是表嫂心中吃醋，从中作梗？她也觉得不对，因为这事情是征得表嫂同意过的。就这样，设想，否定；再设想，再否定。循环往复，直到天亮，又熬过了一个不眠之夜。

秋季，江南大水。大水过后，时疫流行。闺中弱质少女，再加上多愁多虑，忧思终日，潘凤云不幸染上了时疫。病中相思更殷，相思更加重了病情。春节前后，已经花容憔悴，病骨支离。梅云扶她临窗而立，看见对面的凤凰山，她不由又想起表兄说的"不知是山似蛾眉，还是眉似远山"的话来。言犹在耳，但斯人已远。一阵绞心之痛，使她颓然倒在梅云怀中。梅云慌忙把她扶到床上，刚一沾枕，便昏了过去。

正在这时，潘老太喜气洋洋地来到女儿房中，原来是京中自珍的信到家了。书信传到凤云手中之时，她已经病入膏肓了。自珍的信叙述了进京之后的种种苦恼，也表达了对她的深深思念。信上给了她一个满意的答复：明年春季一定回来亲自迎娶她过门。但她已经等不及了，她带着这个满意的答复，离开了人间。

北京丰宜门外一里之遥，有一座花之寺，又叫三官庙，是京中士人春季宴游集会的风景名区。寺中海棠闻名京师，海棠盛开之时，游人太多，自珍不愿凑这个热闹。三月二十六日刮了一天大风，第二天风稍歇，游人估计不会太多。自珍邀约金应成、汪潭、朱祖谷几位朋友，还有弟弟龚自谷，前去花之寺看海棠。

花之寺的海棠确实出奇，"大十围者有八九十本"。朋友们在一株高大的海棠下，边饮酒边赏花。金应成是金应鳞之弟，浙江钱塘人。嘉庆二十一年金家重修九世祖前明按察司佥事金对峰的坟墓，曾请自珍撰写碑文。金应成对花卉颇有研究，他给朋友们讲解说："海棠花共有四种，都是木本，最名贵的是西府海棠。树干略高，花色浅绛如胭脂，叶茂枝柔。一种名叫贴梗海棠。丛生，花色深红，因其花贴于梗上而得名，叶间或三蕊五蕊，须如紫丝。还有一种叫垂丝海棠，树枝柔软，长蒂，花色浅红。第四种名木瓜海棠，因为结实如木瓜可食而得名，枝叶花色都像西府海棠。海棠有色无香，是其缺憾。世人珍重的、诗中赋咏的多是西府海棠。"

自珍指着旁边的一棵海棠说："这棵就是西府海棠了？"

金应成道："这寺里的海棠树干高大，多是西府，故而名重京师。"

自珍道："刚才你说海棠有色无香，恐不确切。你看这满院香气芬芳，蜂蝶流连，怎能说有色无香呢？"

众人都笑起来。自珍见落红满地，寺中尽作胭脂色，不禁感叹道："世人大多悲落花，伤春逝，我看大可不必。你们看这落花不也是人间一奇景吗？我听说西天极乐世界，地上有落花四寸，那才真是美不胜收呢。"自珍越说越兴奋，让自谷取过笔墨，即席写了一首《西郊落花歌》：

西郊落花天下奇，古来便赋伤春诗。西郊车马一朝尽，定庵先生沽酒来赏之。先生探春人不觉，先生送春人又嗤。呼朋亦得三四子，出城失色神皆痴。如钱塘潮夜澎湃，如昆阳战晨披靡，如八万四千天女洗脸罢，齐向此地倾胭脂。……

他说这种奇妙的景色如奇龙怪凤漂泊，这种境界也像自己胸中的种种忧患，恍惚怪诞，百变无穷，他仿佛已经到了地上积满厚厚落花的佛国净土，希望"三百六十日，长是落花时"。

这首诗很快风靡京师，被人认为是歌咏落花的压卷之作。

春去秋来。自珍浙江乡试的同年吴杰，此时已经做了四川学台。他上疏请求把唐代的陆贽配享文庙，得到了道光皇帝的允准。吴杰为了扩大声势，特请自珍邀约同年、朋友写诗作赋，造造舆论，以壮声势。自珍献《侑神乐歌》五章，通过赞扬陆贽的辅佐之才，提出培养人才要"以用为主""名臣是师"的主张，从而批判了那些"坐谈性命，其语谆谆，其徒自千，何施于家邦"的守旧无能官僚。同时，这也是对"疲精神耗日力于无用之学"的科举制度的又一次抨击。这事自然又使穆彰阿、曹振镛等一般守旧官僚十分不满，他们纷纷找当时主持内阁的大学士蒋攸铦，怂恿蒋攸铦惩治龚自珍。蒋攸铦苦于这次祭祀陆贽的活动是奉圣谕而行，找不到制裁自珍的借口，弄得几夜睡不好觉。自珍听说后十分气愤，写了《释言》四首以发泄胸中的不满，并对这伙守旧官僚再次进行嘲讽。其中一首诗这样写道：

> 东华环顾愧群贤，悔著新书近十年。
> 木有文章曾是病，虫多言语不能天。
> 略耽掌故非匡济，敢侈心期在简编？
> 守默守雌容努力，毋劳上相损宵眠。

诗的意思是说，环顾内阁，我很惭愧，比不上你们这般老先生，十年前我写了些新书，现在很后悔。树木有好的纹理本来就是毛病，虫鸟之类好鸣叫，难终天年，我喜欢研究前代的掌故，并非妄想匡时济世，哪敢奢望著书立说留传后世呢！请允许我努力修养，学会沉默退缩，用不着您老大人为了我影响晚上睡觉。自珍诗中多是激愤的反语，对这位上相的挖苦奚落也是显而易见的。

八月间，阮元自扬州寄信给龚自珍，嘱托他为齐侯中二壶上的铭文作翻译、解释。他经过考证，写成了《两齐侯壶释文》一书。朋友吴日华赠给他和魏源、徐星伯古砚各一方。开始赠给自珍的,吴日华认为是"西洞极纯之品",但是自珍不喜欢,他又换给自珍一方略小的,自珍非常喜爱。经鉴定,原是"叶小鸾眉纹诗砚"。此砚长圆形,纵二寸七分,横一寸六分,厚四分,侧面镌刻着"疏时阁"三字,背面镌刻着二十二个真书文字:"舅氏从海上获砚材三,琢成分贻余兄弟,琼章得眉子砚。"还有两首诗:"天宝繁华事已陈,成都妙手样能新。如今只学初三月,怕有诗人说小鞚。""素袖轻笼金鸭烟,明窗小几展吴笺。开帘一砚樱桃雨,润到清琴第几弦。"末刻"小鸾"。自珍为得此砚,曾赋《天仙子》一阕:

> 天仙偶厌住琼楼,乞得人间一度游。被谁传下小银钩?
> 烟淡淡,月柔柔,伴我熏香伴我修。

正当自珍醉心于金石研究、古物鉴赏的时候,他同时接到两封书信。一封是父亲写的。自珍的父亲因年老多病,已经退休,应邀主讲于杭州紫阳书院。另一封是潘凤云的,信上说她正在病中,盼望一见。自珍本来就十分压抑,常有归隐之心,有此两端,更使他急于南归。十月十三日夜晚,他噩梦不断,不是表妹病重,就是父亲盼归。自珍梦醒后作了七绝四首,其中三首是这样写的:

> 抛却湖山一笛秋,人间无地署忧愁。
> 忽闻海水茫茫绿,自拜南东小子侯。

> 黄金华发两飘萧,六九童心尚未消。
> 叱起海红帘底月,四厢花影怒于潮。

> 一例春潮汗漫声,月明报有大珠生。
> 紫皇难慰花迟暮,交与鸳鸯诉不平。

第一首写离别家乡湖山,来京后为忧愁困扰,听说家乡海水茫茫碧绿，宁愿作"南东小子侯"，回乡侍亲。第二首写自己一生花费了无数金银，但至今功名未就，只落得华发飘萧。第三首，想象家乡无边的潮水涛声，月亮升起，水中出现月影，人们说海中涌现出了大明珠，但天神难以安慰我这样迟暮的花朵，满腹不平只有与我心爱的人诉说。

正当他思乡之情越来越重之时，又接到潘家的书信，信上说表妹已经病故。自珍悲伤万分。但由于表妹没有正当名分，只能以父亲身体欠安、回家探病的理由到内阁请假。京中家眷，略作安排，自珍便兼程南下。

回到杭州，他立即来到潘家。姑母把他领进表妹的闺房。闺房里曾有过他和表妹最幸福温馨的时刻，如今人亡物在，只能勾起无限伤痛。他深悔归来太迟，未及见表妹最后一面，一种辜负红颜知己的内疚油然而生。姑母拿出一条汗巾，一个绣制精美的钱袋，还有一对绣着鸳鸯戏水的枕衣，她告诉自珍这是女儿留给表兄的礼物。丫鬟梅云递给自珍一个指环，说这是姑娘的遗物，临终从手上取下，托她交给自珍。她又捧过一个花瓶，里面装满了南国红豆。她告诉自珍，凤云姑娘每天怎样以红豆寄托相思。姑母还送给自珍一幅凤云亲手绣制的自己的肖像，自珍立刻如获至宝地收藏起来。姑母对他讲述了表妹弥留之际，还期盼着表兄归来的情景，只听得自珍肝肠寸断，疯狂了一样奔出潘家大门，边跑边抛洒着手捧的相思豆……

丫鬟梅云见自珍神志已经迷乱，连忙追了出去。当她追上自珍的时候，自珍忽然发现梅云弯弯的眉毛酷似表妹，那衣袂飘飘的身影也和表妹差不多。于是就强拉着梅云，去寻访当年和表妹同游的踪迹。他雇了一乘小轿，仍旧出涌金门向西湖边来。一路上梅云不断提起表妹对他的思念，一提起就眼泪涟涟。自珍终于发现失去的表妹无法再寻觅回来，只好怅然而归。

这段短暂、辛酸的爱情悲剧，给龚自珍留下了刻骨铭心的记忆。十三年后，他辞官南归，触景生情，一口气写下十六首凄婉动人的诗歌，其中最动人的有以下几首：

秋风张翰计蹉跎，红豆年年掷逝波。

误我归期知几许？蟾园十一度无多。

阿娘重见话遗徽，病骨前秋盼我归。
欲寄无因今补赠，汗巾钞袋枕头衣。

云蓉未嫁损华年，心绪曾凭阿母传。
偿得三生幽怨否？许侬亲对玉棺眠？

昔年诗卷驻精魂，强续狂游拭泪痕。
拉得藕花衫子婢，篮舆仍出涌金门。

小婢口齿蛮复蛮，秋衫红泪潸复潸。
眉痕约略弯复弯，婢如夫人难复难。

当自珍十三年后又去寻觅遗踪的时候，潘家已经没有人了：姑母已经去世，丫鬟梅云杳如黄鹤。只有山寺的钟声和溪边的红花依旧。自珍凄然吟道：

一十三度溪花红，一百八下西溪钟。
卿家沧桑卿命短，渠侬不关关我侬。

一百八下西溪钟，一十三度桃花红。
是恩是怨无性相，《冥祥记》里魂朦胧。

自珍觉得就是专谈因果报应的神话故事《冥祥记》里，也难以寻找到表妹的魂魄了。

第七章　九阍虎豹

一、何敢自矜医国手，药方只贩古时丹

道光九年，自珍第六次参加会试。本科座主曹振镛、玉麟、朱士彦、李宗、吴椿，房考王植。试题是"欲速则不达，见小利则大事不成"。题目主旨是论述"为政之戒"，不可"恃气与识"。试帖诗是"赋得春色先从草际归"，自珍分韵得"归"字。自珍久历科场，这些早已轻车熟路，不在话下。房考王植非常欣赏自珍的文章，但座主曹振镛思想守旧，衡文唯遵八股程式，尤其不喜欢渊博才华之士，同时又对自珍心存芥蒂，勉强把自珍列为第九十五名。

四月二十一日，殿试，自珍还是第一次参加。皇帝亲临。主持考试的八大臣，朝服北面，三跪九叩。皇帝对贡士们说："无隐直言，朕将采择。所有对策，朕将亲览。"这不过是一种形式而已，故作姿态罢了。仪式结束，贡士们便写《对策》。

自珍的对策仿照宋代王安石《上仁宗皇帝言事书》的主旨，针对

当时的现实，从政治措施、治理黄河、选举人才、西北边防诸方面提出自己的建议。这些都是他平时非常关心，深入研究、成竹在胸的东西，所以提起笔来，文不加点就写成了一篇洋洋两千言的文章。文章援古证今，指陈时弊，既见解精辟，又文采斐然，结尾比喻尤为精彩：

若此者，经史之言譬方书也，施诸后世之弞缓、弞亟，譬用药也。宋臣苏轼不云乎：药虽进于医手，方多传于古人。若已经效于世间，不必皆从于己出。至夫展布有次第，取舍有异同，则不必泥乎经史。

殿试结束，自珍从保和殿出来，仍然心潮难平。吴虹生见他那神采飞扬的样子，猜想他对自己作的《对策》一定十分满意，就笑着问他道："你这医国圣手，都给朝廷开了些什么灵丹妙药？"

自珍答道："不敢自夸医国圣手，只是从王荆公那里贩来点老药方，治国、用人、治黄、治边，无所不谈。"

吴虹生道："虽有灵丹妙药，人家不用，可奈我何？"

自珍道："任凭人家当作一般科举文章去看待吧！"说罢现出一脸苦笑，吴虹生也叹起气来。

谁知这殿试《策论》，皇帝说要亲自过目，只是说说而已，其实还是由主考选出几份，进呈御览，不过走走过场罢了。结果龚自珍只被取为三甲第十九名，焉同进士出身。

四月二十八日，朝考仍在保和殿举行。这朝考专为选翰林庶吉士而设。科举时代科场甲第十分重要。三鼎甲和传胪可以不参加朝考，直接入翰苑，其余二、三甲进士必须参加朝考，合格者方可点为翰林。翰林散馆便可获取较高官职，今后的宦海仕途就可能比较顺畅。而进不了翰林院的普通进士，尤其是自珍这样的三甲同进士，只能做县令一类的地方官或小京官，升迁的机会就太少了。

这次朝考，道光皇帝亲自命题《安边绥远疏》。当时新疆北路张格尔的叛乱平定不久，朝廷正在考虑新疆的善后事宜。自珍一向重视西北边疆问题，以前在《新疆置行省议》《上镇守吐鲁番领队大臣宝公书》等文章中都阐述过自己的主张，这个题目正对他的口味。他几乎不假思索地振笔疾书："今欲合南路北路而胥安之，果如何？曰：以边安边。以边安边如何？曰：常则不仰向于内地十七省，变则不仰兵于东三省。何以能之？曰：足食足兵。足之之道如何？曰：开垦则责成南路，训练则责成北路。……"全文洋洋洒洒千余言，一问一答，势如江河，深思熟虑，自胸中源源而出，直陈无隐。阅卷诸公皆大惊。朝考评卷情况是这样的：由一大臣读卷，其余大臣评定。读卷大臣戴敦元尚书欲把自珍的卷子置为第一，但已经担任军机大臣的穆彰阿百般挑剔。他不能否定自珍文章的内容和见识，仍然从书法方面找毛病。他从戴敦元手里接过自珍的文章，随意看了几眼便说："历来科举考试以馆阁体为准，他这字写得如此不成章法，怎好入翰林？"众人不愿得罪穆彰阿，立刻随风转舵，终于又以"楷法不中程"为由，把自珍的文章扔到一边。

自珍廷试、朝考都是第一个交卷出场。因为考场设在保和殿，例有御林军统领稽查中左、中右两门，周围又有侍卫、护军巡逻警卫考场。这些人很多都认识自珍，见他交卷出场，都来询问考试情况。自珍把内容简略地给他们复述一遍。这些人有不少是曾经亲临西北的将士，他们深知西北情况。听自珍说罢，一齐祝贺说："先生本科一定大魁天下。"自珍却哼了一声说道："这要看他家国运如何了！"这话把守卫的武士们的胆都吓破了。很多人后来还说像是碰见了神仙，这样一个文弱的小官，却有健儿心性，明见万里。十年后自珍回忆起当日的情况，写诗说：

眼前二万里风雷，飞出胸中不费才。

枉破期门伙飞胆，至今骇道遇仙回。

朝考失败，不能入翰林院，等于断绝了自珍跻身上层政坛的道路。自珍听说还是因为"楷书不中程"，心中十分气愤。他明明知道这是穆彰阿排斥、压抑自己的一种借口，但也有口难言。他从书市上买回一本旧字帖，酒后撰写了《跋某帖后》一文，次日酒醒，读之大哭。文中说："余不好学书，不得志于今之宦海，蹉跎一生。回忆幼时晴窗弄墨一种光景，何不乞之塾师，早早学此？一生无困厄下僚之叹矣！"自此，他严命夫人何氏督帅子女婢仆都习写馆阁体。客人一有提到某翰林，自珍就不高兴地说："今之翰林何足道也？我家夫人婢女无一不可入翰林者！"夫人何氏确实写得一手隽秀清丽的馆阁小楷，客人开玩笑说："当初让夫人去替你参加朝考，一定能考中翰林！"自珍听得也大笑起来。

后来自珍还专门撰写了一本《干禄新书》，以此来讽刺只凭字体书法来衡定文章优劣的科举制度。他在序言中写道：

龚自珍中礼部试，殿上三试，三不及格，不入翰林，考军机处不入直，考差未尝乘轺车。乃退自讼，著书自纠，凡论选颖之法十有二，论磨墨膏笔之法五，论器具五，论点画波磔之病百有二十，论架构之病二十有二，论行间之病二十有四，论神势三，论气禀七。既成，命之曰《干禄新书》，以私子孙。

吴虹生和自珍命运惊人地相似，也是同进士出身，也是殿上三试三不及格，不得入翰林。二人奉旨以知县外放，但他们都不愿就任，一齐请命回内阁原班。不久魏源也以举人的身份考取内阁中书，三位好友成为同行，朝夕相聚，颇不寂寞。

一日三人同在内阁当值。公事不多，不少侍读、中书都提前散值回家去了，剩下三位好友在值房闲聊起来。自珍说："人们常说'树倒猢狲散'，如今内阁是树未倒猢狲就散了。"

吴虹生说："树虽未倒，领头的老猴总不在家，猢狲们还不照样走散？"

一句话说得三人都笑起来。魏源接口道："这也实在难怪。内阁的差事，大多都交军机处了，内阁成了个空架子，大学士们都兼着军机大臣、御前大臣、部院大臣的差使，平时都在各自的部院处理公务，谁还来内阁当值？"

自珍道："从前可不是这样。道光二年，托津中堂还天天来内阁看本。当时他身兼军机大臣、御前大臣，居常春园，圣眷正隆。有一天，圣上问他面容因何清减，他便奏道：'内阁只臣一人，天天看本，部、旗事务繁多，难免分心。'于是圣上降旨，派汉学士三人轮流看本。"

吴虹生道："这就叫不在其位而谋其政。学士的权力可太大了。怪不得人们和陈嵩庆、张麟两位学士开玩笑说，二位是'协办'大学士，两人也笑着认可。原来这看本是大学士的专职，不是一般学士的职责。"

自珍道："内阁是百僚之长，中书是办事之官。大学士经常不到内阁当值，对内阁事务一概不知。我们这些小官，有事向他请示，岂非问道于盲？汪廷珍中堂主持内阁事务，一个满侍读学士向他请示某项事情，他却不高兴地说：'我是外廷官员吗？'弄得那个侍读啼笑皆非。你们看这事荒唐不荒唐？"

三个人都摇头叹息起来。魏源又道："我见品级相同的内阁中书，有的挂朝珠，有的不挂朝珠。这是为什么？"

自珍道："这还不是因为军机章京赏挂朝珠引起的？都是一样品级，一入军机便挂朝珠，中书为啥不能挂？所以有的就自己挂起来。朝廷也没有明文规定，可挂不可挂。"

虹生道："万事必须正名。名不正，则言不顺；言不顺，则事不行。军机处原本是内阁一个分支，如今倒像是内阁的上司了。"

三个朋友越说越多，都觉得这种混乱局面应该整顿一下。自珍于是慨然任事，说明天我就给大学士上书，请他们回阁看本，整饬阁务。

十二月初一，龚自珍把《上内阁大学士书》写成，递交内阁大学士曹振镛。因为不管怎么说，曹是自己的座主，有师生之名。这封信上说："自古至今，法无不变，势无不积，事例无不变迁，风气无不移易。"从而说明万事万物都在发展变化，变法革新势所必然。自珍在信中共陈事六条。第一条就是要求内阁大学士回内阁看本。另外还有"军机处为内阁之分支，内阁非军机处之附庸""侍读之机不宜太重"等。

曹振镛看了这封洋洋数千言的信，不禁哑然失笑。他暗道："这龚呆子又犯起傻来了，大学士们七八十岁的都有，谁能有这份精力天天来内阁当值看本？军机处自雍正七年设立，迄今已历四朝，朝廷体

制已定，是你这六品小官能改变得了的？前代人为此碰的钉子你难道
不知道？自己虽身兼军机大臣，可如今领班的首席军机是穆彰阿，圣
眷优渥，古今少见，素来就对你龚自珍不满意，你这不是太岁头上动
土？你说'侍读权力过重'，侍读们能高兴？你这一棍子打八家，还
不引火烧身，引来群起而攻？"

曹振镛是历仕三朝的老官僚，平生主持乡试、会试各四次，深得
清廷信任。他老于宦海，什么事情不知道？他明明知道龚自珍是出以
公心，说的都是实话，讲的都是正理，但他也不肯多生是非，不声不
响就把这封信束之高阁了。

自珍满腔热情辛辛苦苦写成的书信，递交之后如泥牛入海，不见
音信，大失所望。他知道自己是又一次对牛弹琴了。十年之后，回忆
起这件事，他还不无遗憾地写道："万事源头必正名，非同综核汉公
卿。时流不沮狂生议，侧立东华仵佩声。"

他认为如果不是有人从中作梗，他的建议能被采纳，当时就可以侧
身东华门，临风倾听大学士们的佩玉叮当作响了。好不天真的自珍啊！

二、词流百辈花间尽，此是宣南掌故花

道光十年庚寅（1830）四月九日，龚自珍应御史徐宝善和翰林院
编修黄爵滋的邀请，第二次去花之寺观赏海棠。应约赴会的共有十四
人，其中除自珍的好友魏源、汤鹏以外，还有潘德舆、朱为弼、汪全
泰、潘曾莹等。徐宝善，字廉峰，安徽歙县人，是自珍的同年。黄爵
滋，字德成，号树斋，也和自珍十分友善。潘德舆，字彦辅，江苏山
阳人，道光举人。这些人和自珍思想观点都十分接近，尤其是在改革
弊政、查禁鸦片等方面，看法比较一致。所以这种集会名曰看花，实
则带有浓重的政治色彩，可以说是志同道合的小京官们借机在一起研
讨学问、讨论时政的聚会清谈。

时值四月，春近迟暮。海棠树下，落红簌簌，地上像铺了一层红
地毯，又松又软。枝头上未落的海棠花也早已没有晕雪融霞之态。树
冠绿荫已浓，亭亭如盖。朋友们正好以落花为茵褥，席地而坐，饮酒

赋诗，高谈阔论。

徐宝善首先端杯在手，笑着对自珍说："定庵上年的《西郊落花歌》风靡京师，脍炙人口。今日兴会，可否再来一首？"

自珍笑道："鱼肉嚼三遍，淡而不胜淡。早已江郎才尽，哪里还吟得出佳句来？"

汤鹏道："难怪自珍无诗，那八万四千美女都已有了主儿，天各一方，哪里还能齐向此地倾胭脂？"一句话说得大家都笑起来。

黄爵滋道："不管有没有美女，但饮酒赏花，不可无诗。我们还是老规矩，分韵赋诗。不管你是江郎才尽，还是妙笔生花，写不出诗，都要罚酒一大杯。廉峰司令，拈韵吧。"

徐宝善、黄爵滋拈得"肉"字；朱为弼、龚自珍拈得"翠"字。一时与会者各拈一韵，或律，或绝，或七言，或五言各吟一首。有未吟出者罚酒一杯；吟出佳句者浮一大白。朋友们觥筹交错，兴会淋漓。

吟诗方歇，徐宝善笑着说："京师盛传，定庵家夫人婢女皆可入翰林。今日当着树斋这位大翰林，我倒要考较一下这事的真假。"

自珍道："翰苑诸公如树斋者能有几人？这是年前王竹屿病起复出后，我和他重会京师，在他的《黄河归棹图》上题的一阕《水调歌头》，小婢秋云抄写了一遍，诸位看看楷法如何？"说着从怀中取出一卷纸来。潘德舆一把抢过来边看边吟道：

当局荐公起，清望益嵯峨。旌旗者番南下，百骑照涛坡。帝念东南民瘼，一发牵之头动，亲问六州醝。宾客故人喜，愁绪恐公多。

公此去，令公喜，法如何？金钱少府百万，挽入鲁阳戈。公是登场鲍老，莫遣登场郭老，辩口尚悬河。猿鹤北山下，一任檄文过。

众人轰然齐道好词。潘德舆道："词好是定庵写的。这字方是定公小星的本领。我看这字置诸翰苑墨林，也没有什么逊色。"

众人看时，确实小如蝇头，画似蚊足，楷书规范，清丽无比。黄树斋接过来说："赠给我吧。让我带到翰林院，让那些眼高于顶的白面书生长长见识，以见定庵言之不虚。"不等自珍应允，他就把诗藏于怀中。

汤鹏道:"看来这科举制度是非改不可了。今后还应该开女科,取女状元、点女翰林。"

众人都笑起来。不想这话又触动了潘德舆的牢骚,他喟然长叹道:"欲救人事,恃人才;欲救人才,恃人心;欲救人心,必恃学术;欲救学术,然必重定取士之制。不重定取士之制,读书人只研习八股,研习馆阁体小楷,谁还重经邦济世之学?"

魏源道:"老兄这篇宏论,还是等着金殿对策用吧,我们这些人听了也是白听啊!"

大家苦笑起来。自珍说道:"这八股取士之法,已如病入膏肓之人,非普通药石可救。我们听树斋谈谈禁烟的事情吧,这才是当务之急呢!"

这黄爵滋自入仕之后,素以直言敢谏著称。近来,因为鸦片大量输入,金银不断外流,他和许多有识之士一样,力主严禁鸦片。听自珍一提起禁烟的事,他不禁又感叹起来,说:"前几天听户部一位朋友说,今年鸦片输入已超过二万零一百八十八箱。我大清对外贸易开始从出超变为入超。卢制台到广州后狠狠惩办了几个鸦片贩子,切切实实地查禁了一阵,现在形势有所好转。无奈那些鸦片商人狡计百出,重金贿赂买通稽查官吏,串通一气,蒙混进境的仍然不少。更有些不法之徒接受洋商贿赂,甘为英商服务,献媚投机,牟取暴利。因而禁令无处不有,但鸦片终难禁绝。今年漏入海外的白银,仍不下三千万两。"

大家听得一片唏嘘声。徐宝善道:"禁绝鸦片必须从两方面着手。堵绝鸦片进口之源固然重要,但也不能忽视内部禁止吸食。这就和集市上买卖东西一样,没人买了,谁还贩卖?吸食鸦片烟的,多是些愚昧无知的纨绔子弟。一旦吸上了瘾,父兄打骂棍棒加身也难改正。朝廷对贩卖吸食鸦片的处罚也太轻了,最重的不过杖至百、徒三年,我看非用重典不可。把那些屡教不改、冥顽不化的或斩或绞,处死几个,看他是吸烟还是要命!"

自珍想起龚自琮戒烟的情况,不禁说道:"廉峰说得极是。烟瘾不是不能戒。生死两条路摆在他面前，吸烟不要命，要命不吸烟，他自己就不吸了。另外，封疆大吏、朝中大老若都像卢制台那样真心实意禁烟，事情就好办了。可惜卢制台这样的人太少了。我们这些人官小职微，心有余而力不足呀！"

魏源道："多联络些人，上下呼应，形成一种势力，力量不就大了？为今之计，首在联络一些有影响、有实力的人参加禁烟活动。"

自珍道："默深一说，我倒想起一个人了。"

黄树斋道："你说的是谁？"

自珍道："我说的是林则徐。此公也是一位坚决主张禁烟的人。几年前，他和家父一同进京引见，我们有过一面之缘。交谈中知道他胆识过人，留心国事，对鸦片输入、误国害民十分痛恨。"

汤鹏道："听说他丁忧期满，不日就可起复进京。到时我们不妨共谋一晤。"

大家立刻赞同。这些人只顾谈论禁烟的事，海棠飘落一身也不觉察。天色不早，朋友们方席散回城。自珍道："辜负这一片落花了！"朋友们又笑了起来。

六月间，林则徐起复进京。众人以黄爵滋为首，邀请他到宣武门南的龙树寺相会。这一天黄爵滋等人齐集寺门，龚自珍又邀约了周凯、张祥河、吴虹生、张维屏几位朋友。因为这些人都是舞文弄墨之人，到一起难免要吟诗作赋，所以后人便以为他们是封建社会常见的文人结社活动，称他们为"宣南诗社"。其实吟诗作赋只是一个幌子，谈论的中心还是禁烟与时政。

林则徐来后，黄爵滋代表朋友们向他道了仰慕之情，林则徐也和大家一一寒暄。当他见到龚自珍的时候，分外亲热，互道别后的想念，还询问了自珍父亲的近况。大家都希望林则徐借晋见皇上之机，奏明禁烟的必要。林则徐满口答应，说一定不负众位所托，把大家的意见转奏圣上。

林则徐晋见之后，被任命为湖北布政使，赴武昌上任去了。随后朝廷果然颁发了《查禁内地行销鸦片章程》。龚自珍等人认为是林则徐入奏的结果，禁烟的信心更足了。这一群下层京官的奔走呼号，使朝野上下弥漫着一片禁烟的呼声。那些反对禁烟的官僚，则把他们当作了眼中钉，必欲除之而后快。

这次集会，龚自珍和嘉道间的著名诗人张维屏彼此订交结成了好朋友。张维屏，号南山，广东番禺人。他从小就聪明好学，早有诗名，三十岁左右，所作已卓然成家。他初游京师，翁方纲就说："诗坛大敌至矣"，可见海内名流对他的器重。张维屏嘉庆九年举乡试，道光二年中进士，曾任黄梅知县。当时江水冲决堤防，灾民遍野，张维屏积极赈济灾民。曾经有一次乘小舟勘察灾情，小船被急流冲翻，落入水中。幸亏抓住一棵小树，他才没被淹死。当地民歌说："举头三尺有青天，官要救民神救官。"他后来调任广济县，不愿加重人民负担，征收漕粮，不准打折，弄得县衙经费紧缺，合衙属吏都很不高兴。他却说："理不直则气不壮，吾宁舍官以伸气。"他后来称疾辞官，大学士汪廷珍闻听后说："县官不愿收漕，世所罕见。"其方正廉洁由此可见一斑。他和自珍一见如故。此次会后，他给自珍写信说："屏始闻人言，足下狂不可近。及见足下，乃浑厚纯笃，人言固未可信也。"他读了自珍的著作，对人说："定公得志，必为荆公。"自珍称赞他道："才之健似顾千里，情之深似李申耆，气之淳似姚敬堂，见闻之殚洽似程春庐。"可见二人相知之深。龙树寺集会之后，自珍为张维屏的《国朝诗人征略》写了一篇序言。

这次集会，也奠定了林则徐这位中国近代史上的民族英雄和龚自珍、魏源、张维屏等人的深厚友谊。

重要的花之寺海棠花会还有两次。第三次于道光十二年（1832）由自珍做东，应约的有宋翔凤、包世臣、魏源、端木国瑚、杨掌生等共十四五人。朋友们花下坐定，座中多是熟人，只有包世臣、杨掌生是第一次参加。自珍向朋友们介绍说："这位是包君慎伯，是自珍的老友。这位是杨君掌生，字懋健，广东嘉应人。"

话音未落，端木国瑚就接口说："久仰久仰！原来是蕊珠旧史！"接着便抑扬顿挫地背诵道："杨君掌生者，蕊珠旧史，明月前身。以卢前王后之才，为赵北燕南之客。十年薄宦，一介书生，有花有酒浇磊块于胸中；选色选声，阅沧桑于眼底。逢场作戏，借物抒情。拈来填词之珠，数遍后庭之玉。"朋友们都大笑起来。杨掌生很不好意思，红着脸解释道："这是京中朋友的谬奖之词，作不得真的。"

包世臣长期游幕江南，出入名公巨卿间，见闻极广，也是一位忧心国事、关心百姓疾苦的热血男儿。包世臣年长自珍十七岁，安吴人，即今日安徽泾县人。他被称为全才幕僚，有真才实学，也是大书法家，有《安吴四种》《艺舟双楫》等传世。包世臣晚年寓居南京，对如何抗击英军颇有主张，有《歼夷议》，可惜被弃之一旁，不被重视。且说前几年，他以举人挑得一知县，分仕江右，顶头上司江苏巡抚是权臣穆彰阿的亲信，十分嫉妒包世臣。上任不久，就从公文字句上找到几处毛病，上章弹劾他。包世臣因此丢了官职。他从此看破了官场黑幕，绝意仕途，然而名声越来越高，陶澍等名臣，经常延他为座上宾。他在京师鼓楼绸市口居住，户外之履常满，座上宾客不断。他和自珍交谊甚厚，座中多是自珍挚友，他也就不再拘谨。三杯两盏之后，就天南地北，滔滔不绝地讲起来："前几日，听卢制台幕中一位朋友讲，这几年，朝廷禁烟谕旨逐年年年都有，但进境鸦片岁岁增加，白银大量外流。这三年平均每年流出的白银多达四百二十万两。照此下去，如何是好？"

宋翔凤问道："听说卢制台在广东禁烟不是很有成效吗？为什么还有那么多鸦片运进来？"

包世臣道："卢制台禁烟是很坚决，去年还严厉制裁了和烟贩串通一起的巡船。今年又不断捉拿不法烟贩，截获烟土，按治包庇烟商、窝藏鸦片的窑口。亲自拟订了《防范贸易评人章程》八条，奏请皇上，已获准行。但全国吸食鸦片的人据户部官员讲有二百万以上，卢制台哪能管得了？卢制台只能管住两广，西南边境他能管得了吗？听说，英国女皇已经下旨取消东印度公司对我大清贸易的专权，改由英国朝廷直接掌管。这预示着鸦片输入的规模将越来越大。听说除了印度之外，安南国南边有一小国'新加坡'，已被英夷占领。此地出海来我国极其方便，英商贩卖鸦片，多由此地装船。将来英国要兴兵来犯，恐怕也会以此作为基地。"

魏源道："朝中政要多是老迈昏聩之辈。听说有的人连英吉利、法兰西、美利坚这些国名都没有听说过，还胡说这些名堂都是疆臣为邀功请赏编造出来的。他们哪里会知道'新加坡'这样的弹丸小国？为今之计，应当立即奏明圣上，自安南出兵，把英人赶出新加坡。"

包世臣道："默深所言极是。先发制人，及早消除隐患，方为上策。"

宋翔凤道："由谁去上书皇上呢？"

魏源道："何不再告诉林大人知道，让他奏明圣上？"

大家都赞同魏源的意见，事情就这样定了下来。过了一阵，包世臣又说："定庵正有志于书法，我今天给你带来一件礼物，保你喜欢！"说着从怀中取出一卷碑拓。自珍接过一看，原来是华阳真逸撰的《瘗鹤铭》拓本。自珍如获至宝，打开一看，共收九十一字，更是喜出望外。他对包世臣说："这《瘗鹤铭》原是陶弘景所撰。碑主在焦山悬崖上，后被雷电击落江中。世人传说，是玉皇大帝相中了碑文上的字，命雷神取回天宫。碑落江中后，只能等到冬季水位降低，才能拓字。宋时欧阳文忠公得六十字为最多。康熙二十五年，长沙陈朋年公把碑打捞出来，立于焦山寺中，拓得七十余字。寺中僧人的拓本据说有八十九字。你这拓本怎么多了两个字？"

包世臣道："石'立'字，表上'华'字还存少半。大概是寺僧没有拓上。加上这两个字，不正好九十一字？"

自珍点头称是。朋友们又对《瘗鹤铭》品评了一番，尽兴而归。

第四次花之寺海棠花会，已经到了道光十六年三月。仍由徐宝善召集，赴会者约十八人。自珍大病初愈，勉强应约赴会，席上稍饮即醉。他即席赋《凤凰台上忆吹箫》一阕：

白昼高眠，清琴慵理，闲官道力初成。任东华人笑，大隐狂名。侥幸词流云集，许陪坐裙屐纵横。看花去，哀歌弦罢，策蹇春城。

连旬，朝回醉也，纵病后伤多，酒后又沾唇。对杜陵句里，万点愁人。若使鲁阳戈在，挽红日重作青春。江才尽，抽思骋妍，甘避诸宾。

三、厚重虚怀见古风，车裀五度照门东

　　道光十二年壬辰（1832）夏，天下大旱。道光皇帝以为触犯天怒，十分惶恐，六月壬午下诏罪己，并征求臣下对朝政兴废的意见。诏曰：朕思致旱之由，必有所自。应无以实不以文，在平时即当夙夜维寅，以消寝轸，至遇灾而惧，已属补救于临时，况敢以规为填乎？著在京各衙门，例准奏事人员，于恒阳之由，请雨之事，国计民生之大，用人行政之宜，摅诚直言，各抒所见。

　　于是朝臣之中，有言阴阳的，有言天象的，有言人事的，有言弊政的，七嘴八舌，莫衷一是。自珍屡碰钉子之后，对皇帝下诏征求臣下意见这种把戏已经十分淡漠，再也不愿做那些对牛弹琴的无益之劳。这天散值回来，正在书房看儿子孝拱撰写的文章，忽然门上来报，门外来了一辆装饰华美的马车，车上下来一位气宇不凡的老人，过府来拜。

　　自珍所交，长辈颇多，以为又是哪一位年长的朋友前来切磋学问、借阅图书来了，连忙出门迎接。及至到了门外，不禁大吃一惊，原来是东阁大学士、当朝一品的老相国富俊来到门首。他不明来意，不及细想，连忙一甩袖子，就要跪下大礼参拜。富俊连忙伸手拦住，笑呵呵地说道："我今天是过府做客，你是主人，不必大礼。"自珍恭恭敬敬地把他让到客厅，等他落了座，又要行参拜大礼，富俊又制止说："这是府上客厅，不是宰相政事堂，行什么廷参大礼？你看我这身行头，只是个民间富家翁，又没有顶戴花翎、朝褂补服，不和平民布衣一样，哪像个大学士？听说定庵一向不拘礼法，今天怎么拘泥起来？"

　　自珍见他说得诚恳，也就不再坚持。等秋云献上茶来，才拉了一把椅子侧身坐下。等富俊浅浅啜了一口香茗，把茶碗放下的时候，自珍才诚恐地说："老中堂有何钧旨，只用遣一仆役，传唤一声，自珍自当前去聆听调示。枉驾亲临，自珍何以克当？"

　　富俊仍然春风满面地说："定庵说哪里话来。今岁大旱，皇上宵衣旰食，夙夜忧心，亲下罪己之诏，求臣下摅诚直言。老朽深荷圣眷，尸位枢机，本要引咎辞职，无奈圣上不肯允准。在位一日，不能不为

圣上稍分忧虑。素闻定庵学识渊懿，留意国是，关心民瘼，学重经世致用，言多切中时弊。今日登门，是代圣上访贤求言来了。"

自珍闻言，心中一块石头落地。他连忙离座，躬身答道："自珍末学晚辈，识短学浅。蒙老中堂不弃刍荛，枉驾垂询，实在感佩莫名！若有一得之识，自当知无不言。晚辈素喜放言高论，已多招物议，身负狂名。近年来，公暇潜心佛事，忘情金石文字。对于国事知之甚浅，所谈也难中肯，恐负老大人之望，还望中堂见谅。"

富俊哈哈大笑起来。他知道自珍心存疑虑，信不过自己，轻易不愿深谈，于是就诚恳地说："听说定庵苦心孤诣著有《蒙古图志》，对蒙古的地理、历史、风俗人情颇有研究，想必知道蒙古汉子的直率豪爽。老朽年已八十有二，心胸禀性一如当年，直肠快口，无异童子。不像你们汉人中那些理学夫子，遇事顾左右而言他，胸有城府之深，心藏沟壑之险。当年你写的《西域置行省议》《平定罗刹方略》我都读过；殿试的《安边绥远疏》我也读了，真是当世不可多得的奇作。可惜老夫无能参与抡才大典。若让老夫亲典礼部会试，断然不会让君明珠暗投！"

自珍听富俊一番开诚相见的表白，心头热浪翻涌，顿生知遇之感。难得这位一人之下万人之上的大学士，对自己的著作如此看重。他沉思一阵，然后慨然说道："蒙老大人待以肺腑之言，自珍敢不竭诚相待！望老大人假以时日，容自珍考虑之后，如有当言之事，定会直言无隐，不负老大人殷殷之意。"

富俊微笑颔首，见天色已晚，起身告辞去了。自珍一直望着富俊的马车消失在暮色里，方才回过身来。

这位年已八十二岁的东阁大学士，是蒙古正黄旗人，姓卓特氏，字松岩，由翻译进士、授礼部主事，嘉庆道光年间四任吉林将军。清兵入关之后，八旗子弟早已失去祖先创业时的传统，京中闲散人员越来越多。这些人不治生业，游手好闲，无所事事。每天提着画眉笼子，把鹌鹑，斗蟋蟀，呼朋引类，斗鸡熬鹰。或出入八大胡同寻花问柳，有的穷困潦倒，还不断惹是生非。自雍正年间，清廷开始整顿旗务，分批分期把他们遣散回东北老家，屯垦开荒，但措施不力，弄得劳民伤财，而又怨声载道，收效甚微。乾嘉以来，屯田事宜基本流于形式。唯有富俊在吉林伯都讷、双城堡，真抓实干，搞得颇有成效。他给自京师遣散来屯垦的闲散旗人，每人发一年的钱粮，供给牲口、农具，督导他们开荒耕种，让他们自食其力。虽仍有一部分人携粮携钱逃散，但毕竟有一部分安顿了下来，几年后居然开出了大片良田。很多旗人又把这些土地租种给逃荒来关外的汉民，居然成了财雄一方的庄园地主。这样吉林大片荒芜的土地成了良田，每年收获了大批大豆高粱，给政府解决了东北驻军的部分粮饷，缓解了政府的财政困难。这一政绩，赢得了朝野一片赞誉，被朝廷识作能臣干吏。他于是被降旨内调入京，担任理藩院尚书。后来又擢升为协办大学士。道光十年升任东阁大学士，位居极品，深受道光皇帝信任。

这年夏天，久旱不雨，道光皇帝下诏罪己。他连忙上书自陈辅政无能，要引咎辞职。道光帝不准，仍留他在身边辅佐朝政。圣眷如此隆厚，使这位八十二岁的大学士，感激涕零，顿生改革时弊之志。他久历戎行，对边事比较关心，读过龚自珍有关边疆建设的一些著作，对自珍有所了解。富俊素知自珍有胆有识，正直敢言，却郁郁不得志，于是就降尊纡贵，登门拜访来了。

在这一时期，富俊先后拜访自珍五次。他的诚恳，深深感动了自珍。自珍也坦诚地把自己对朝政的一些看法讲给这位大学士听。或禁烟，或治河，或整军，或屯垦，或科举，或吏治，或教育，或民风，简直无所不谈。讲到屯垦治边，二人尤有共同语言。自珍盛赞他屯垦实边的业绩，他则夸奖自珍的远见卓识。讲到禁烟，二人也有同样见解。自珍激昂慷慨，口似悬河，滔滔雄辩；悲愤到极点时，目眦欲裂，须发皆张，热泪纵横。自珍的才气和赤诚，使这位蒙古显贵被深深感动了。

后来，自珍写了《当世急务八条》呈给富俊。富俊边读边击节称赞。当他读到"汰冗滥"一条时，不禁皱起了眉头。自珍问他何以皱眉，富俊喟然长叹道："难啊！实在太难了！"

自珍问道："不知难在何处，还请中堂明示。"

富俊摇头叹息道："请神容易送神难呢！大小衙门，冗员充斥，已非一日。本来上自部院，下至州县，律有定员。但自乾嘉以来，纳捐、军功、荫袭、优叙，杂途闲员越来越多。就以军功一条来说，每一战争下来，保荐的名单一长串。连年用兵，因军功得官者有多少？如今僧多粥少，一位十官不止，衙门人满为患。这些人各有来历，你裁减哪个？即以京中来讲，哪位王公大臣、贝子贝勒不荐私人？哪个衙门不用私人？盘根错节，牵一发而动全身，你裁得了吗？从前地方官，从督抚大吏，到府县小衙；从持节在外的专阃将帅，到幕宾杂僚，都有定额，均由朝廷任命差遣。现在却像民间雇佣工一样自己做主。你怎么裁汰？你说这事难办不难办？"

自珍听得沉闷不语。富俊见他适才还情绪激昂，一时却心灰意冷，连忙安慰他说："你所说的全是正理，是忠心谋国之言。很多事，明明知其不可为而为之，尽人事而已。明日早朝，我一定代你转奏。"

自珍道："既然说了也难以实行，不如不说。何必以此无用之言，烦扰圣意？把这一条去掉好了。"说着，便把这部分撕下，当即焚毁。

富俊道："这正应了古人焚烧奏章底稿的佳话。明日你缮写完毕，我一定代为转奏。"

想不到自珍的《当世急务八条》入奏后，又是石沉大海。自珍心里又泛起了一种受欺骗、受愚弄的感觉。春上因胸中抑郁过甚，曾经呕血数升，大病一场。自此留下病根，身体虚弱。妻子何氏和妾侍秋云恐怕他又愁出病来，都劝他出去走走，散心解闷。自珍答应了。

北京城宣武门西南四里有座龙泉寺。寺僧唯一，和自珍颇有交情。那一年龙泉寺重修藏经楼，自珍曾应唯一之请，撰写《为龙泉寺募造藏经楼启》，并带头施舍了一笔银子。这几年，自珍心中一有不快，就来寺中和唯一说佛谈禅，或借阅佛经。每借一卷就打着伞，罩着佛经回来，读完后，再提着灯笼送回。这一天他借回了一卷《三千有门颂》，回来之后一直念诵。这卷三十六句话、二百五十六字的佛经，他反复读了七天七夜，终于豁然明白，心情开朗起来。他提笔写道：壬辰岁得此书于龙泉寺。思之七昼夜，乃砉然破！骇者成粥饭，仇者成骨肉。移之念佛，三昧立证。三昧云何？曰：以弥陀性具法界中之我，念我性具法界中之弥陀。非三昧乎？

他终于又一次从佛经中找到了麻醉自己、解脱苦恼的办法：学大肚弥勒宽容天下一切难以容忍的不合理现象，泯灭是非恩怨。

转眼到了道光十四年（1834）夏天，内务府郎中那兴阿邀请自珍到府中做客。这那兴阿，字兰汀，是已故户部尚书苏楞额之孙，满洲正白旗人，是百年的勋贵皇亲。他的府第在圆明园南，名曰"苏园"，风景清幽无比，园中亭台水榭，曲池画廊，奇石异花，兰桂修篁和内宫差不多。且那兴阿藏书极富，古董珍玩很多。自珍和那兴阿饮酒赏花，品茗赋诗，玩得很痛快。那兴阿对自珍道："富中堂把你的《当世急务八条》转奏圣上，圣上御笔亲批交部审议。后来降了雨，这事也就搁置下来，被'阴干'了。虽未被采纳实行，但已引起当朝一些大臣的关注。富中堂非常赏识足下的才华，曾极力保奏，虽有人作梗，但不日定有升迁，足下静候佳音吧。"

自珍在苏园一连住了五日。临别，那兴阿取出一幅《水流云在》卷子，让自珍题诗。自珍欣然题诗两首：

> 水作主人云是客，云留五日尚缠绵。
> 不知何处需淋雨，去慰苍生六月天。

> 云为主人水为客，云心水心同脉脉。
> 水落终古在人间，哪得与云翔紫极？

那兴阿看后笑道："足下若想你我云水共翔，供奉内廷，不才愿效微薄。得便见到富中堂，定当转告足下之意。"

自珍道："多谢美意。功名于我，已成无可无不可之物，随遇而安吧。"

出了苏园，自珍暗道惭愧：若非那兴阿言明，我倒误会富中堂了。

不久朝旨果然下来，龚自珍擢升宗人府主事。可惜他得遇富俊太晚，不然自珍的命运可能会好一点。非常遗憾，富俊不久就去世了。自珍回忆起富俊五度拜访他的情况，写诗怀念道：

厚重虚怀见古风，车裍五度照门东。
我焚文字公焚疏，补纪交情为纪公。

四、照人胆似秦时月，亦狂亦侠亦温文

自珍擢升宗人府主事，正六品，总算升了官。宗人府是掌管皇族名籍的机关，宗人府主事很有点像皇家的户籍管理员。皇族的名册叫作"玉牒"，玉牒分黄册、红册两种。宗室入黄册，是皇家近族；觉罗入红册，是皇家远支。玉牒每十年重修一次。自珍负责修玉牒，又兼任玉牒馆纂修官。自珍到任后，先熟悉情况，紧接着就连忙着手整理玉牒馆章程。

这宗人府主事看起来是清清淡淡的工作，其实也有它的好处。最明显的是易于接近宗室亲贵，容易为他们了解赏识，升迁的机会就可能多些。因此在当时，也算是一种美差。宗室中的天潢贵胄凤子龙孙，很多喜欢附庸风雅、吟花弄草，自珍是名重京师的大名士，担当此任是十分恰当的。大约此时，自珍和宗室中人交往最多，奕绘和顾太清夫妇也是这一时期和自珍夫妇开始交往。龚自珍和顾太清都以词享誉京师，互相间会有些酬唱和答，后人便据此杜撰出许多他们之间的风流韵事来。这些，已有不少人考证论述，澄清事实，批谬证伪，在此就不必赘述了。

这年九月重阳，自珍应吴虹生之邀，与端木国瑚、徐星伯、潘咨等朋友在吴虹生家里聚会。吴虹生本来想让朋友们联句吟诗，但朋友们谈兴高涨，诗兴却无，不愿重复这文人相会的俗套，吴虹生只好作罢。

徐星伯，名松，星伯是其表字，顺天大兴人。嘉庆十年进士，授编修，曾任湖南学政，因受人诬陷，坐事戍伊犁。他因在新疆，撰成《西域水道记》《新疆事略》等，望重一时。徐松年长自珍十一岁，两人交往颇多。自珍有诗赠徐松："夹袋搜罗海内空，人才毕竟恃宗工。笥河寂寂覃溪死，此席今时定属公。"徐星伯长于地理，席间谈论"海内山川溪谷，东至沧溟，西至昆仑外，更数千里，天时物气，指顾毕

列"；自珍于此见闻也极丰富，不时穿插补充；端木国瑚精于《易》，谈论阴阳二仪，四象八卦，把人事、物象统统归于《易》理之中，滔滔不绝；宗稷臣不时引经据典，寻章摘句，故意把诗文中的名句变作诙谐可笑的话讲出来，插科打诨，与朋友们辩难逗笑。座上笑语喧哗，吴虹生和潘咨，坐听其间，鼓掌击节，真是谈兴助酒兴，酒酣兴更高。"上下古今，出入霄壤，容于太虚太始，归于人事之内，千态万状"。

潘咨，字少白，绍兴人，其足迹半天下，熟知各地风俗利弊，政治得失。他刚刚南游归来，席间对朋友们说，广东卢制台，最近查获收缴了一大批鸦片，惩办了几个不法烟贩，英国商务总监律劳卑恼羞成怒，寻机挑衅，竟然调来两艘兵船，向我虎门炮台开炮，击伤了我国几名老百姓。卢制台大怒，立即调兵还击。这两艘洋船仓皇逃到零丁洋去了。近来沿海已经戒备森严，将士们枕戈待旦。听说卢制台已用六百里加急文书，飞奏圣上。圣上命卢制台断绝和英商的贸易，尽逐英商。卢制台认为不可使事态扩大，正常的贸易经商活动不宜禁止，规矩守法的英国商人也不必驱逐，只要严惩偷运鸦片的不法奸商就行。皇上已经照准。

自珍道："卢制台老成持重，谋虑深远。但英国人绝不会就此罢手。有这次试探，还会再度来犯，最终难免兵戎相见。卢制台宜奏明圣上，未雨绸缪，早做准备。"

吴虹生说："定庵所说不错。但听说英国人船坚炮利，洋兵十分凶猛。印度也是一个大国，轻而易举就被他们打败了，如今只好归顺了他们。我们也应该多造些战船，多铸些红衣大炮才是。"

徐星伯道："这事情谈何容易！近几年因鸦片输入，白银外流，国库十分空虚。绿营中，粮饷都成了问题，拿什么造船铸炮呢？听说兵营中'吃空名'现象十分严重，带兵将弁，为了侵吞粮饷，常捏造假名，虚报名额。名义上一千人的军队，有八百人就不错了，等到上级阅兵检查时，就临时雇些老百姓充数。这样的军队如何能够打仗？"

潘咨道："这还在其次。现在绿营中有很多'兵油子'。这些人本是地方无赖，游手好闲，不事农耕，也不会做买卖，只想在老兵营中当兵混饭吃。所以民间有'好男不当兵，好铁不打钉'的说法。如今这些人很多吸上了鸦片，肩上一杆红缨枪，怀中一杆大烟枪，被人们称作'双枪将'。这样的兵如何能够奋勇争先、临阵杀敌？"

自珍越听越恼，不禁掷杯于地，大声说道："反了！反了！兵营中竟敢吸大烟，真正无法无天！不动用重典，大开杀戒，如何得了！"

宗稷臣笑道："你这口念弥陀的佛家弟子，怎么突然变成杀人魔王了？"一句话说得朋友们又大笑起来。

道光十六年春，花之寺赏罢海棠，自珍回来后听说安徽黟县著名学者俞正燮来到京师。俞正燮，字理初，乾隆四十年生人，与包世臣同岁。他也是科场不顺，屡遭打击，终其一生穷困潦倒，但其学问，人所共知。俞正燮后来在南京主持惜阴书院，1840年病逝于南京龙蟠里。这一天，自珍徒步到黟县会馆去看望他。二人见面后互道仰慕之情。自珍说："人多称道先生的渊博，我则更倾慕先生论事见识非凡。"

俞正燮道："多蒙定庵先生抬爱，但不知这话从何说起？"

自珍道："自古重男轻女之见根深蒂固，牢不可破。独先生大声疾呼，为女子做不平之鸣，这些深合我意。"

俞正燮道："难得定庵先生引为同道。足下的《菩萨坟》《婆罗门谣》我都读过。只知道先生不赞成裹足陋习，偏爱'大脚弯文鞨，明妆豹尾车'的夷族女子，却想不到是在为女子鸣不平！"

自珍道："女子也是人，一样身体发肤受之父母。那种伤残肢体的裹足陋俗，和古代的'膑刖'酷刑有何不同？俗云'小脚一双，泪水两缸'。女子初裹足时，哭泣哀号，通宵达旦，邻里惨不忍闻，你说这是何苦呢？"

俞正燮道："此乃伤残其身，伤残其心者更令人思之惨然。"

自珍道："先生的《节妇说》《贞女说》《妒非妇人恶德论》《女子称谓贵重》等文章都是旷世奇作，议论精辟，发前人所未发，足以振聋发聩，百年后定会被后人当作锋矛鸣镝。"

俞正燮道："定庵先生如此一说，我这孤独感去掉了一半。你想，男子三妻四妾，好像是天经地义，女子一旦受聘，便必须从一而终。这是什么规矩？明代律例，男子四十无子方能纳妾，违者笞四十，可见这滥娶妻妾是近代兴起的陋俗。难道就不能改变吗？"

二人谈得投机，话语多多，颇有相见恨晚之慨，至晚方别。

五月十六日，自珍的朋友梁章钜被任命为广西巡抚，陛辞入京。梁氏是当时政坛引人注目的人物。他在江苏布政使任上，因病告假，在福州老家休养。道光十五年四月，道光皇帝亲命闽浙总督问疾。九月间，他病愈起复，被授以甘肃布政使。陛辞时，道光皇帝对他说："朕召汝出，非徒畀汝布政使也。"可见倚重情况。果然不到两个月，梁章钜即改任直隶布政使。赴任途中，圣旨又下，擢升兵部侍郎、都察院右都副御史、广西巡抚，真可谓春风得意。他升迁之快，官场中实所罕见。京中这班热心禁烟的下层文官，普遍认为，能够联络这样一位正走鸿运的实权大员，将大大有利于禁烟活动。何况广西毗邻广东，地当鸦片输入的要冲，广西禁烟得力，将大大减少鸦片的流入。他们打听到梁章钜下榻的淀园，距吴虹生的府第大川淀很近，就决定由龚自珍和吴虹生出面，请他来吴虹生家中一会。

这日应邀赴会的还有户部侍郎程恩泽，内阁中书徐星伯。龚自珍和梁章钜旧友重逢，互道想念之情。自珍说："古人先祖道，后饯行。我们今天反了过来，在足下未登程时微备菲酌，先为君饯行。一来祝君顺利到达桂林，在广西大展宏图；二来望足下到桂林后，借足之下之德，依足下之力，杜绝鸦片输入，造福八桂苍生。"

自珍一开口，大家都举起杯来，频频向梁章钜敬酒，盛赞梁章钜的品德、才学、能力、政绩，热烈议论鸦片的危害，共同表达禁烟的愿望。响鼓何用重锤！梁章钜慨然应诺：决不辜负诸位的厚望，到任后一定竭尽绵薄，查禁鸦片，保一方清净。

自珍撰写了《送广西巡抚梁公序》三篇，其中写道："广西近广东，淫巧易至，食妖服妖易至，公必杜其习以丰其聚矣。"再次表达了希望梁章钜查禁鸦片、堵绝白银外流的强烈愿望。程恩泽用精工小楷抄写一遍给梁章钜，梁氏十分喜爱。有人对梁章钜说，这篇赠序里有许多触忌的话，劝梁不要保存。梁氏斥责这些人是井蛙之见。他特命人将其刻入《宣南赠言》之中。

送别梁章钜，自珍得知友人王元凤在赴陈州上任途中被锁拿进京。所犯何罪尚不知晓，听说是都察院上章弹劾，道光帝降旨革职查办。自珍是那种甘为朋友两肋插刀的脾性，从来不避嫌疑。他打听到王元凤关押在养蜂夹道的狱神庙里，连忙前去探望。这地方是刑部囚禁待勘大臣的处所。高高的围墙，上面修有瞭望所和巡道，院内房屋要比一般监狱的号房轩敞明亮得多。王元凤被囚禁在"天字一号"牢房，也就是狱庙的东偏殿。大殿被木板隔开，分为一明一暗两个房间。内间设卧榻一张，外间设几案座椅。坐卧随便，还可以读书写字。这确实是封建时代监狱里少见的"优待号"。这并不是典狱官特别心善，而是朝廷的律例。一则表示朝廷不辱士大夫之意；二则关在这里的犯官吉凶未定，很多人是关押了一阵，就又放了出去，不久便可能复出，"阶下囚"一变又成为"风云士"。因此狱卒们对待这里的犯人都十分宽容。来探监的人，大多是朝廷命官，无论哪一个，小小的狱吏都得罪不起，所以总是点头哈腰，小心应酬。

这天，自珍手提食盒，内装美酒一壶，小菜四碟。两位好友在这特殊的地方推杯换盏，契阔谈宴。自珍问道："前不久兄长奉召进京陛见，还蒙皇上赏戴孔雀花翎，擢升陈州知府。怎么眨眼之间就被锁拿进京，成了阶下囚？"

元凤叹道："真是一言难尽。天威凛凛，高不可测。这还是因为在桂阳州任上的事。愚兄前年到桂阳上任，下车伊始，就遇到一件十分棘手的案子。桂阳州有家大财主，名叫李万忠，家中挂过两次'千顷牌'，田地连州跨县。前年大旱，桂阳州很多地方颗粒无收。皇恩浩荡，有旨蠲免全年钱粮。圣上让田主减租，佃户分润皇恩。但是话虽如此，这浩荡皇恩平民百姓又能沾到多少，还不全落到李家这样的豪门身上？"

自珍说道："皇上高居九重，京中当政大老又不谙民情。看似宽仁爱民，实则老百姓得不到一点实惠。土地兼并如此严重，减免钱粮获益的是银钱成堆、谷米满仓的豪门大户，小老百姓很多地无一垄，能减免多少？"

元凤道："正是这样。李家照常例收租，百姓交不起租；百姓要求分沾皇恩，按旨减租，这本来是合情合理的事情。可这李万忠，刻薄吝啬，为富不仁，无论如何不肯减租，天天让家丁恶奴下乡催租，动辄把交不起田租的佃户抓到府中非刑吊打，还把交不起田租的佃户租种的土地收回，引起租佃纠纷，最终闹出了人命。"

自珍说道："这情形按理按法都应该惩治那姓李的财主，这不是明摆着的吗？"

元凤道："世上的事情难就难在按法依理而断。我来到桂阳后，县令已做了判决。判为佃户抗租，佃东双方互殴，误伤人命。事实根本不是这样，原来是李家买通了县令，县令徇私枉法。这事引起广大佃农不满，联名越衙上告。眼看民变在即，我来到桂阳，接案后，立即调齐原案卷宗，传来原告、被告双方及一干人证。原告讲，她丈夫被李府家丁抓进李府，毒打致死，然后被李家抛入河中。被告说这个佃户被带进李府不假，但当日已经放回，绝无吊打非刑之事，是他自己为了抗租，投水自杀。双方各有人证，各自言之凿凿。我经过明察暗访，原告所讲是实，被告所说基本全是谎言。"

自珍道："那他哪来的干证？"

元凤笑道："你忘了'有钱能使鬼推磨'这句俗话？世上有的是要钱不要良心的人。我当堂开棺验尸，死者头骨、肋骨尽被打断，腹中瘀血成块，显是被毒打致死后抛入水中。"

自珍道："李家还有什么话说？"

云凤道："当晚李某曾以纹银千两贿赂于我，被我赶出门去。为平息民愤，免生变乱，我判李某失察之罪，纵使家丁打死人命，凶手偿命；李家赔偿苦主良田十亩，以抚养遗孀孤儿；李万忠枷号三日示众。现在想来，判得是重了点。"

自珍道："法宜从权。这有什么重？土地兼并如此严重，贫者愈贫，富者愈富，贫富之间势同水火。灾荒之年，民不聊生，一有人煽惑，立成大乱。不这样做行吗？"

元凤叹道："有人偏偏看不到这些，你有什么办法？不想李某不服，携银进京，不知打通哪家政要的关节，都察院竟然闻风言事，上章弹劾为兄贪赃枉法，鱼肉缙绅，恣民生变。"

自珍愤然作色道："天理何在？兄长放心，我回去之后，立即托人为兄长辩冤。"

王元凤道:"多谢贤弟美意,不要做此无谓之举了。好则贪赃一节已经澄清,总算还我清白。全国因租佃纷争引起的事变已经很多,安徽山东等地'捻子'举旗造反,皇上认为多是佃农中不法之徒兴风作浪,已决意严惩不贷。愚兄正触到霉头上,获罪已定,处分旦夕就下。雷霆雨露,皆是天恩,我唯静心待命而已。"

不久朝旨下,王元凤发往张家口军前效力。自珍不顾这案子是不是道光皇帝亲自过问,公开说,"王元凤,天下士也","冤元凤者半天下"。王元凤流放离京时,龚自珍请假五日,亲自把他送过居庸关,过了八达岭方才回来。这王元凤也确实是条硬汉子,路上他高兴地对押解他的官吏说:"元凤足迹遍中华,单单没有去过西北塞外,一睹圣朝中外为一之盛。这一次我将要骑骆驼,佩短刀,往来于风沙中,尽情领略塞外风光了!"自珍对王元凤说:"我写的《蒙古图志》,一些部落山川尚未有地图,你到塞外后,请得便为我绘制一幅。"王元凤慨然应诺。临别,王元凤拉着自珍的手说:"元凤宦游半生,身无余财,枉落贪渎之名,妻子老小就拜托给贤弟了。"自珍道:"兄长放心,有自珍在,断不致让嫂子和侄儿有饥寒之虞。"两位挚友在八达岭外的寒风荒野中洒泪而别。

回到京城后,自珍和妻子何氏不顾自己生活的艰难,毅然不负朋友所托,把王元凤的妻子潘阿细和儿子接到家中,分宅而居,两家人患难相扶,彼此照顾。一次,潘阿细发现自珍无钱买面,就偷偷拔下头上的金钗,变卖成钱,交给何氏。不幸,潘氏母子在王元凤死后也都接连生病死亡,自珍安葬了他们,并为朋友的妻子写了一篇哀婉凄绝的墓碣。

五、我有《阴符》三百字,蜡丸难寄惜雄文

道光十五年(1935)十月,正在致力于查禁鸦片、加强海防的两广总督卢坤突然病逝,南海顿失长城,朝野上下都为失去一位忠于国事、坚决禁烟的贤臣而哀伤。道光十六年,在卢坤去世一周年之前,阮元请龚自珍替他为卢坤撰写一篇墓志铭。自珍正想以此来唤起人们

对禁烟的重视和对英国侵略者的警惕，他慨然答应这位七十二岁的大学士的请求，在这篇墓志铭中感情充沛地写道：

> 吁嗟岭海，大窦大痔，海人来商。不曰驱之，揖而妪之，
> 追咎有明。瑰丽淫艳，巧工所都，诱我筐筐。遂瘠南东，
> 丧金万万，食妖大行。经海之南，有越南国，黟古越裳。
> 维海之西，有英吉利，隆鼻高眶。环伺澳门，以窥禹服，
> 十伍其樯。鼍鸣地中，长鲸和之，擘波浪浪。澎湃百年，
> 自互市始，大原我详。公姑仍之，又姑持之，亦持亦刱。
> 仍之如何，以澳居夷，勿汝碟攘。持之如何，自诛食妖，
> 以肃津梁。刱之如何，楼船炮台，虎门中央。窥公之心，
> 信公之意，公实茹藏。罢关绝市，粤乃大治，异日其扬。
> 天不俟公，不苏东南，公也暴亡。

这段铭文，先追述英国侵略者以鸦片贸易为主要手段的经济侵略历史，自明朝就开始了；并指出对我国的危害"遂瘠南东，丧金万万，食妖大行"；痛切地揭露英国侵略者骚扰我国海域的罪行，和企图占领我国领土澳门等的野心；进而赞颂卢坤禁止鸦片输入、加强海防的难得功绩。在鸦片战争前夕，自珍对英国侵略者就有如此深刻、清醒的认识和先见之明，实在令人敬佩。

卢坤之死，又给中外鸦片商人造成了可乘之机。他们以重金买通巡船上的水师官兵，内外勾结，合伙走私，鸦片之祸，再度泛滥。这一年鸦片入口量激增到三万多箱。面对这一严峻情况，清廷内部展开了激烈争论。以太常寺卿许乃济为代表的弛禁派上书道光皇帝，请求改变鸦片禁例，主张鸦片输入照药材一样收税。除了政府官员和士兵之外，悉听民间贩卖吸食，并允许各地种植罂粟，自己制造鸦片，以抵制外国输入，减少白银外流。

许乃济等人的意见，立刻遭到许多正直之士的强烈反对。内阁学士朱成烈、兵科给事中许球，首先上书驳斥。他们主张严定贩卖吸食鸦片的罪名，对犯罪者施以重刑，贩者斩，吸者绞。一时间禁烟派和

弛禁派形成了水火不相容的两大阵营。

道光十七年（1837）三月，龚自珍改任礼部主客司主事兼祠祭司行走，春季吏部考绩以京察一等引见，并蒙记名，接着又被选授湖北同知。清代同知为正五品，自珍等于说提升了一级官职。但他不愿做地方官，也可能是围绕禁烟问题的斗争正处在激烈的时候，他不愿临阵退避，仍请求回礼部供职。后来他回忆这件事情，写诗说道：

> 半生中外小回翔，樗丑翻成恋太阳。
>
> 挥手唐朝八司马，头衔老署退锋郎。

同知是知府的副手，相当于唐代的州司马。诗的意思是说，半生的宦海踪迹，只是在中外（紫禁城内外）小小兜了一个圈子。虽然我像一棵丑陋的樗树，但仍然依恋太阳。我向唐朝的八司马挥挥手，不愿做一个像他们那样的官职。我老了以后，头衔署上"退锋郎"三字也就算了。自珍自称"退锋郎"，意思是说毕生从事文字工作，不愿做州县的地方官。

闰四月初十，禁烟派的骨干之一、鸿胪寺卿黄爵滋向道光皇帝上了一道《请严塞漏卮以培国本疏》。在奏疏中，黄爵滋指出，由于鸦片的输入，"自道光三年至十一年，每岁漏白银一千七八百万两；自十一年至十四年，岁漏白银二千余万两；自十四年至今，渐漏至三千万两之多。此外，福建、浙江、山东、天津各海口合之，又数千万两。以中国有用之财，填海外无穷之壑，易此害人之物，渐成病国之忧。日复一日，年复一年，臣不知伊于胡底"。"然则鸦片之害，其真不能禁乎？臣谓非不能禁，实未知其所以禁也。夫耗银之多，由于贩烟之盛，贩烟之盛，由于食烟之众。无吸食，自无兴贩；无兴贩，则外夷之烟自不来矣。今欲加重罪名，必先重治吸食。臣请皇上严降谕旨，自今年某月某日起，至明年某月某日至，准给一年期限戒烟，虽至大之瘾，未有不能戒绝。若一年之后，仍然吸食，是不奉法之乱民，置之重刑，无不平允。"

黄爵滋这篇奏章，痛切指出鸦片的祸害，分析过去禁烟不能奏效的原因，是由于官吏的贪赃枉法，建议采取"重治吸食的办法"，以抵制鸦片的输入。道光皇帝览奏惊心，命盛京、吉林、黑龙江将军，及各省督抚，对黄爵滋的奏章"各抒己见，妥议章程，迅速具奏"。黄爵滋此疏在朝臣中引起了两种截然不同的反响。这时已升任湖广总督的林则徐《奏陈禁烟方策六条》和《钱票无甚关碍宜重禁吃烟以杜弊源片》两道奏章送达御前。林则徐在奏章中说："（吸烟）论死之说，私相拟议者未尝乏人。而毅然上陈者，独有此奏。然流毒至于已甚，断非常法之所能防，力挽颓波，非严蒉济。"他还指出："（鸦片）治流毒于天下，则为害甚巨，法当从严。若犹泄泄视之，是使数十年之后，中原几无可御敌之兵，且无充饷之银。"这话深深打动了道光皇帝的心！试想，无兵无饷，这皇帝宝座还能坐得牢吗？

但与林则徐态度相反，军机大臣穆彰阿、直隶总督琦善、太常寺卿许乃济激烈反对黄爵滋"重治吸食"的禁烟办法，宣扬"圣朝宽大，不事峻法严刑"，并胡说什么人们对吸食鸦片者不检举、不揭发，正说明"斯民苟存恻隐之心，尚可验民风之厚"。如果对吸食和贩运鸦片者加以严惩，就会"讼狱繁兴，民气日习于浇漓，与明刑弼教之原，不无抵牾"。他们对侵略者鸦片贸易罪行闭口不谈，却把沿海的一些贩卖鸦片的二道贩子说成罪魁祸首，妄图避重就轻，掩人耳目，为英国侵略者和纵容包庇鸦片走私的大官僚们开脱罪责。

道光皇帝感到鸦片输入将造成军队瓦解、粮饷枯竭的严重威胁，命林则徐迅速进京陛见，并降旨将许乃济革职开缺，勒令回籍，永不叙用。九月间，贵为宗室成员的庄亲王、辅国公二人，因吸食鸦片，被革去爵位。道光帝又严旨切责云贵总督伊里布，严禁云南种植罂粟。一时之间，禁烟派的下层京官们扬眉吐气，京中一派禁烟的舆论炽热。

一日，黄爵滋、龚自珍、吴虹生等人又遇到了一起。黄爵滋兴冲冲地说："这下好了，林少穆不日就可进京，许乃济已经削职，伊里布受到训斥，穆彰阿、琦善这两个老滑头、琉璃蛋，也见风转篷。这查禁鸦片的事一定会成功。"

吴虹生道："连庄亲王、辅国公都被革去封爵，谁还敢从中作梗？"

龚自珍摇头说："事情恐怕还不会像二位说的那么顺当。如今文武衙门，绝无吸食鸦片者，甚属寥寥，连宫中也不干净。这些人手眼通天，还不定会耍出什么鬼花招来。"

黄爵滋道："定庵这话可是真的？"

自珍道："好歹我在宗人府混了几年，内廷的事情还不清楚？听说老太监张进福是个老烟鬼，已有三十年的大烟瘾，连贝勒克柯包布库、太监总管熊来福也和他在一起抽吸。这事宫中太后能不知道？如果太后、皇后知道，皇上能不知一点风声？"

话已经不能再往下说了，三个人都沉默不语。停了一阵，黄爵滋道："定庵如果所说不虚，我明日早朝，不如再奏一本。"

吴虹生连忙说道："树斋万万不可。此本一上，必然震惊朝野，皇家颜面尽扫。皇上查问，必然涉及定庵。宫深似海，又难彻察，圣上如果有意掩饰，后果不堪设想。"

自珍道："我倒不怕吃挂累，只是天意自古高难问，奏章一上，树斋如今正在风口浪尖上，恐怕要招惹麻烦。上年汤海秋参奏宗室尚书载铨的事不就是这样？没打着黄鼠狼，反惹了一身臊。我想不如把事透给一位合适的御史，御史闻风言事，是职责分内的事，具本上奏合情合理。你看好不好？"

黄爵滋、吴虹生一听都表示同意。不久，果有御史向道光皇帝密陈其事，十一月间这桩宫廷吸烟案被揭发出来了，两位太监均被处死。这样一来，京中禁烟的空气更浓厚了。

林则徐接到圣旨，立刻星夜起程，自湖北兼程北上，十一月赶到了一片禁烟呼声的北京城。道光皇帝连续几次在乾清宫召见林则徐，商讨禁烟事宜。林则徐奏对称职，被任命为钦差大臣，颁给钦差大臣关防，节制广东水师，命其前往广东查禁鸦片。

林则徐定于十一月十八日陛辞，二十三日出都。黄爵滋、龚自珍、吴虹生等人到林则徐下榻之处，为林则徐送行。这几天，林则徐寓所门前车骑拥挤，府上高朋满座。三人不愿凑热闹，一直等到客人散去，林则徐方有机会在书房和老朋友们见面。林则徐深情回忆当年在龙树寺集会的盛况，和朋友们互道想念之情。朋友们向他介绍了京师围绕禁烟问题的激烈斗争，林则徐听得心情十分激动。他说，他在湖北读到了龚自珍为卢坤写的墓志铭，读到了黄爵滋的奏章，都曾激动得彻夜难眠。看到他们的文章，就想起龙树寺集会时大家的殷殷话语。这几年他在湖北无时无刻不在为禁烟的事情努力。朋友们对禁烟的前景充满希望，都祝愿他到广州后，旗开得胜，建立不世功勋。

临别，龚自珍把日前写好的《送钦差大臣侯官林公序》和一方紫色石砚送给林则徐。林则徐尚未及细看，门上来报，军机大臣穆彰阿来拜。自珍等人不愿和这位权倾朝野的大人物见面，便起身告辞。林则徐送到门首，自珍道："大人此番南去，定建奇勋。自珍不才，若大人幕中乏人，只需片纸到京，自珍定会星夜驰往广州。另外，自珍多年留意海防事务，尚有几点管见，随后定当寄上，供大人帷幄运筹时参酌。"

林则徐抱拳相谢。自珍三人上马作别，各自回家去了。

林则徐二十三日离京赴任，路上方有机会拿出龚自珍的临别赠序细细阅读。"鸦片烟则食妖也，其人病魂魄，逆昼夜。其食者宜缳首诛！贩者、造者宜刎脰诛！兵丁食，宜刎脰诛！此决定义，更无疑义。诛之不可胜诛，不可绝其源；绝其源，则夷不逞，奸民不逞；有二不逞，无武力何以胜也？公驻澳门，距广州城远，夷箠也，公以文臣孤入夷箠，其可乎？此行宜以重兵自随，此正皇上颁关防使节制水师意也。"这篇赠序，龚自珍向他献了三种决定义、三种旁义、三种答难义和一种归墟义。主要建议他到广州禁烟要"以重兵相随"；对贩鸦片、造鸦片、吸食鸦片者要"刎脰诛"；更不要听信那些不坚定分子的意见，动摇自己的决心；要修造火器，训练水师，时刻准备着和英国人兵戎相见。林则徐读着这如岩浆喷射、地火奔涌的话，眼睛湿润起来。他仿佛看到了朋友那勃勃跳动的肝胆赤心！

他深深为朋友的关切感动了。这种关切只有骨肉、手足间才有，宦场中是绝对难以找到的。他掏出手绢，揩了揩盈眶的热泪，继续读下去。自珍末尾写道："我与公约，期公以两期年，使中国十八行省银价平，物力实，人心定，然后归报我皇上。《书》曰：'若射之有志'。我之言，公之鹄矣。"

林则徐仰头望着蓝天，暗暗发誓道："定庵放心吧，我决不辜负你的一片深情！"

晚上在驿站里，昏黄的油灯下，林则徐援笔铺纸，准备给龚自珍写回信。正要动笔，他又迟疑起来：自珍希望南来助自己一臂之力，这也是自己求之不得的。但离京时听穆彰阿的口风，自珍似乎涉嫌一桩重大案件。他深知穆彰阿、琦善等人对自己极端仇视，无时不在盯着自己，蓄意加害，进而破坏禁烟大计。如果让自珍来自己幕府，无疑会授人以柄，于禁烟十分不利。思忖再三，他才动笔写道："月前述职在都，碌碌软尘，刻无暇晷，仅得一聆清诲，未罄积怀。惠赠鸿文，不及报谢，出都后，于舆中细绎大作，责难陈义之高，非谋识宏远者不能言，而非关注深切者不肯言也。"

林则徐对自珍赠序中的各项内容逐一作了答复，并隐约其词地告诉他暂时不要南来的原因："至阁下有南游之意，弟非敢沮止旌旆之南，而事势有难言者。"后来他还专门派了一个本家替他向自珍解释，实际上是向自珍报告危险的信号。

复信写好，林则徐又拿起自珍赠给他的那方石砚。这是一方紫色端砚，似为端州高安县中岩坑所产，刻工朴素，背面刻着王羲之的"快雪时晴帖"，字迹颇有风神。此砚虽平淡无奇，但他知道，自珍以"快雪时晴"作为砚铭相赠的深意，是希他到任后雷厉风行，禁烟早日成功，如雪后初晴，尽扫阴霾，还我一个"银价平、物力实、人心定"的锦绣中华，故而十分珍爱。自此林则徐将这方石砚一直带在身边，甚至带着它共谪伊犁，往返于天山南北。林则徐在砚后又亲书七绝一首：

> 定庵贻我时晴砚，相随曾出玉门关。
> 龙沙万里交游少，风雪天山共往还。

当林则徐还在路上的时候，广州爆发了万人大示威。十二月十二日，总督邓廷桢决定处决一名不法烟贩。英、美鸦片贩子公然干涉中国内政，捣乱刑场，破坏查禁鸦片。广州老百姓自动集合起来包围了外国商人居住的洋馆，抗议他们的强盗行径。此举吓得英国人龟缩在洋馆里不敢露面。邓廷桢终于在洋馆前处死了这个鸦片贩子。

六、香兰自判前因误，生不当门也被锄

道光十八年（1838）春，龚自珍鉴于礼部则例年久舛错太多，制度废弛，职责不明，人浮于事；加上风气败坏，投机钻营现象严重，撰写了一篇题为《在礼曹日与堂上官论事书》的长信。信中提出四条建议：一、礼部则例宜急修；二、礼部风气日下，宜急挽；三、祠祭司宜分股办公；四、主客司亟须整顿。

礼部堂官本是穆彰阿的亲信，平时对自珍就抱有成见。这天见自珍递上书信，接过来看也不看就扔到了一边。自珍心里很不痛快，强忍胸中的怒气说道："卑职陈请之事，势在必行。还望大人及早过目，当行与不当行，都请大人给以明示。"

那堂官无奈，不得不拿起来，装模作样地看了一遍，冷笑一声说道："这礼部则例是朝廷所定，哪能随意更改？什么'舛错极多'，简直是笑话！你来礼部几天，就发现'舛错极多'，这部中大小官员那么多，难道都是瞎子吗？"

自珍见他如此颟顸，气得说不出话来，便狠狠啐了一口唾沫说："怕是有眼无珠吧！"说罢拂袖而去。

从礼部出来，恰巧碰见几个部中同事，非拉自珍喝酒不可。几杯热酒下肚，牢骚自然就多了起来。他把刚才和礼部堂官谈话的情形讲了一遍，大家七嘴八舌议论起来。自珍素有酒后骂人的毛病，近年来经朋友们不断劝说，收敛了不少。但今日心头不快，不禁又骂起来。本来官场就是是非之地，这事第二天就传入礼部堂官的耳朵里。这礼部堂官焉有不恨自珍之理？

重阳节这天，自珍与徐松、吴虹生，结伴往西山登高，特意去拜望了刘三。刘三告诉自珍，他有个师弟叫韦绍光，在广东三元里开武馆授徒，邀请他前去帮忙，他已经答应，不日就要动身南去。四个人，酒逢知己，多饮了几杯，不觉天色已晚。三人辞别刘三回到城里时，已是上灯时分。行至一处豪华的客栈门前，听到吱咛一声，店门开了一半，里边挑出一盏红灯，接着伸头探脑出来一个伙计模样的人来，

迎住三人，轻声问道："三位客官可要住店？小店宽绰，雅静，如有嗜好，还可过瘾。"三人一听，顿吃一惊，想不到在禁烟的呼声一浪高过一浪，朝廷刚刚严惩了几个吸食鸦片的大臣、处死了两个吸食鸦片的太监之后，竟然还有人私开烟馆、吸食鸦片。于是三人佯装住店，跟随那个伙计走进店里。真是冤家路窄，偏偏在这里又撞见了龚自琮。

原来这龚自琮，有内兄陈文俊做靠山，出银子作资本，竟然在家乡开起大烟馆来了。近来杭州禁烟风气很高，他的烟馆被关闭了。陈文俊带他来北京看看风声。来到北京已经三天了，他看到京城里，表面上禁烟声势很大，实际上烟馆仍然不少，只是由明转暗罢了。很多外面挂着客店、酒馆、妓院、杂货铺招牌的地方，晚上都做鸦片生意。他不禁心头狂喜，觉得进京一趟，不虚此行。准备回去后，如法炮制，继续开烟馆。正当他烟瘾过足、想入非非的时候，房门被哐当一声推开了。万万没有想到，门外来了三个人，其中一个竟是自己最怕见到的龚自珍。

自珍也意想不到在这里会碰到龚自琮。仇人见面分外眼红。他一把把龚自琮从烟榻上揪起来，劈头盖脸就是几个耳光，只打得龚自琮杀猪般地号叫起来。徐松连忙拉住自珍，龚自琮乘势钻到烟榻下面，弄得烟具、烟灯叮叮当当滚到地下。那伙计闻声进来一看，连忙回去报告掌柜。掌柜的连忙扯起喉咙在院中喊起来："强盗来了！强盗来了！"原来这是他们约好的暗号，各个屋里已经过了瘾，或正在过瘾的烟客闻声溜之大吉，黑暗中霎时跑得净光。等烟客跑完，烟具、鸦片藏匿齐毕，大摇大摆来了三个顺天府的差役。他们打着官腔问道："天子脚下，京城里哪来的强盗？"

掌柜的故作惊慌地说："总爷来迟一步，为首的都跑了，剩下这三个可疑之人。"

三个差人立刻走到自珍三人面前，故意抖动着叮当作响的铁锁，乜斜着眼睛问道："你们是什么人？是不是强盗？"自珍三人见这些人双簧演得如此可笑，冷笑一声，骂道："瞎了你们的狗眼，我们是朝廷命官，专来查禁鸦片的。你们胆大包天，私开烟馆，串通作弊，还做什么戏？"

三个差役见势不妙，回头便逃。三个人急忙来拦。无奈文弱书生哪是彪形大汉的对手？眼睁睁望着他们夺门而逃，很快便消失在夜幕里。掌柜的和伙计乘机躲藏起来。再寻烟榻下的龚自琮时，也早已不见踪影。一座客栈一时变得空荡荡的。三人相视而笑，徐松说："百无一用是书生，一点不假！"自珍道："如果刘三在这里，保管一个也逃不了！"

事已至此，久留无益。三人只好出了客栈，各自回家去了。

三人刚走，掌柜的和伙计便从暗处走了出来，对着三人的背影啐了一口唾沫，骂道："窝囊废！搅了我一夜好生意！"

过后，三人不过把这事当作一件笑谈，不久便淡忘了。想不到这事竟然差一点给龚自珍惹来滔天大祸。

原来这龚自琮逃回寓所之后，亡魂皆冒，把事情告诉了陈文俊。陈文俊说，京中刚刚因吸食鸦片革了一位王爷的封爵，处死了两个太监，你这算是撞到刀口上了。要想活命，除非还去求穆相爷。龚自琮急忙求内兄带他去见穆彰阿。穆彰阿一听，立刻心生一计，他要借此除去龚自珍，并以此为缺口给禁烟派一个狠狠的打击。他对龚自琮说："眼下的情势，不是鱼死，就是网破。只有你抢到前面，置龚自珍于死地，才能保住自己的命。"龚自琮连忙问道："怎样才能置龚自珍于死地呢？"

穆彰阿说："当年你若出首告发了龚自珍，哪里还有今日之祸？"

龚自琮道："现在悔之已晚。"

穆彰阿说："是晚了点，但还可以自救。"

于是，第二天龚自琮、陈文俊便去顺天府出首，告发龚自珍藏匿违禁书籍。龚自珍是朝廷命官，顺天府立即移文都察院。恰好自珍的叔父是都察院左都御史，悄悄把移文压了下来。他把自珍叫到府中，严厉训斥了一顿，问明并没有证据落在别人手里，才算放了心。他托人四处打点，多方转圜，事情总算大事化小，小事化无，慢慢平息下来。但不久礼部堂官又上章弹劾自珍藐视上司，出言无状，酗酒骂座，有失祠曹体统，终使自珍受到罚俸一年的处分。

礼部闲衙冷曹，薪俸微薄，自珍又生性豪爽，挥金似土，家中向无积蓄，常常寅吃卯粮。夺俸之后，生活陷入了困境，常常靠典当度日。京中朋友多是下层文官，经济状况和他差不多，家家都有一本难念的经。自珍借贷无门，忽然想起同年托布浑，是蒙古世家，家中豪富，现在已经官居直隶布政使，位居方伯之重，且为人慷慨大方。现在走投无路，何不去向他告借？主意已定，便立刻去拜访托布浑。

托布浑的直隶布政使衙门设在保阳（今保定市），离京三百余里。时值隆冬季节，风雪交加，龚自珍敝袍短褐，瘦马孤身，行走在冀州古道上。川原茫茫，满目荒凉，风如刀头，寒气透心，自珍心中十分悲苦。当他看到原野零零星星的桑树时不禁想到，如果在冀中平原多栽种些桑树，发展养蚕事业多织绸缎，就可以使人民富裕，还可抵制洋人丝织品的进口。他决定见到托布浑时，向他提出这一建议。

到达保阳后，托布浑热情接待了这位才华盖世，却又穷困潦倒的同年。酒席间自珍向托布浑谈到途中的想法。他说，冀州本来就有种桑养蚕的历史，《后汉书》记载，渔阳太守张堪就曾鼓励百姓种桑养蚕，深得百姓爱戴。他劝托布浑效法张堪为人民造福。托布浑口中连连应诺，心中暗笑同年的迂腐：自己饿着肚子，还有心思管这种闲事。

托布浑果然豪爽，他毫不犹豫地借给自珍一大笔银子。自珍想到家中老小等米下锅，不便久留，便带着银子匆匆回京。路上，他感慨万端，写了《乞籴保阳》四首五言古风。诗中表达了心中的愁苦，也写到了自己给托布浑的建议：冀州古桑地，张堪往事新。我观畿辅间，民贫非土贫；何不课以桑，治织纫组训？

自珍这种身处饥寒交迫之中，还念念不忘国计民生的精神和襟怀，实在是令人敬佩感叹。

有了这笔银子，一家的生活暂告无虞。冬闲无事，他带着小儿子龚陶在书房读书。他以《论语》中"子绝四"一节为题，教儿子学写帖括文。这"帖括文"，有点像今天读后感一类文章。年方十五的龚陶，提起笔来，略加思索写道："天地不仁，以万物为刍狗；圣人不仁，以百姓为刍狗。"自珍一看大笑道："有其父必有其子也。"他赞赏地看着儿子喃喃自语道："苦难的生活使孩子早熟。是啊，天地、圣人，那些生杀予夺之权在握的人，有谁不是把百姓当小狗一样看待？"

他提起笔来，写了两首六言绝句：

> 造物戏我久矣，我今聊复戏之。
> 谁遣春光漏泄？难瞒一个痴儿。

> 造物尽有长技，生死得丧穷通。
> 何物敌他六物？从今莫问尔翁。

自珍吟罢，掷笔大笑，儿子也跟着笑起来。自珍笑得热泪纵横，把儿子吓呆了。

正在这时，有客来访。自珍方收摄心神，肃容待客。迎客人至客厅坐定，奉上茶来。一经交谈，方知是林则徐的本家。他把林则徐的书信交给自珍。自珍看后一片茫然。来人把林则徐交代的话转告自珍，望自珍千万小心，免遭小人暗算。自珍十分感谢林则徐的关照，托来人转致谢意。来人稍坐片刻，就告辞去了。

这一夜，自珍彻夜难眠。他反复斟酌林则徐的话，又联系一连发生的事情，他想起三国时刘备杀张裕的事。因为张裕说过，刘家气数已尽，四川也难保住，犯了刘备的大忌，刘备就杀了他。诸葛亮问刘备为何要杀张裕，刘备说："芳兰生门，不得不锄。"他觉得自己的处境和张裕一样危险。穆彰阿等人绝对不肯放过自己。与其坐以待毙，不如弃官还乡，远害避祸，于是他决计过了春节就辞官南归。第二年他在南归途中，又一次反思被害的原因，如此写道：

> 促柱危弦太觉孤，琴边倦眼盼平芜。
> 香兰自判前因误，生不当门也被锄。

第八章　落红护花

一、进退雍容史上难，忽收古泪出长安

道光十九年春天，自珍邀请吴虹生、蒋湘南、孔宪彝、廖牲等友人，出右安门看海棠。他趁机把准备辞官的打算告诉了朋友们。吴虹生、蒋湘南知道他早有退隐之意，也约略知道隐情，神色黯然，沉默不语，只是叹气。廖牲则感到意外，他劝自珍道："人生不如意的事情常有十之八九，但不可因一时不快轻言辞官。兄长年不过五十，正是大展宏图的时候。如今已经任主事有年，循例升迁，也不难熬到九卿。如果有非常之遇，前途更是不可限量。此时辞官，等于为山九仞，功亏一篑，岂不可惜？"

孔宪彝也说："廖兄所言极是。自古忠孝难以两全，况且尽孝也不一定非晨昏定省堂前膝下不可。令尊宦海半生，深明大义，断不会因此误兄长前程，更不会责怪于你。兄长如果功成名就，光前裕后，岂不更能慰令尊之心？"

廖苼又道："内廷传闻，令叔父季思公不日将荣任礼部尚书，兄长从此则不必担心上司压抑。俗言'朝中有人好做官'，这正是时来运转的契机，为何反而急于告退呢？"

自珍知道朋友们全是好意，任朋友们劝说，也不开口解释，只是摇头苦笑。此次看花，毫无意兴，只有吴式芬用苏东坡定惠院海棠诗的原韵，写了一首诗："……良辰胜侣非易得，归程恐逐南飞鹄（时定庵将养南归）。苏堤十里足春阳，君家正在湖山曲。明年湖上看花时，此景回思定怅触。"

三月五日，圣旨果然下来，自珍的叔父龚守正由都察院改任礼部尚书。自珍见正是机会，立即以父亲年迈、需人奉养，叔父任礼部尚书、例当引避两条理由递上辞呈，立获恩准。自珍立即开始做南归的准备。令人发愁的是，全家南归需要有一大笔路费，一时实在难以筹措；杭州老宅早已易主，昆山的羽琌山馆，已经十年没有修缮，十分破旧，难以居住。他和妻子何氏商议，自己先只身南归，回去把宅子修好之后，再回京接他们母子返乡。但就是自己一个人回去，路费又往哪里去借呢？

正当他坐困愁城的时候，同年云南石屏人朱丹木进京述职。他听说自珍辞官的消息，便约了吴虹生一同来看望自珍。朱丹木做了几任地方官，已经升任知府，手头颇为宽裕，进京带了一大笔银子，见自珍正在为回乡的路费发愁，就慷慨解囊，为自珍安排行装。自珍用朱丹木资助的银两，雇了两辆马车，也不携带眷属，一车自乘，一车载着文集百卷，于四月二十三日傍晚，夷然傲然，满怀悲愤出京。恰巧朱丹木这天也要离京返任，二同年并驾出城。临别，自珍吟诗一首，和朱丹木道别：

秀出天南笔一枝，为官风骨称其诗。

野棠花落城隅晚，各记春骝恋絷时。

刚刚和朱丹木分手，京中一些要好的朋友又纷纷赶来送行。其中有汤鹏，徐松，潘咨，吴式芬，何绍业、何绍基兄弟，在京中的各位同年，还有宗室中镇国公容斋居士裕恩，龙泉寺僧人唯一等。朋友们一一举杯，为他敬酒饯行。自珍各赠一诗，互道珍重，然后登车南去。行了六七里，到了京郊凉水河，自珍在车上远远望见前面桥上站着一个人，伫立凝望，仔细一看，正是好友吴虹生。

自珍连忙跳下车来，紧走几步，上前握住吴虹生的双手，两人都禁不住泪流满面。自珍和吴虹生，同榜中举，同榜中进士，同出于王植门下，殿上三试同不及格，未能进翰林院。同考军机章京未被录用，同入内阁当中书，同日改任外官不就，同日回原官。命运真是惊人的相似。更重要的是，在多年的宦海中，他们都提倡革新政治，都坚决主张查禁鸦片，都一样为顽固派所忌恨，可以说是志同道合的朋友。自珍的诗文中，怀念吴虹生的最多，仅《己亥杂诗》中就有六首。其中一首是：

> 问我清游何日最，木樨风外等秋潮。
> 忽有故人心上过，乃是虹生与子潇。

定庵此诗中说到的虹生，即吴虹生。而子潇，则是蒋子潇，前文也曾提及。周作人有一文章《蒋子潇〈游艺录〉》也曾谈及龚自珍对蒋子潇的影响。自珍有《致吴虹生书》十二封，最后一封说："江春靡靡，所至山川景物，好到一分，则忆君一分；好到十分，则忆君十分，所至恨不与虹生偕。"可见二人交情之深。

二人携手进入道旁一家茅屋小店，以茶代酒，再作肺腑之谈。吴虹生道："贤弟此番辞官返乡，为兄尚有几句心里话要对贤弟说。刚才京外送别，人多不便言讲，故此特在这里等候。"

自珍说："兄长有话请讲，自珍一定谨记。"

虹生道："奸相党羽遍布天下，耳目甚多，江南也有其亲信爪牙。回乡后千万不可忘乎所以，要谨记魏默深当年的忠告，'促膝之言与广庭异，密友之争与酬酢异'，千万不可口不择言、言不择人。贤弟记住为兄之言，请饮此茶。"

自珍一饮而尽，放下茶杯说道："小弟记下了。"说着又为吴虹生斟上一杯，自己也斟了一杯。

吴虹生又道："朝中两派势同水火，府道官员非此即彼，各有所属。你回乡后最好置身事外，远离是非。因为地方和京中不同，百里之侯，即是小国之君，生杀予夺操之于手，流言蜚语可达天听，也足以伤人。贵乡杭大宗、王仲瞿即是前车之鉴。"

自珍道："确是金玉良言，小弟记下了。"说罢又饮了一杯。

吴虹生道："千言万语，胸中之话也难说尽。以上两端，兄弟能够时刻记住，愚兄就放心了。望贤弟一路顺风，到家后不要忘了代我向伯父问安，还要修书早报平安。"

两位挚友整整喝完了一饼龙井，方洒泪而别。自珍后来记述二人饮茶话别的情形说：

> 逝矣斑骓胃落花，前村茅店即吾家。
> 小桥报有人痴立，泪泼春帘一饼茶。

自珍出了京城，眼前境界顿觉开阔。那种长期郁积在胸中的压抑感，渐渐消失。一路上他触景生情，诗思泉涌，每过一地、见一事、访友会客、感事怀人，便信口吟诗。正如后来给吴虹生的信上所说："弟去年出都日，忽破诗戒，每作诗一首，以逆旅鸡毛笔书于账簿纸，投一破簏中。往返九千里，至腊月二十六日抵海西别墅，得纸团三百十五枚，盖作诗三百十五首也。"这就是后来有名的《己亥杂诗》，这是后话。

定庵犹嫌信札难以尽兴，又赋诗一首：

> 高秋那得吴虹生，成轫西子湖边行。
> 一丘一壑我前导，重话东华送我情。

却说自珍和吴虹生告别，登上马车，回首渐渐远离的北京，眼看夕阳西下，心中五味翻涌。回想自幼随父母进京，入仕后又在京师做官，北京简直成了第二故乡，一旦离开，难免产生乡关之感。此时，花事已过，夕阳中群芳摇落，京畿官道两旁，落红满地，马车从落红上碾过，轧出两道浅红色辙印。他忽然想起陆放翁那"零落成泥碾作尘"的名句，觉得放翁的话意犹未尽。落红成尘、成泥不仅仅是香艳如故，更重要的是它还滋养来春的鲜花，使之更艳、更美。于是他随口吟咏道：

> 浩荡离愁白日斜，吟鞭东指即天涯。
>
> 落红不是无情物，化作春泥更护花。

他在马车上远望蜿蜒曲折的西山，渐渐模糊；翠微山上的潭柘寺，慢慢融入黄昏的暮色里。他曾经多次来这里游玩，这里的一草一木他都难忘：这里土色如胭脂一样殷红，生长着许多木莲；这里埋葬着前明的公主和后妃，还埋葬着景泰年间因抗击瓦剌入侵而牺牲的义士们。他又想到自己家中从祖父、父亲到自己已经有三代在京做官，北京处处有先人遗泽，如今自己却迫不得已离开这里。尽管自古以来，人们都赞赏那种进退自如从容不迫的风度，但他自己却实在难以做到。他一次又一次抹去满脸的泪水，索性不再回头。他在马车中吟道：

> 进退雍容史上难，忽收古泪出长安。
>
> 百年棐辙低徊遍，忍作空桑三宿看？

吟罢，热泪又不禁滴落下来。

二、青史他年烦点染，定公四纪遇灵箫

五月十二日，自珍到达袁浦，觅一小店住下。这袁浦又叫清江浦，因三国时袁术兵败东奔，投奔袁谭，路过这里，扎营于此而得名。嘉道年间，这里是南北往来的要道，市面十分热闹。河道衙门，设在这里，淮北盐商也聚集此地。向南五里，便是淮阴城，是漕船必经之所。河、盐、漕三途并集一隅，其繁华景象，当时除广州、汉口等地之外，连苏州也比不上。

当时，自珍的同年何俊，字亦民，以知府衔兼理河道，衙门就设在这里。另一同年卢元良，字心农，任甘泉知县，县治离此也不远，家也在袁浦。二人所任都是肥缺，和自珍交谊素厚，自珍决定向他们打打秋风，聊补将来安家之资。

第二天一早，自珍便去拜访何俊，恰巧卢元良也在。二位同年早已听说自珍辞官的消息，正想借此一叙别情，今日一见，分外高兴。何俊问明自珍下榻之处，立即派人把自珍的行李、书籍搬进衙内来。

晚上，何、卢二人在当地一家豪华酒楼为自珍接风洗尘。座中除三同年外，还有几位当地名流作陪。席上美酒佳肴、山珍海味，其丰盛，远非天子脚下穷京官们宴客可比。自珍不禁戏谑道："三年清知府，十万雪花银。亦民大人，清也？浊也？亦清亦浊也？"

何俊立即答曰："十载内阁史，一车无用书。定庵先生，饥也？饱也？半饥半饱也？"

卢元良拊掌大笑，大家也都笑起来。笑罢，卢元良说："虽无十万雪花银，但有满怀同年谊。定庵只管放心饮酒，返乡的川资，包在我二人身上好了。"

自珍道："有元良这句话，我就可以开怀畅饮了！"大家又是一片笑声。

酒过三巡，自珍想起吴虹生、魏源的屡次劝诫，便停杯不饮。卢元良道："定庵一向酒量似海，今日为何雄风大不如昔？"

何俊道："定庵素有名言'美人如玉剑如虹'，又说'美人经卷伴年华'，是一刻也不能离开美人的人。座中没有美人侑酒，哪能打得起精神？"

卢元良道："这有何难？"说着站起身来，对下人交代几句，不一时就从勾栏中传来几位姑娘劝酒助兴。

坐在自珍身边的那位姑娘，年龄不过二十岁左右，体态苗条，黛眉如远山弯弯；一双剪水瞳子，摄人心魂；面似桃花，却比桃花更艳；秀发如云，更添无限风韵。自珍一看，暗自心惊：这女子一颦一笑，都像表妹凤云。十三年前的往事，又不禁涌上心头。

自珍正在怔怔出神，却听卢元良道："美酒佳人齐备，兴会岂可无诗？我们限韵赋诗如何？"

自珍道："客随主便。"众人轰然道好。那姑娘首先离座，从卢元良手中接过签筒，双手递到自珍面前，轻启朱唇，脆声说道："请龚老爷拈韵。"

自珍随手抽了一根签来，众人一看，却是阴平第二字"箫"韵。举座哄声大笑，齐声称奇。自珍不明就里，却听何俊说道："真是有缘千里来相会，无缘对面不相逢！定庵是京师文坛魁首，灵箫姑娘是南国花中状元，若非前世姻缘，哪能这么凑巧，信手一拈，就是一个'箫'字？"

原来这姑娘名叫灵箫，是袁浦第一名妓。她不仅姿容艳丽，而且琴棋书画样样都能，当地人戏称"花魁"。自珍宦门公子出身，风月场中老手。要是前几年听了何俊这话，一定会敷衍几句。可如今年近半百，两鬓苍苍，风情已非当年可比，不觉有点尴尬。冷不防，邻座的一个姑娘一把把灵箫推到自珍怀里。自珍只得就势一抱，揽住灵箫的柳腰，顿觉温香软玉入怀，心神一爽，仿佛年轻了许多。灵箫把酒杯递到自珍手中，自珍左手揽着美人，右手端着酒杯，以"箫"字为韵，随口吟出三首七绝来：

> 大宙南东久寂廖，甄陀罗出一支箫。
> 箫击容与渡淮去，淮上魂须七日招。

> 少年击剑更吹箫，剑气箫心一例消。
> 谁分苍凉归棹后，万千哀乐集今朝。

> 天花拂袂著难销，始愧声闻力未超。
> 青史他年烦点染，定公四纪遇灵箫。

这三首诗把自珍少年时"怨去吹箫，狂来说剑"的豪情，和如今雄心破灭的万千哀乐，集中表达了出来，既苍凉悲壮，又情意缠绵。灵箫暗暗称赞：久闻龚定庵才华盖世，果然名不虚传！平生阅人无数，哪个比得上龚自珍？

酒一直喝到起更，方才席散。何、卢二人回衙，让灵箫扶自珍到灵箫的住处安歇。灵箫的住处是一幢小楼，格局颇似当年表妹的闺房，只是陈设比表妹的闺房豪华富丽罢了。自珍今天多饮了几杯，略带醉意。酒是色媒人，花是情使者。灵箫又是一位善解风情的才女，百般温存，使自珍多日的不快一时全飞到爪哇国去了。他在这座小楼一住就是三天。临别，灵箫把他送到码头。自珍告诉灵箫，不久还会归来，到时重叙别情。

九月二十五日，自珍北上搬取家眷，重过袁浦，果然如约再会灵箫。这一次他一连住了十天，简直有些乐不思蜀。这十天，他和灵箫就像新婚后久别重逢的情侣，形影不离。正如自珍自己所说："大抵醉梦时多醒时少。"他一连为灵箫写了二十七首诗，称这些诗为《寱词》。"寱词"也就是梦中呓语。这是龚自珍诗歌中绝无仅有的事情，也是中外情歌史上的一个奇迹。

一天夜晚，灵箫向自珍诉说了自己的身世，更引起了自珍深切的同情。原来灵箫出身在苏州一家书香门第，父亲是一个不第秀才。不幸父亲过早下世，族中人欺她孤儿寡母，图谋霸占她家的田产房舍，屡次无事生非。母亲为了有个男孩支撑门户，从近族中找了一个过继儿子。谁想这个继兄长大成人后，品行极坏，吃喝嫖赌无所不为，后来还吸食鸦片，把家产挥霍净尽，还百般虐待她们母女。母亲悲愤身亡。继兄又丧尽天良把她卖到了青楼……

灵箫流着眼泪诉说了她的不幸遭遇，请求自珍为她赎身，愿终身服侍左右。自珍觉得自己年龄太大了，而且辞官之后，本来想仿效林逋，梅妻鹤子，了此余生。他难以接受这位三春牡丹一样浓艳明丽的少女。他劝灵箫还是管领风骚，继续支撑这东南的繁华景象，不要追随他这个泛舟五湖、浪迹天涯的老"范蠡"。他以诗句表达了自己的心意：

豆蔻芳温启瓠犀，伤心前度语重提。

牡丹绝色三春暖，岂是梅花处士妻？

对人才调若飞仙，词令聪华四座传。
撑住南东金粉气，未须料理五湖船。

　　自珍是个哀乐过人的人，禁不住灵箫软语绵绵。一阵温馨的话语，仿佛使他年轻了：

小语精微沥耳圆，况聆珠玉泻如泉。
一番心上温磨过，明镜明朝定少年。

　　他向灵箫解释不能娶她的原因。他是有妻室的人，他问灵箫愿不愿做侧室：

臣朔家原有细君，司香燕妊略知文。
无须诮我山中事，可肯花间领右军？

　　自珍实在是太爱灵箫了。他把灵箫比作坚牢的玉树，把她的美貌形容到画师无法描画的地步：

玉树坚牢不病身，耻为娇喘与轻颦。
天花岂用铃幡护，活色生香五百春。

云英化水景光新，略似骖鸾缥缈身。
一队画师齐敛手，只容心里贮秾春。

　　但灵箫绝不是一个只知温柔缠绵的女性，她颇有几分须眉之气。她不愿自珍沉湎于卿卿我我的儿女私情之中。当她发现自珍才气消磨、过分颓唐的时候，一面梳妆，一面卷起珠帘，和自珍共同眺望黄河，想借黄河奔涌的气势，激励自珍。她的眉宇间有不同凡响的刚强之气，指挥起婢女来，像临阵的将军；谈吐也很有楚霸王的爱妾虞姬的刚烈，让自珍更加倾慕：

风云才略已消磨，甘隶妆台伺眼波。
为恐刘郎英气尽，卷帘梳洗望黄河。

眉痕英绝语謰謰，指挥小婢带韬略。
幸汝生逢清晏时，不然剑底桃花落。

自珍一度答应了灵箫的要求，并打算将来把她接到羽琌山馆：

万一天填恨海平，羽琌安稳贮云英。
仙山楼阁寻常事，兜率甘迟十劫生。

但他们之间却不时发生矛盾，自珍预感到他们的爱情难以有美好的结果，故意负气不辞而别：

金钉花烬月如烟，空损秋闺一夜眠。
报道妆成来送我，避卿先上木兰船。

后来灵箫后悔了。她使人追赶自珍，捎来了道歉的书信。自珍在路上也给她寄回一首诗：

青鸟衔来双鲤鱼，自缄红泪请回车。
六朝文体闲征遍，哪有萧娘谢罪书？

之后不久，自珍又给灵箫寄诗一首，敬谢之：

阅历天花悟后身，为谁出定亦前因。
一灯古店斋心坐，不似云屏梦里人。

当两个月后，自珍自北京回来，再到袁浦，斯人已经鸿飞冥冥，不知去向。后来听说她已回苏州闭门谢客，也许是芳心破碎，也许是有了托身之所。自珍这一段缠绵悱恻的恋情，像一朵美丽的昙花，短暂一现，便凋落了。但它给自珍，也给后人留下了难忘的记忆。

三、我劝天公重抖擞，不拘一格降人才

六月初，自珍乘船南下，到达淮左名都扬州，嘉庆末他曾和友人宋翔凤在这里逗留过三天。一晃二十年过去了，离京时，有人对他说扬州已经今非昔比，变得十分萧条，很有点像鲍照《芜城赋》里描写的样子。下船后，自珍找个客栈住下，见天色尚早，就走出客栈，信步投东。不远处有座小桥，过桥，沿着一条淙淙流淌的小溪，走不多远，翻过一道短墙，再穿过一段荒草掩盖的小径，便登上了扬州城墙。站在城墙上，三十里扬州城里高高低低的房舍，曲曲折折的大街小巷，都看得清清楚楚。这天早上，刚下过一场雨，房舍显得格外清新，并不见什么萧条景象，站在城墙上就可听见集市上的喧闹声。他走下城墙，来到集市上，买了二斤熟肉，店东又给他弄来一瓶酒，一筐虾，他便自斟自饮，慢慢喝起来。扬州老酒浓烈，不知不觉便有了几分醉意。趁着酒兴，他扯起嗓子唱起了苏东坡的"大江东去"和萨都刺的"六代繁华"，声音自客栈中传出，把河对岸已经入睡的歌女们都惊动起来了。一位望淮楼的名妓伫立窗前，整整听了两个时辰。

第二天早晨，客栈里有个客人要去蜀冈游玩，此人有一只快船，自珍征得这位客人的同意，便乘船同去。这条船，装饰华美，船舱的窗子上居然还装着玻璃，坐在舱内便可观看长江两岸的景色。撑船的艄公，不时指点两岸说，这里是什么花园的旧址，那里从前是什么什么地方。很多地方，他从前曾经游历过，并没有什么大变化，只"倚虹园"已经荡然无存，从前住宿过的"西园"，大门还有，门额上的字，还依稀可以辨认。园中高岗上栽满了桂树，池塘里满是荷花和菱角。这个花园在扬州的西北隅，地势最高，风景最秀丽，南面可以望到长江，北面可以看到淮河。自珍觉得江淮间几十个州县，没有这样美丽繁华的地方。

回到客栈，当地的朋友和名流、士绅听说自珍来到扬州，都来看

望。魏源不由分说把他请到家里。魏源的府第在扬州仓巷，名曰"絜园"。园中极富竹木亭石之盛，环境十分幽雅。他把自珍安排在园中的"秋实轩"。魏源在陶澍幕中，帮助陶澍整理江淮盐政，趁机做点盐业买卖，狠赚了一笔银子，建了这座庄园。他又是扬州的文坛领袖，所以座上客常满，杯中酒不空，"絜园"成了当地文士经常聚会的场所。今天自珍到来，更是雅士云集，座无虚席。这些人有请教经义学问的，有问京中近来情况的，有拿自己的诗词文章请自珍评点写序、写跋的，也有请自珍书写册页、扇面的。这些人有些是附庸风雅，有些则是借自珍以提高自己的名声，真叫人应接不暇。

这一天，来了两个盐商，他们因为盐务方面的来往和魏源认识。这些人，粗通文字，也胡诌几句不伦不类的顺口溜，加上剽窃抄袭些古人的诗句，反正有钱，竟然也刻印了一部诗集。听说大名士龚自珍来到魏源府上，便各自带上自己的诗集，来请自珍评点、品题。见面之后，通了姓名，难免互道仰慕，彼此寒暄。这两人，一个叫胡西坡，一个叫金胜轩，他们听了自珍几句客套、称赞，便忘乎所以，胡吹海侃起来。一个说他的诗和苏东坡的诗混在一起，某翰林竟分不出优劣；一个说他填的词，和辛弃疾的名作相比，也没有什么逊色。自珍听得十分腻烦，因为是魏源的熟人，也不便逐客。末了，这两个人非让自珍为他们的诗集品题不可。自珍提起笔来，在二人的诗集上各写了一句顺口溜：

> 古有苏东坡，今有胡西坡。这坡比那坡，差多，差多。
>
> 前有辛稼轩，后有金胜轩。此轩比彼轩，地天，地天。

二人一看，十分难堪，连忙起身搭讪着怏怏然走了，魏源和在座的人哄堂大笑起来。自珍此番在扬州，所见所感，颇多深思。他感慨道："天地有四时，莫病于酷暑，而莫善于初秋；澄汰其繁缛淫蒸，而与之为萧疏澹荡，泠然瑟然，而不遽使人有苍莽寥泬之悲者，初秋也。令扬州，其初秋也欤？予之身世，虽乞籴，自信不遽死，其尚犹丁初秋也欤？作《己亥六月重过扬州记》。"自珍无奈辞官，南归故里，一路目睹、忧心的还是国事。此一名文，今昔对比，景似事殊，愤慨之情，溢于言表，却也是窥视时代风雨的好文章！

这天，难得有了机会，他从絜园出来去拜访已经告老还乡的体仁阁大学士阮元。阮元告诉他，林则徐到广州以后，与两广总督邓廷桢、水师提督关天培密切配合，严拿烟贩，整顿水师，惩办不法官吏，禁烟运动搞得卓有成效。他责令外国烟商将趸船所存鸦片，造具清册，听候收缴，并出具甘结，保证"嗣后来船，永不敢夹带鸦片，如有带来，一经查出，货尽没收，人即正法"。英国领事义律，指示最大的鸦片贩子颠地，伺机逃跑。广州人民包围了洋馆，断绝广州澳门之间的交通，林则徐下令停止中英贸易。现在英国人无奈，已交出鸦片两万多箱。这些鸦片被林则徐全部在虎门销毁。

龚自珍听得十分兴奋。他无比佩服林则徐的胆识和能力，不禁又替林则徐担心：英国人能善罢甘休吗？穆彰阿、琦善等人能不从中作梗、掣肘吗？

从阮府出来，龚自珍一边走一边想着心事，不知不觉走到一座精致的宅第门前。这时门内出来一个十五六岁的小姑娘，拦住自珍问道："先生可是龚大人吗？我家主人有请先生到家中一叙。"

自珍问道："你家主人是谁？如何识得龚某？"

那小姑娘笑道："先生一见便知。"

自珍未及细想，跟着这个小姑娘走进这家院子。但见院中翠竹扶疏，绿树掩映。穿过甬道来到一幢小楼前，只听得楼上琴声悠扬。小姑娘打起珠帘，让自珍进来，仰头喊道："小云姐，客人来了！"

楼上琴声，铿然而止。楼梯上一阵轻快的脚步声甫停，下来了一位姑娘。自珍看时，面容颇似灵箫，只是面色稍黑了点，身材略瘦削点，显得十分玲珑。自珍正自纳闷，却听那姑娘道："实在太冒昧了。只因仰慕先生心切，才出此下策，半道上拦住先生，把先生骗到舍下。望先生不要见怪。"说话间，适才那小姑娘捧上茶来。自珍接过茶杯，刚揭开盖碗，一股异香扑鼻而来。自珍浅啜一口，问道："还未领教姑娘芳名，不知姑娘何以认识在下？"

这姑娘道："小女子乳名小云。先生初到扬州那天晚上，在客栈饮酒放歌，小女子听了很久。后来听人讲，那晚歌'大江东去'和'六代繁华'的便是大名鼎鼎的龚礼部。我幼小即学唱，就喜欢先生的《太常行》和《一剪梅》。先生听听可是这样吗？"说着便莺声燕语地唱起来：

一身云影堕人间，休认彩鸾看。花叶寄应难，又何况，春痕袖斑？

似她身世，似她心性，无恨到眉弯。月子下屏山，算窥见瑶池梦还。

她唱了一支，接着又唱道：

一丸微月破黄昏。卷定帘痕，划定炉痕。春归谁与试温存？春瘦三分，人瘦三分。

柳花桃叶镇纷纷。掩了重门，阁了芳樽。安排悒怅倚罗屏，红字消魂，香自招魂。

这姑娘唱罢，自珍击掌赞道："唱得不错！这正是龚某《无著词》中的两支小令。这是谁教给姑娘的？"

这姑娘闻言，低下了头，轻声道："是我师傅，也是我妈妈。"

自珍这才恍然大悟，这姑娘原来是个妓女。但他不便说破，只好仔细端详起这间小楼的布局来。只见房间迎门墙上挂着一幅《五福捧寿》图，两边挂着几幅名人字画，东西墙上各挂两幅仕女和山水，和普通人家的客厅没有多大区别。自珍正看画间，却听那姑娘道："恐怕先生已经明白我的身份。这里名叫'临淮望月楼'，在扬州小有名气。先生若不嫌小女子粗俗，可以暂作一夕之家，有些事情，我也正要请教先生。"

自珍正要说阮囊羞涩的话，那姑娘却又开了口："先生不要小瞧了所有青楼女子。青楼中也不是人人都只爱钱财，不讲礼义廉耻；反过来，儒林中也不乏满身铜臭、不知廉耻之辈。"

自珍听得连连点头，当晚就留宿在这临淮望月楼，一夜温柔自不必说了。次日自珍回到秋实轩时，早又是高朋满座了。自珍一看座中有在京师无三日不见的前辈学者秦敦夫；有父亲的老幕僚段果行、沈锡东；有扬州教谕邵子显；有撰写《论语正义》的经学家刘宝楠；还有世袭一等轻骑都尉杨季子等当地名流。

秦敦夫道："定庵这花下老鬼，昨天又到何处去风流快活了？"

自珍道："老兄取笑了。昨日去拜望阮尚书，座上几位朋友饮酒时间长了，就住在阮相书房里了。让列位久候了。"

大家听说自珍住宿阮府，颇感惊讶。邵子显问道："阮大人耳朵不聋了吗？"

魏源道："你难道忘记扬州人有句笑谈'阮公耳聋，见龚必聪；阮公俭啬，交龚必阔'这句话了吗？我敢保证，自珍靴页子里，必有阮公送的银票，不信当面验看。"

自珍不置可否，大家当然也不便验看。自珍说："听阮大人讲，林少穆在广州一下子收缴洋人鸦片两万多箱，全部销毁了。"

秦敦夫说："两万多箱，按每箱一百斤计算，就是二百多万斤，堆起来，小山一样高了！"

邵子显道："这么多，怎么能一下子烧完呢？"

杨季子道："那还不容易？鸦片极易燃烧，一把火不就烧光了？"

自珍道："听阮大人讲，是先在虎门海滩上挖些大坑，名曰'禁烟池'，然后把鸦片和生石灰一起倾倒到池子里。涨潮时，海水一流入禁烟池，生石灰起火，鸦片就燃烧起来，霎时都焚毁了。阮大人讲，那天虎门海滩上人山人海，林大人令旗一挥，禁烟池里山崩地裂，浓烟滚滚，海滩上欢声如雷。场面壮阔极了！"

魏源道："林大人真是当世英雄！这下真算长了咱大清臣民的志气！"

秦敦夫道："两百多万斤鸦片值多少银子？英国人能不心疼？他们肯善罢甘休吗？"

秦敦夫说的，也正是自珍所担心的，他的心头沉甸甸的。又听杨季子道："兵来将挡，水来土掩，大不了兵戎相见。我大清四百兆臣民，还能怕它蕞尔小国英吉利？"

魏源道："可惜林大人这样的人才太少了。封疆督抚中有几个这样的豪杰？我国海岸千里，我们有多少水师？有多少战船？有多少炮台？听说天津海口只有八百老弱残兵，山海关一带连一尊能用的大炮都没有。一旦洋人舍广州而北上，避实就虚，如何是好？"魏源一席话把大家刚才的兴奋打消了一大半，又坐了一阵，大家便一一离去。邵子显临去，把自己撰写的《娄东杂著》交给自珍，请自珍撰写序言。龚自珍欣然应诺。

朋友都走了。秋实轩安静起来。龚自珍独坐灯下，把自己对禁烟、海防、局势变化等方面可能出现的问题的看法，写成几条建议，想寄到广东给林则徐。但又考虑到事涉机密，没有合适的人可以托付，心中不禁焦躁起来。他提笔在手，写道：

> 故人横海拜将军，侧立南天未蒇勋。
>
> 我有阴符三百字，蜡丸难寄惜雄文。

早上，自珍在絜园散步，见一花匠正在修剪梅树，他把稠密的枝条一一剪去，把挺直的枝条用绳子绑起来，拉向一边，让它斜倚，有的还要揉成弯弯曲曲的形状，用棕绳捆起来。自珍问他为何这样做，那花匠说："不这样就不好看，没有意趣。"自珍说："这是谁说的？"那花匠拿出一本《孤山花谱》来。自珍打开一看，尽是些倾斜、盘曲的梅树。自珍不禁哑然失笑。他说："这是哪位先生，真能杜撰。孤山的梅树哪有这样的？那全是凭着天性，自然生长，枝繁叶茂，生机蓬勃。哪有这种病恹恹的样子？"

回到秋实轩，自珍望着院子里的梅树，不禁感慨万端：这世上的人不也和这梅树一样吗？他们本可以凭着自己的天性禀赋，成长为各种有用之材；但统治者却按照自己的意愿，用各种封建礼法、科举制度、陈规陋习，把他们扭曲、改造。这正是导致人才匮乏的根本原因，也是社会的巨大悲哀。于是他提起笔来，草成一篇托物寄意的短文《病梅馆记》。

这天，他又去临淮望月楼看望小云。小云正在午睡未起，婢女要去唤醒她，自珍摇手示意不必唤她，自己却悄悄走上楼来。他轻轻撩起帐子，见小云侧身而卧，云鬟半偏，二目微合，似嗔似笑；玉臂粉嫩，酥胸丰臀，体似玉琢，肌胜凝脂，不禁十分爱怜。他不忍把她惊醒，忽然看见她脱下的一袭杏黄裙子，挂在床头衣架上，不禁想起王羲之的一桩逸事来：王羲之非常喜欢一个名叫羊欣的少女，一次趁羊欣熟睡，竟然在她的裙子上写满了字。于是他轻轻把小云的杏黄裙子取下来，然后援笔在手，在上面题诗三首：

> 能令公愠公复喜，扬州女儿名小云。
> 初弦相见上弦别，不曾题满杏黄裙。

> 坐我三薰三沐之，悬崖撒手别卿时。
> 不留后约将人误，笑指河阳镜里丝。

> 美人才调信纵横，我亦当筵拜盛名。
> 一笑劝君输一著，非将此骨媚公卿。

他正在凝思题诗时，感觉耳后吹气如兰。回头一看，不知何时小云已经站在身后，看自己吟诗。他连忙放下笔来，把小云揽到怀里，抱歉地对小云说："糟蹋了你的裙子！"

小云读了他写的诗，已知他将要离去，无限深情地说："我多么想让你把这条裙子题满再走。你在扬州一天，我决不再见别人。"

自珍是曾经沧海的人，何况心里已有灵箫。他终于婉言谢绝美人的挽留，乘船离开了扬州。

船到镇江，自珍站在船头，只见江边，人山人海，鼓乐齐奏，于是便让船停下，上岸观看。原来这一天是玉皇大帝的生日，又加上今年入夏以来，久旱不雨，稻田龟裂，秧苗多被旱死。老百姓只好请玉皇观里的张道士设坛祈雨，并举行盛大的玉皇迎神大会。只见人们用明黄亮轿抬着玉皇大帝的神像，后面抬着黑衣赤须的雷神、绿衣黄发的风神，前呼后拥，鼓乐齐奏，来至江边拜祭，由法师从江心取回法水，然后再由江边把玉皇及风雷二神招上神坛。张道士登上神坛，披发仗剑，口含法水，喷向四面八方。香烟缭绕里，张道士唱歌一样琅琅念着青词。自珍细听时，词甚鄙俚，无非是乞请玉皇大帝快降甘霖之意。

自珍正待转身要走，却被神坛上的张道士一眼认出来。原来这张道士，也是一个读书人，早年曾经游历京师，和自珍有一面之缘。后来穷困潦倒，索性撇了家小，出家当了道士。因为他识文断字，念经画符远比普通人高明得多，所以在这一带很快混出了名头，竟然广收门徒，成了名重一方的大法师，像迎神祈雨这样的事情当然少不了他。他正在神坛上念得起劲，忽然看见鼎鼎大名的龚自珍竟然站在坛下人群里，本来琅琅如唱的声音突然咽了回去。他连忙走下神坛，邀请自珍到神坛东侧的神棚下品茶，一面命小道士们奉茶，一面取过一叠青藤纸，请自珍写首祈雨的青词。这青词也就是祭神的歌，自珍推辞不过，提笔写道：

九州生气恃风雷，万马齐喑究可哀。

我劝天公重抖擞，不拘一格降人才。

张道士问道："这首青词是什么意思？"

自珍道："你看这天地之间，死气沉沉，没有一点生机，没有风声，也没有雷鸣，不令人感到伤心悲哀吗？"

张道士不解地又问："不是祈雨吗？"

自珍道："没有风吼雷鸣，哪会降雨？这久旱不雨，正是世人不爱惜人才、扼杀人才，引起玉皇震怒，给下界的惩罚。何时朝廷懂得爱惜人才，天下也就风调雨顺、五谷丰登了。"

张道士和他的徒弟们听得如坠五里云雾中，但也不好意思再问。自珍的心思他们当然不会明白。看着自珍远去，张道士便重新登坛。自珍身后传来山呼海啸般的朗诵声，仔细一听，正是他刚刚写的青词，他欣慰地笑了。

自镇江前往江阴的途中，他打开一卷陶渊明的诗集。这是在扬州时魏源特意送给他的。魏源的用意十分明显，是要他学学陶渊明，做一个悠游泉林、忘情山水的田园诗人。自珍边吟哦，边品味。他发现陶潜并不像人们想象的那样从容淡泊，他胸中也有无穷的牢骚。他的辞官归隐，也和自己一样是有难言的苦衷。自珍提笔写道：

> 陶潜诗喜说荆轲，想见停云发浩歌。
> 吟到恩仇心事涌，江湖侠骨恐无多。

> 陶潜酷似卧龙豪，万古浔阳松菊高。
> 莫信诗人竟平淡，二分梁甫一分骚。

到了江阴，他决定去拜访仰慕已久的前辈学者李兆洛。十二年前他曾经写诗表达对这位前辈的仰慕："所恨不识李夫子，南望夜夜穿双眸。"李老先生也曾经在给邓传密的信中说："魏默深初夏过此，得畅谈。又得读《定庵文集》，两君皆绝世奇才，求之于古，亦不易得，恨不能相朝夕也。"足见二人相互心仪、惺惺相惜之意。

这天自珍终于见到了这位李老先生。这是一位身材矮小、大腹便便的老人。李兆洛豹头环眼，双目炯炯，外表十分威猛，好像很难接近，实际上却十分谦和平易，从来不会疾言厉色。他家中藏书五百多卷，皆亲手评点、校正，提到十三经的内容，琅琅如诵，一字无误。当日，李兆洛的弟子蒋彤也在座，这也是一位很有才华的年轻学者，他继承了李兆洛的治学风格，喜欢涉猎百家之书，学识渊博，已窥李氏堂奥。三人通宵长谈，相见恨晚。临别，自珍赋诗一首相赠：

> 江左晨星一炬存，鱼龙光怪百千吞。
> 迢迢望气中原夜，又有湛卢剑倚门。

由江阴前往苏州的途中，自珍梦见了老朋友顾千里。他曾经和顾千里相约"五年以后相见"，顾千里当时正在病中，回信说"敢不忍死以待"。可是不久顾千里就去世了。自珍深为他的去世感到悲痛，他认为这是江南文坛的一大损失：

> 万卷书生飒爽来，梦中喜极故人回。
> 湖山旷劫三吴地，何日重生此霸才。

路过长洲，他又想到了好友宋广文。这位才学出众的文字学家，老年才得一七品县令，如今远官湖南。自珍写诗遥寄对他的怀念：

> 玉立长身宋广文，长洲重到忽思君。
> 遥怜屈贾英灵地，朴学奇才张一军。

到了苏州，他去拜访了已经升任江苏布政使的同年裕谦。太湖本是鱼米之乡，十分富庶。但近十年，水利严重失修，涝则成灾，旱也难收。自珍向裕谦推荐归有光辑录、郑侨父子等人著的《三吴水利录》，并希望他重视水利，造富三吴。

在苏州作了短暂的停留，龚自珍到支硎山舅父的墓前拜祭，也吊祭了他学佛的第三位导师江铁君。在这里，他意外碰到了他的乳母金妈。金老太太已经八十七岁，随着她的儿子十年前流落到苏州。老人家见到自珍激动得泪流满面，她能讲述龚家六十年的往事，言谈中提到自珍的母亲段氏，又引起了自珍对慈母的回忆。临别时，自珍把身上所带的银钱都给了这位老人。他在自己的诗里述道：

> 温良阿者泪涟涟，能说吾家六十年。
> 见面恍疑慈母在，报恩祝汝后昆贤。

路过秀水时，自珍专门看望了叔父龚绳正，自然谈到了龚自琮的事。二人同声感叹门中不幸，出了这样一个不肖子孙。过嘉兴时，又去拜访了座主王引之的长子、嘉兴知府王寿昌。就这样一路探亲访友，吟咏赋诗，七月九日，龚自珍终于回到了阔别十三年的故乡杭州。

四、踏遍青山窥两戒，无双毕竟是家山

自珍到家这天，老父亲已经拄着拐杖，倚门相望多时。远远看见夕阳里临风翘首的老父亲，须发如银，身躯微驼，已现龙钟之态，自珍不禁两行清泪潸潸而下。自珍辞官回乡，人还没有到家，路上所吟之诗早已传遍杭州，所以当时有"诗先人到"之誉。阍斋老人听了当然高兴。他询问了儿子文集整理刊刻的情况，自珍马上把自己的文集和诗集呈送到父亲面前。老人边看边说："功名富贵是过眼云烟，文章是千古事业。你辞官归养，也不是什么坏事，从此摆脱官场羁绊，免除好多烦恼。要及早静下心来，把诗文整理、刻印齐毕。"自珍按照父亲的吩咐，稍作休息，就在老家着手整理自己的文集。亲朋们听说自珍回来，排了日期，为自珍洗尘，自珍也免不了逐一回拜。

自珍从道光六年离家，迄今已有一十四个春秋。世事沧桑，家乡变化颇大，亲友中已有不少人离开人间。自珍先去祭扫祖父、母亲的坟墓，顺便还祭扫了祖茔的守墓人朱大发、洪士华的坟墓。接着，他又去吊祭从兄竹楼，顺便看望守寡在家的从妹粤生。老朋友钱林、赵魏、何元锡均已作古，他又一一凭吊。一连串的探亲访友活动完毕，才有机会重游西湖。

十四年宦游归来，昔日少年，两鬓已白。但西湖仍如西子，容颜不老，丰采照人。自珍旧地重游，恍若隔世。他吟诗道：

> 小别湖山劫外天，生还如证第三禅。
> 台宗悟后无来去，人道苍茫十四年。

这里是自己十四年来念兹在兹的地方，如今重游，备感亲切。自珍游踪踏遍大江南北、东西两浙，尽管各地都有许多名山秀水，但和家乡的西湖山水相比，都难免逊色。浙东的山水虽然秀丽，但太清冷瘦弱；北边的山水虽然雄奇，但太过粗犷泼辣。比来比去，还是家乡山水最佳：

> 浙东虽秀太清屏，北地雄奇或犷顽。
>
> 踏遍中华窥两戒，无双毕竟是家山。

八月十八日，自珍陪着父亲去钱塘观潮。当时阉斋公已经七十二岁，须发皆白。当他拄着拐杖，走过杭州大街时，路两旁的人都恭恭敬敬地肃立让路，老人慈祥地微笑着向乡亲们点头致意。自珍随侍左右，或搀扶，或引导，杭州人都投来羡慕的眼光。自珍也感到丝丝安慰，他觉得总算在父亲身边尽了一点孝道。

钱塘观潮回来，自珍就收到了儿子的信。京中的妻子儿女都盼望着他早日来京接他们南归，阉斋公更是急于全家团聚共享天伦。他催儿子早日动身赴京，并为自珍筹措了一笔银钱。自珍先往昆山把羽琌山馆修整一新，并在庭院里栽种了一些竹子与花草树木，感到总算有了栖身之所，心情轻松了许多，他在诗中写道：

> 草创江东署羽陵，异书奇石小崚嶒。
>
> 十年松竹谁留守？南渡飞扬是中兴。
>
> 料理空山颇费才，文心兼似画家来。
>
> 矮茶密致高松独，记取先生亲手栽。

羽琌山馆修整完毕，九月十五日，自珍动身北上，去搬取眷属。五日后抵达扬州，重会小云；九月二十五日重到袁浦；然后北渡黄河，弃舟登陆，换马北上，过兖州，到孔子的家乡曲阜。以往自珍曾多次路过曲阜，总是匆匆绕城而过，从来没到孔庙拜谒过。如今既已辞官，准备做闭门著述、设馆授徒的学者，不游曲阜是一大憾事，又想到自己著述百卷，学业粗有所成，胸中无愧至圣先师，于是慨然曰：可以谒孔林矣！

自珍自仰圣门入城，向孔庙走去。这是一座规模宏伟的建筑群落。他十八岁时，曾和父亲拜谒过京城的孔庙，他感到京中的文庙虽然气象庄严，但远不及曲阜孔庙壮观，仿佛那只是一种仿真的赝品，而这里才是地地道道的珍宝。这里有以大成殿为主体的殿宇廊庑，有众多的碑刻牌坊，还有圣人亲手栽种的千年古桧。他怀着虔敬的心情自棂星门入，经过巍峨庄严的太和元气坊，游览了十碑亭，然后方进大成殿参拜孔子及颜回、曾参、孟轲等孔门圣人。对于大成殿两庑供奉的七十二贤，及从祀的历代名儒，他仍像从前一样，"有拜，有弗拜"，心中的褒贬是十分鲜明的。

参拜罢孔庙，自珍到孔宪彝府上拜访。孔宪彝是自珍的好友，曾与自珍同官中书，交深谊厚。孔宪彝是孔子的嫡传后人，在曲阜清誉素著。当日，宪彝不在家里，他的弟弟孔宪庚热情接待了哥哥的朋友，安排他住宿到"绣山云馆"。"绣山云馆"又叫"韩馆"，是孔宪彝的书斋名。孔宪庚久闻自珍大名，素仰他的才华，请自珍为他珍藏的名画《经阁观海图》题诗。自珍欣然命笔，题写道：

> 少年奇气称才华，登岱还浮八月槎。
> 我过东方亦无负，清尊三宿孔融家。

孔宪彝的妻子朱屺，字葆瑛，能诗工画，尤其擅长隶书。她是内阁学士兼礼部侍郎朱方增之女，朱方增是当年自珍顺天乡试时的考官之一，也算有师生之谊。朱屺在书法上与著名女书法家李纫兰齐名，时称"朱隶李篆"。当时画家焦春、盛大士各有一幅描绘朱屺临摹隶书的图画，名曰《学隶图》，朱屺十分珍爱。她亦仰慕自珍的才学，趁此难得之机，请自珍为《学隶图》题跋。自珍在这篇跋中说："吾师少宗伯朱虹舫之爱女葆瑛女士，幼娴八法。其所为今隶，规矩翰苑而又能作汉隶书，予观焉，法度敛而气势纵，盖神明于《礼器碑》而参以《史晨碑》者。既归曲阜吾友孔绣山孝廉，益以学术相规儆，而韩敕、史晨诸汉石迮在庭庑，朝夕扪读之。神仙伉俪，其为乐事，倘所谓得未曾有者耶？"

这天，自珍与孔宪庚在绣山云馆闲坐品茶，朱屺带着年方五岁的儿子孔庆来拜见自珍。自珍见这孩子生得眉清目秀，丰神俊朗，非常喜爱，忽然想起自己的小女儿阿纯也刚四岁，如果两家结成姻亲，孔家门望清尊，女儿一辈子也就有了个好的归宿，自己今后北游，更有了一个好的落脚地方。于是他就婉转地提出了自己的想法，宪庚和朱屿因为孔宪彝不在家中，难以做出决定，说等宪彝回来商量商量再说。后来孔宪彝回来，妻子和弟弟把自珍提亲的事告诉了他，孔宪彝欣然答应，于是两位好友又成了儿女亲家。后来自珍去世，孔宪彝依照婚约，托吴虹生、陈元为媒，为阿苑主婚，把媳妇迎娶进门，完成了老友的心愿，这当然是后话了。

自珍的《己亥杂诗》刻印后，寄赠给孔宪彝一卷。孔宪彝十分喜爱，他模仿自珍的风格，写了六首七绝寄给自珍，其中三首这样写道：

> 去年来游曼相圃，今年小憩沧浪亭。
> 我归君去两相失，江南江北青山青。

> 不须言行新编录，此即君家记事珠。
> 出处交游三十载，新诗字字青珊瑚。

> 戒诗以后诗还富，哀乐中的感倍增。
> 值得江湖狂士笑，不携名妓即名僧。

自珍在曲阜住了三天。同年王大淮等当地名士曾宴自珍于曼相圃。三天后，自珍便又兼程北上。他过汶上、东平时，天降大雪，路上泥泞满途，十分难行，马车翻了四次，两次陷入泥坑里。幸亏有路上行人帮助，把车推出泥坑，才得继续北上。到了任丘，离北京还有四百里，自珍为了避免迎来送往的繁文缛节，更不愿重游京师伤心之地，于是就在一客栈住下，命随行仆人进京，迎接眷属。儿子龚橙写信请他再进一程，进于雄县；儿子第二次请求，进于固安。固安离京尚有一百二十里，自珍无论如何再也不肯前进一步。自珍不肯进京的原因，颇费人猜疑，后人便做出种种猜测。多半人认为自珍不敢进京，是害怕仇人暗算。其实，如果真的有人要杀害他，还在乎这区区一百多里地吗？何况在京外下手，不比京中方便得多？

十一月二十二日，自珍眷属离京，两天后到达固安，全家老小在客栈里团聚。路过保阳时，两个浙江老乡在这里做官，听说自珍一家路过这里，连忙到客栈看望，设宴为他们接风洗尘。这两个老乡，一个叫方廷瑚，是保府经历；一个叫陈希敬，是高阳知县。方廷瑚有一女儿年方二十，待字闺中；陈希敬刚刚死了妻子，正想续弦。自珍便从中撮合，竟然在归途中为别人成就了一桩姻缘。

十二月十九日，龚自珍全家抵达镇江。大女儿阿辛非缠着父亲去游焦山不可。阿辛年已十五，喜吟诗填词，深得自珍疼爱。自珍和女儿游罢焦山，回来时天降大雪，阴云四合，江天茫茫。他手持焦山寺中折取的一枝红梅，屹立船头，不禁想起曹操横槊赋诗的历史佳话，豪气顿生，随口吟道：

> 古愁莽莽不可说，化作飞仙忽奇阔。
> 江天如墨我飞还，折梅不畏蛟龙夺。

阿辛看着父亲风雪中挺立的身躯，高耸的眉棱，猎猎迎风的衣衫，在江风中飘动的苍苍发辫，心情十分激动，她觉得自己的父亲并不老啊！

十二月二十六日，自珍全家终于回到了羽琌山馆。他去紫阳书院接回了七十三岁的父亲，一家老少终于在昆山过了一个团圆的新年。

五、春蚕到死丝方尽，蜡炬成灰泪始干

道光二十年（1840）春天，自珍在羽琌山馆把自己辞官归里及北上接取家眷往返途中的诗作整理完毕，名之曰《己亥杂诗》。这是一组大型自叙诗，共三百一十五首，全是七绝，可以说这是自珍历史的留影。杂诗内容涉及他生平、交游、所受教育、学术研究、政治思想、改革措施等各个方面，内容广泛，如黄山云海，不可方物，是一般自叙诗所难比拟的。

新安女士程金凤，仰慕自珍之名，主动为他抄录。三月十九日抄完毕。这位程女士对《己亥杂诗》可谓推崇至极，她在诗集的末尾写道：

天下震矜定庵之诗，徒以其行间璀璨，吐属瑰丽；夫人读万卷书供驱使，璀璨瑰丽何待言？要之有形者也。若其声情沉烈，恻悱道上，如万玉哀鸣，世鲜知之。抑人抱不世之奇才与不世之奇情，及其为诗，情赴乎词，而声自异，要亦可言者也。至于变化从心，倏忽万匠，光景在目，欲捉已逝，无所不有，所过如扫，物之至也无方，而与之为无方，此其明妙在心，世乌从知之？……

不久《己亥杂诗》的刻印本也出来了，自珍把印好的诗集分头寄给要好的朋友们。自此，他开始在苏杭宁沪间游历起来。大概在这年九月，他意外打听到了灵箫的下落，终于为她赎身，娶为侧室。

正当自珍到处游历的时候，广东接连传来惊人的消息。六月间中英已经正式开战，战争开始，双方互有胜负。因为林则徐、邓廷桢在广东早有准备，英国人占不到任何便宜，于是便沿海北上，转攻厦门，未能得逞，接着又北犯浙江，七月攻陷定海，八月抵达天津白河口。

道光皇帝慌了手脚。穆彰阿、琦善之流趁机散布流言蜚语，诬蔑林则徐收缴鸦片"先许价买，而后负约，以致激变"；又说邓廷桢"厦门军报不实"。于是道光皇帝九月十七日降旨把林则徐和邓廷桢革职查办，派琦善为钦差大臣前往广州，办理中英交涉。

龚自珍听到这些不幸的消息，忧心如焚。这时自珍正应聘主讲于江苏丹阳书院，听说梁章钜已经调任江苏巡抚，驻节上海，他便给梁章钜写信，讨论局势，相约"即日解馆来访，稍助筹笔"。道光二十一年（1841）三月二十五日，自珍的父亲阉斋老人去世，终年七十五岁。自珍回乡奔丧，安葬了父亲之后，又兼任杭州紫阳书院讲席。

六月间，他接到魏源来信，邀请他去扬州相聚。原来魏源正在编写一部名为《海国图志》的书。自珍大加赞赏，认为这才是真正的经世致用之学。魏源告诉自珍这部书是在林则徐《四州志》的基础上编写的。原来林则徐在广州时组织人员，把一部有关西方国家地理的书翻译成中文，编成一部《四州志》。魏源告诉龚自珍，林则徐和邓廷桢已有旨远戍伊犁，但因河南祥符（开封）黄河决口，大学士王鼎极力保举林则徐前往河南帮办治理河工。前几天有人自河南回来，抄录了林则徐两首诗。魏源拿来让自珍看，自珍念道：

> 元老忧时鬓已霜，吾衰已感发苍苍。
> 余生岂惜投豺虎，群策当思制犬羊。
> 人事如棋浑不定，君恩每饭总难忘。
> 公身幸保千钧重，宝剑还期赐尚方。

　　自珍念罢，魏源道："这一首是赠给王定九老相国的。是林大人赴河南时写的。"自珍再看那第二首：

> 力微任重久神疲，再竭衰庸定不支。
> 苟利国家生死以，岂因祸福趋避之。
> 谪居正是君恩厚，养拙刚于戍卒宜。
> 戏于山妻谈故事，试吟断送老头皮。

　　自珍念罢，已是泪流满面。他深深被林则徐的铮铮铁骨和对国家的赤胆忠心感动了。他拿起笔来，略一沉思，吟成一首。魏源看时，只见是一首浓墨淋漓的七律：

> 宣室今年起故侯，衔兼中外辖黄流。
> 金銮午夜闻乾惕，银汉千寻泻豫州。
> 猿鹤惊心悲皓月，鱼龙得意舞高秋。
> 云梯关外茫茫路，一夜吟魂万里愁。

　　魏源问道："寄给林少穆吗？"

　　自珍道："寄往何处呢？"

　　魏源道："听说他已经启程往新疆去了。"

　　二人陷入了沉思。自珍这首诗，前两句写林则徐被王鼎保举治理黄河的事情；三、四句写黄河泛滥，朝野震惊；五、六句写君子悲伤，小人得意；最后两句表达自己对云梯关外老友的挂念，吟魂不远万里去探问老友的消息。

八月五日，自珍回到丹阳书院。虽身在书院，他心中却惦念着远戍伊犁的林则徐，期盼着梁章钜的回音。每当夕阳衔山的时候，他便信步踱出丹阳书院，登上书院东面的小丘，向远处官道上眺望，看有没有邮差驿马。这天，他又登上小丘，只见小丘上层林尽染，落日余晖里翠叶耀金、流丹溢彩，秋色如画。正是飞鸟归巢之时，群鸟入林，唧啾雀跃，颇惹人心烦。一棵高大的榕树，傲然挺立在小丘的最高处，枝繁叶茂，树冠宛如巨大无比的伞盖，半边罩着小丘，半边遮蔽着丘下的官道。龚自珍背着双臂，站在树下极目远眺，望着伸向天边的道路，仿佛要看穿粤海的战火烽烟——他多么希望梁章钜飞书来招，他将投笔从戎，立赴军前。

正当他思接千里、目倦神疲、失望欲返之时，忽然发现官道尽头有两个黑点越来越大，虽然看不清高矮胖瘦、衣帽服色，但分明是两个人影！他心中立刻燃起了希望的火花，精神为之一振。近了，近了，这两个人正向丹阳书院走来。他心中大喜，快步走下小丘，迎上前来。五步之外，自珍立定脚步，仔细打量起来：来人一老一少，老者年在七旬开外，须发皆白，似乎是南方常见的老农；年轻人好像是绿营中的军汉。二人虽然风尘仆仆，但步履矫健。一看见那老者面上交错的刀痕、慑人的目光，他惊呆了：原来是他！那老者也看见了自珍，目光相遇的一刹那，二人几乎同时惊喜地喊出声来：

"三哥！"

"定庵！"

随着喊声，二人疾步向前，紧紧抓住了对方的手。自珍一时说不出是悲是喜，眼里溢满了泪水，泪光里两眼直盯盯地看着刘三，一句话也说不出来。还是刘三先开口："贤弟一向可好？"

自珍这才回过神来，连忙道："好！好！三哥也好？"说着，用衣袖揩了揩溢出眼眶的热泪，然后笑着问刘三："三哥是从何处来的？"

刘三没有回答自珍，却笑着说："让我们进屋再说好吗？"

自珍忙道："三哥说得是！我是乐坏了，快快请到书院去吧！"

那年轻人见自珍喜极失态的样子，憨厚地笑了。

自珍带路，三人进了丹阳书院。自珍把二人让至书房，立刻命人打来一盆清水，让二人略作盥洗，三人分宾主坐定，佣人献上茶来。自珍请二人暂坐品茶，自己忙去安排酒饭。

二人一边品茶，一边观看自珍的书房。只见室内陈设十分简单，迎门墙上挂了一幅《佛祖灵山说法图》；一边是一张卧榻，葛帷、芦席、竹枕、布衾，床头挂着玉箫一支；一边是书案，书案后墙壁上挂着洪子峻为自珍画的《箫心剑态图》，两边对联是自珍自己的诗句："气寒西北何人剑，声满东南几处箫"，出自何绍基的手笔。书案上堆满了书卷，刘三随手拿起一卷，正是程金凤手抄的《己亥杂诗》。他略一浏览，转手递给同来的后生。那后生接过一看，惊喜地说："这就是定庵先生的《己亥杂诗》？"刘三道："正是。"那后生把书打开，轻声吟咏起来：

著书何似观心贤，不奈尼言夜涌泉。

百卷书成南渡后，先生续集再编年。

正在这时，自珍从外面进来，佣人随后端着酒馔进了屋。那后生连忙把书合上，放回原处。自珍一面命佣人罗列杯盘，一面笑着说："这是南归路上即事抒怀，边走边吟而成。雕虫小技，于民何益？于国何补？"

那后生忙道："先生过谦了。这些诗早已脍炙人口，传遍江南，不少篇章水师军营也有人传唱呢！"

自珍忙问道："足下自粤海水师来吗？"

刘三忙介绍说："还没有来得及给贤弟介绍，他叫徐宝，是我的师侄，原在定海总兵葛镇台手下当哨长。"

自珍忙道："失敬！失敬！"说着，连忙请二人入席落座，然后给二人把盏敬酒。三杯过后，自珍问道："君自军中来，当知军中事。听说英人已自粤入浙，寇我浙海，近来战事如何？"

刘三神色黯然，喟然叹道："贤弟不问，我二人前来，也正要告知贤弟，并有要事请贤弟帮忙。"

自珍道："三哥有事只管讲，但凡自珍能做到的，无不尽力而为。"

刘三端起酒杯猛饮一杯，然后眼望自珍难过地说道："丹阳书院虽不是桃花源，消息竟也如此闭塞？贤弟难道没有听到定海、镇海均已失陷，你的同年裕谦大人，还有定海总兵葛云飞大人殉国的消息吗？"

自珍闻言，如五雷轰顶，手中酒杯当啷一声掉在地上，摔得粉碎。他失声问道："三哥这话当真？你听何人说的？"

徐宝接口道："当时我和师叔都在军中，亲历亲见，还能有假？这次我们就是护送葛镇台的灵柩回武进安葬，事后来看望您的。"

自珍颓然跌坐在椅子上，面如死灰、心疼如绞，难过得无论如何也说不出话来。三人沉默了好一阵，还是刘三打破沉默说道："国事如此，我们草民百姓有什么办法？权奸当道，朝政混乱，我们败得憋气，裕大人、葛大人死得冤枉啊！"说到这里，刘三又猛饮一杯，慢慢从怀中摸出一张纸，递给自珍说："这是裕大人的绝命诗，你看冤不冤？"

自珍接过纸来，果然是裕谦的手迹，只见笔力狂劲，恨意四溢，是两首七言绝句：

> 有山难撼海难防，匝地奔驰尽犬羊。
> 整肃衣冠朝北拜，与城生死一睢阳。

> 孤城欲守已仓皇，无计留兵只自伤。
> 此去若能呼帝座，寸心端不听城亡。

自珍反复品味，诗意并不费解。但他实在弄不明白裕谦诗中所说"有山难撼"，这"山"指什么？如果指人，那人是谁？竟然使位高权重的两江总督都难以撼动他！他猛然想到裕谦曾经严章弹劾琦善五条误国大罪，但琦善最终还是被参倒了，不能算是"难撼"之山。他也听说裕谦曾经和王鼎力保林则徐，后来皇上曾命林则徐以四品京堂衔帮助裕谦办理两江军务，但不久，终因穆彰阿等人作祟，把林则徐充军伊犁。想到这里，他恍然大悟：这"难撼"之山就是穆彰阿！是以穆彰阿为首的奸党！但他又难以理解，裕谦是手绾两江兵符的总督，怎能"无计留兵"呢？他困惑地望着刘三、徐宝问道："定海、镇江是怎么失陷的？裕制台、葛总兵是如何殉国的？"

徐宝叹道："奸臣误国啊！林大人被撤职查办后，先是琦善、伊里布，后是奕山、奕经，统统是饭桶，只知道卖国求和。英人天天增兵，他们偏偏要裁撤水师义勇。裕大人早就看出英人早晚要进犯浙海，奏请朝廷早做准备，却遭到申斥。裕大人请林大人来浙海帮办军务，我师叔就是那时应募投军来定海训练义勇的。浙海义勇水师本来兵力就不足，朝廷却硬逼着裕大人裁撤。后来，穆彰阿那老奸贼干脆釜底抽薪，把林大人充军伊犁，去掉裕大人的臂膀。裕大人疾恶如仇、为人刚直，曾经把英国鸦片贩子剥皮处死。但他是读书人，不懂打仗的事。英人进犯浙海，他连忙亲赴浙海，并派葛云飞、郑国鸿、王锡朋三位总兵防守定海。定海是浙省门户，应以重兵防守，但提督余步云仅拨给老弱兵丁五千。郑总兵、王总兵先后战死，葛总兵独力难支，向余步云求救，余步云却不发救兵。葛总兵率领我们坚守炮台，浴血奋战，怎奈寡不敌众。葛总兵武艺高强、神威凛凛，亲手斩杀英人无数，一连砍坏三把大刀。他头部受伤，仍然奋勇不退，被敌人枪弹从背后射穿胸膛，壮烈殉国。葛总兵死后背靠石壁，二目圆睁，双手紧握大刀尸身不倒。说也奇怪，我和弟兄们找到他的尸身时，以为他还活着，怎么拉也拉不动。后来请来了老夫人，他才仆身倒地。"

徐宝越说越激昂，自珍听得周身热血翻沸，仿佛葛云飞神威凛凛的样子就在眼前，开始的伤感一扫而空。

"那裕大人是怎么死的？"自珍急不可耐地问徐宝。

徐宝叹口气道："定海失陷，镇海失去屏障。当我们抬着三位总兵的尸体退到镇海，裕大人立刻召集城中大小官吏、文武将佐，在三位总兵灵前对天盟誓，誓与城池共存亡。可惜裕大人书生不懂将略，又不能及早除去奸贼余步云。"

自珍问道："此话怎讲？"

刘三接口道："镇海无险可守，只有城外的招宝山有一座炮台。如果招宝山炮台不丢，敌船断难接近镇海。当时余步云带兵驻守招宝山，只留少数老弱兵丁给裕大人守城。定海葛总兵告急求救时，余步云不仅不发兵救援，反而挂起白旗惑乱军心。定海失陷，裕大人带领镇海军民在殉国的三位总兵灵前祭告天地，对天盟誓，余步云却借口伤足不来参加，奸心已经昭然若揭，裕大人也已经觉察。可惜，他考虑大战在即，正当用人之际，临阵斩将不是良策，未能当机立断撤换余步云，更不该仍让余步云带重兵驻守招宝山。致使余步云那奸贼临阵脱逃，让英夷轻易占领招宝山，镇海城终于失陷。城破时，裕大人投水自尽，这两首绝命诗就是他临死前留下的。"

徐宝接口道："当时裕大人投水，被亲兵发现，救起时尚未气绝。亲兵们抬着他走到路上，他悠悠醒来，发现自己在镇海城外时，忽然挺身坐起，手指镇海，二目圆睁，然后到底气绝，至死二目未瞑。"

刘三道："他要实践与镇海共存亡的诺言。"

二人说罢，又是一阵沉默。

沉默之后，自珍含泪说道："鲁山死得其所！一介书生舍此复有何为？"说罢，缓缓起身，一手端杯，一手执壶，来到当院里。刘三二人紧随其后。自珍仰望东南，望空祷告："鲁山年兄、葛镇台英灵不远，龚自珍谨以水酒三杯、心香一瓣告祭英灵。望二公早登天界，护佑我大清海疆，助我华夏儿女尽驱犬羊！"祷告完毕，满满斟了三杯酒，高举过头，然后浇奠于地。三人望空长揖三拜，重新回到书房。

自珍为二人斟酒于杯，然后问道："刚才三哥说有事吩咐，但不知是什么事？"

刘三说道："想让贤弟为定海、镇海百姓写份万言奏章。"

自珍道："参奏何事？"

刘三道："定海、镇海失守，裕制台及三位总兵为国捐躯，军民无不痛心疾首，深感丢城失地非战之罪，实乃奸臣误国所致。穆彰阿、琦善、奕山之流，动辄说洋人船坚炮利，不可战胜；朝廷畏洋如虎，只知割地赔款。殊不知，我大清地域辽阔，民气可用？若守土之臣皆如林大人、裕大人、葛总兵，忠心为国、广募义勇；我沿海诸省士农工商、渔民农夫皆为操戈披甲之士；上下军民同仇敌忾，定能势如汪洋大海。英夷虽武器精良，但人数有限又远离本土，一旦弃舟登陆，必陷入我军民的汪洋大海之中。虽能得势于一时，断难持久。故敌利速战，我宜持久，只要朝廷善用民心，何愁洋人不灭？当今之计，关键在于除奸佞、振民心！我想请贤弟为浙海军民写一万言奏章，详述定海、镇海之战的情况，说明致败之由，把两江军民的愿望上达天庭。不知贤弟可肯帮这个忙？"

自珍和刘三相交多年，只知他是一个风尘侠士，却不料他竟有如此胸襟胆识，连忙道："三哥一片忠义之心令人钦佩！这事无论于公于私自珍都义不容辞，虽然我已辞官归隐，但朝中故旧甚多，我一定尽心尽力，不负兄长所托！"

刘三道："有贤弟这话我就放心了，我先代沿海军民谢过贤弟。"说罢，满斟一杯递给自珍。等自珍饮毕，刘三又说："听说英夷兵锋已逼上虞、慈溪，我和徐宝不能久留，要尽快赶回军中。不管朝廷是战是和，我们老百姓非和洋人周旋到底不可！"

二人执意要走，自珍不便强留，星光下，一直把二人送到官道上。等自珍回到书房，已是三更时分。他重新剔亮油灯，独坐灯下想为刘三起草万言奏章，又想到要为裕谦写一篇祭文。拿起裕谦的绝命诗，这位同年好友的音容笑貌立刻又浮现在眼前。前年归隐时，裕谦还在江苏布政使任上。自珍路上看到太湖水利失修，亟待兴修，就去看望他，给他带去一卷归有光辑录的《三吴水利录》。裕谦深为自珍的怀才不遇感慨，并为自珍关心民生疾苦的精神感动。二同年灯下共同研读了归有光辑录的宋朝水利专家郏亶、郏侨父子的水利专著《郏侨书一篇》《郏亶书一篇》。临别，自珍留诗赠别，这首诗就收在《己亥杂诗》里：

太湖七十溇为墟，三泖圆斜各有初。
耻与蛟龙竞升斗，一编聊献郏侨书。

老友言犹在耳，如今却已含恨而殁！他一边研墨，一边构思，无限的悲愤和忧虑搅得他气血翻涌。想到穆彰阿弄权误国，万死难恕，可身居高位的裕谦尚把他当作"难撼"之山，自己一个辞官归隐的书生可奈他何？刘三托付的万言书即使写成，又有何用？林则徐、裕谦、葛云飞……这些忠义之士被贬的被贬，殉国的殉国，天理何在？难道我中华千年文明古国真就这样断送在这班昏君奸臣之手？想着想着，他顿觉腹中疼痛难忍，眼前灯影晃动，室中群魔乱舞……终于，鲜血自口中狂喷而出，一头栽倒在书案旁……

当人们发现他猝死时，已是八月十二日辰时。

后记

　　似乎已无更多的话要说了。伴随着香港回归，人们会很自然地回想到鸦片战争前后那段屈辱辛酸、让人不堪回首的艰难岁月。在那极富苍凉悲壮色彩的历史晨昏线上，龚自珍，以他"见地卓绝，扫空凡猥，笔复超迈"的巨大文化存在，成为那一时代的精神象征。每当我们试图在近代中国寻求举世皆醉我独醒的超迈卓绝洞烛机先的英雄先哲时，就无法回避这位敢开风气不为师的一代怪杰了。

　　鸦片战争之前，由于鸦片的输入，白银外流，农村经济崩溃，人民日益贫困，农民起义不断发生，清王朝内忧外患日益严重。肃杀的"秋气"已经笼罩神州大地，可那些封建统治者，仍然做着"天朝大国"的清秋大梦，眼前仿佛仍旧是一派和煦的春光。在时代的暴风雨即将来临的时候，龚自珍站在时代的制高点上，以思想家特有的敏锐目光，清醒地认识到，封建社会的"盛世"已经一去不返，"衰世"已经到来，并且大胆地提出"一祖之法无不弊"，主张"予师来姓"，不要等待别人取而代之。这种胆识在当时确实是无与伦比的。他的这种要求改革的思想，通过他的文章和诗词酣畅淋漓地表达出来，在当时和以后都产生了广泛的影响，成为我国近代维新思想的先导。因此，我们说他是站在我国近代史的大门前的一位进步的思想家和文学家。

绝域从军计惘然，东南幽恨满词笺。一箫一剑平生意，负尽狂名十五年。龚自珍还是一位对民族无比忠诚的爱国主义者，他的《西域置行省议》《平定罗刹方略》《御试安边绥远策》等著作，表现出来的远见卓识；他在禁烟运动中的坚定立场和鲜明态度以及他对林则徐的大力支持，都是明证。这些便是龚自珍的大节。

历史的烟尘，本来就极容易掩盖历史人物的庐山真面；媚俗的文字又常常为其本已模糊的面孔涂上层层似是而非的油彩。龚自珍作为一位封建文人，身上难免带有封建社会那种"风流名士"的种种习气，但这些在其人品中绝非主流，只不过是"借琐耗奇"的韬晦之计，"旁调"从未"犯正声"。譬如他诙谐玩世，寻花问柳，嗜酒好博，谈禅佞佛，等等等等，有的显然是激愤所致，有的则是为了全身避祸，不得已而为之。这些都无不带有时代的烙印。不烦多言，明眼人一看便知。

基于这种认识，我写龚自珍，有意避开了诸如"丁香花公案"之类的绯色逸闻，尽管这些内容颇能增加作品的趣味性。我只是根据传主的诗文与有关史料，加以敷演，试图还传主一个文学家、思想家、爱国主义者的本来面目。但因学力有限，难免流为"画虎不成"之讥。作为一个文坛新兵，我想不必害怕贻笑大方之家，"就有道而正焉"，正是我衷心的希望。

王振羽

1997 年 11 月 11 日于南京

跋

2020 年的庚子年即将成为历史。难以辜负朋友好意，又把多年前关于龚自珍的文字，重新梳理，修订再三，刊布行世。还是有些话，在此做一交待。

父亲还在汝河边上的乡村学校里做代课老师的时候，我跟着住在他的很逼仄的所谓办公室里。荒僻乡村，闭塞单调，但父亲身边聚集了一群方圆乡野读书人，他们在夏夜纳凉或冬夜围炉之时，说古道今，散漫聊天。父亲的一位到了外地当工人的学生，送给他几册书，其中就有王佩诤先生点校的《龚自珍全集》，是中华书局的，上下两册。父亲很是珍爱，他对书中的文、诗、词，几乎都能背诵，信手拈来，随口吟咏，我也跟着似懂非懂地知道了龚自珍，喜欢上了龚自珍。

时光流转，岁月山河。多年后，我到南京读大学，此后在此就业、成家。二十世纪九十年代中期，有朋友张罗一套丛书，让我来写其中的龚自珍。在父亲的鼓励之下，终于完成任务，得以出版，屈指算来，迄今已经 22 年了。龚自珍是时代新风气的开创者，是封建社会的激烈批判者，是社会改革的倡导者，是思想超前的思想者，是如彗星闪耀年不到半百就撒手人寰的早逝者。他与南京有无关联？有的，且听我啰唆一二。

180年前，道光二十年，也就是1840年，已经辞职回到江南的龚自珍，此前经常遗憾于没有很从容不迫地在南京流连盘桓。无官一身轻，去年的己亥年，自己下定决心辞别京华，回归江南。一路之上，他情难自已诗情喷薄而出的三百余首杂诗，轰传天下，引来议论纷然。且不去管它，也的确有点累了。待一切都安顿妥当，他终于来到了六朝烟水的古都金陵，看虎踞龙盘，踏台城月色，走寻常巷陌，访故旧朋友，真是好一番潇洒悠闲呢。

定庵先生到了南京，就下榻在钟山脚下青溪边上的一家雅致客栈。此前，他曾经来过金陵，只可惜秦淮烟水，匆匆而过。此番再到，曾经沧海，已经是华发斑白，万千感慨，无人诉说。他回到苏州后，曾有一阕词，表达自己的苍凉心境和万般惆怅：游踪廿五年前到，江也依稀，山也依稀，少壮沉雄心事违。词人问我重来意，吟也凄迷，说也凄迷，载得齐梁夕照归。江山依稀，心境凄迷，齐梁六朝，都成云烟。夕阳忽下中原去，笑咏风花殿六朝。定庵先生在石头城内随意慢走，来到了南京鼓楼大钟亭，他看到一卧钟，填词《台城路》：山陬法物千年在，牧儿扣之声死。谁信当年，桿棒一发，吼彻山河大地。幽光灵气，肯伺候梳妆，景阳宫里。怕阅兴亡，何如移向草间置。漫漫评尽今古，便汉家长乐，难寄身世。也称人间，帝王宫殿，也称斜阳萧寺，鲸鱼逝矣。竟一卧东南，万牛难起。笑煞铜仙，泪痕辞灞水。龚自珍神思飞越，感慨古今兴亡，他为这首词还做有注引：赋秣陵卧钟，在城北鸡笼山之麓，其重万钧，不知何代物也。也有人说，卧钟之上，有款署清楚明了：洪武二十一年九月。莫非定庵先生的确没有看到这一款署，或者是他故意忽略，借题发挥，睹物生情，感叹千年旧物，缅怀景阳宫里，也未可知。

定庵先生到了南京，岂能不去秦淮河？他有一《鹊桥仙》，特别注明是"秦淮有访"：昨朝相见，浑如不见，鹦鹉催妆无力。香消茶熟等多时，才镜槛，回廊一瞥。今朝不见，胜如重见，庭院暮寒时节。

城阈灯火促归舟，露帘里，惨红裙褶。定庵先生处处留情，红粉知己多多。秦淮河边的这位女子，莫非是从扬州过来到此？见与不见，都难割舍，如此费尽周折，定庵先生不知是有几分落寞惆怅，还是更有些许依依不舍？

定庵先生在南京行走，也还去过如今成贤街附近的纱帽巷琴隐园，见过常州人画家汤贻芬。他写有一首《水龙吟》，大致就是应汤贻芬所请，写其先人的壮烈故事：虎头燕颔书生，相逢细把家门说。乾隆丙午，鲸波不靖，凤山围急。愤气成神，大招不反，东瀛荡坼。便璇闺夜闭，影形相吊，鬓子矮，秋灯碧。宛宛玉钗一股，四十年寒光不蚀。微铿枕上，岂知中有，海天龙血。甲子吟钗，壬申以殉，钗飞吟歇。到而今卷里钗声，如变徵，听还裂。估计是汤贻芬夫妇为了答谢定庵先生的《水龙吟》，特意送给了定庵先生两本墨菊画册，定庵先生又来了诗兴，他慨然吟咏道：近世菊花，粉红骇绿，无复东篱古意，偶客秣陵，得墨菊二本，甚娟妙，小词赏之：我住秣陵西，西乌秋啼，也无墨客对挥犀。何处寻秋何处醉，小妹青溪。寒菜两三畦，花不成蹊，折归灯下伴凄迷。忽忆青门人缟袂，淡墨曾题。

前文已经提到，龚自珍先在青溪下榻，尔后又搬到清凉山下的四松庵栖身。这座四松庵，就在缽山，靠近惜阴书院，距离魏源在龙蟠里的小巷阿也很近，龚自珍的好朋友俞正燮曾经主持过惜阴书院。龚自珍此次到南京，俞正燮已经去世了。龚自珍的《应天长》：山僧许我移茶灶，不用当关仙鹤报。松杉杪，钟鱼香，天际真人相揖笑，梦回曾似到。记得卷中秋晓，我吞长虹一啸，吴天落月小。定庵先生如此说道：移寓城北之四松庵，溪山幽绝，人迹罕至，晓起倚高阁，赋此。有一《缽山志》，细说此处文脉缕缕。

当然，定庵先生此次南京之行后，还留下了一篇千古名文，这就是《病梅馆记》。他在文章中，概述江南产梅，起首就是"江宁之龙蟠"，而此文运用比喻、影射手法，追求人才解放，呼唤个性舒展，强烈表达了对束缚、扼杀人才的愤慨，还有定庵式的深沉忧虑，迄今读来，仍旧撼人心魄，感人肺腑。

天下没有不散的筵席，在南京已经停留月余，定庵先生还是要离开此地，为稻粱谋。京杭大运河边上的丹阳云阳书院，有一教席，也不知那里的环境如何，还是去看看吧。定庵先生乘船离开南京，到了燕子矶下，江水滔滔，笛声悠扬，备感人如漂萍，浮生若梦，他又填了一阕《定风波》：燕子矶头撅笛吹，平明沈玉大王祠。无数峨眉深院里，晏起，晓霜江上阿谁知。山诡湖奔千万变，当面，身轻要唤鲤鱼骑。蓦地江妃催我去，飞渡，樽前说与定何时。

定庵先生离开南京，大致一年之后，就猝然去世了，一直对他"不感冒"的叔叔龚守正，是"正部级"官员，送一挽联给侄子：石破天惊，一代才名今已矣；河清人寿，百年士论竟如何？

一代才名，百年士论，任由评说。关于龚自珍，该说的话，都在书里了。在今天看来，读龚自珍的诗文，我们仍能感受到他炽热的情怀，他不俗的见解，他在时代关节点上思考的深邃，他超越时空的词章的魅力。

黄金华发两飘萧，六九童心尚未消。叱起海红帘底月，四厢花影怒于潮。由衷感谢团结出版社梁光玉社长的盛情不弃错爱成全，他就是当年《龚自珍传》的责任编辑；感谢如今此书的责任编辑李可女史的倾心付出。

王振羽

2020 年 12 月 14 日